Management

Von
Dr. Dieter S. Koreimann

7., völlig überarbeitete und erweiterte Auflage

R. Oldenbourg Verlag München Wien

Die Deutsche Bibliothek - CIP-Einheitsaufnahme

Koreimann, Dieter S.:
Management / von Dieter S. Koreimann. – 7., völlig überarb. und erw.
Aufl. – München ; Wien : Oldenbourg, 1999
 ISBN 3-486-25269-0

© 1999 Oldenbourg Wissenschaftsverlag GmbH
Rosenheimer Straße 145, D-81671 München
Telefon: (089) 45051-0, Internet: http://www.oldenbourg.de

Gedruckt auf säure- und chlorfreiem Papier
Druck: MB Verlagsdruck, Schrobenhausen
Bindung: R. Oldenbourg Graphische Betriebe GmbH, München

ISBN 3-486-25269-0

Inhaltsverzeichnis

Vorwort (zur siebten Auflage)

Unternehmensführung im Wandel: Unter diesem Motto standen und stehen die Auflagen dieses Buches und entsprechend der durch die Globalisierung, durch neue Wertvorstellungen und durch die technologischen Innovationen bedingten Veränderungen wurde die siebte Auflage nicht nur inhaltlich und bezüglich der Gruppierung der Themenkomplexe neu geordnet, sondern auch um wesentliche neuzeitliche Ansätze erweitert: Dienstleistungsmanagement, Kommunikation, Projektmanagement und Change Management mit einem Ausblick auf das virtuelle Unternehmen wurden als neue Themenbereiche aufgenommen. Obwohl weder aus pragmatischer noch aus theoretischer Sicht alle Implikationen der sich ändernden Bedingungen in ihrer Wirkung auf das Management prognostiziert werden können, sind allein durch die Darstellung der Veränderungsparameter Erkenntnisse und Trends eines zeitgemäßen und effektiven Managements ableitbar.

Dieter S. Koreimann

Vorwort (zur sechsten Auflage)

Lean Management und „schlanke Organisation" beherrschten in den letzten Jahren sowohl die Praxis als auch die Theorie und Lehre des Managements. Allerdings ist noch keine einheitliche Verständigungsbasis und definitorische Abgrenzung für die neuen Ansätze und den vielzitierten Paradigmenwechsel erkennbar. Daher wurden in der 6. Auflage die theoretischen Grundlagen eines veränderten Organisationsmodells beschrieben und anschließend die sich daraus ableitbaren Konsequenzen für eine neue Führungskultur vorgestellt.

Dieter S. Koreimann

Vorwort (zur fünften Auflage)

Die neue Auflage wurde durch ein weiteres Kapitel ergänzt: Management und Unternehmenskultur. Dieser Themenkreis findet zunehmende Bedeutung in einer Zeit, in der von den Unternehmensleitungen mehr und mehr gefordert wird, gesellschaftliche Aufgaben zu übernehmen, um sich am Prozeß der Umgestaltung zu beteiligen. Der integrative Ansatz und die Praxis der Unternehmenskultur zeigen, daß gesellschaftliche Wandlungen im Selbstverständnis des Unternehmens und in seiner Akzeptanz vorliegen, die nicht ohne Reflexion auf ein Management-Buch bleiben dürfen, das durch die relativ schnellen Auflagenfolgen den Vorteil einer ständigen Anpassung in sich birgt.

Dieter S. Koreimann

Vorwort (zur dritten und vierten Auflage)

Die Erkenntnis, daß die Unternehmensführung dynamischen Wandlungen unterliegt, darf nicht ohne Einfluß bleiben auf relativ kurzfristig verkaufte Auflagen eines Management-Buches. So wurde in die dritte Auflage ein eigenes Kapitel zum Thema „Management und Hierarchie" aufgenommen. Dies ist ein Thema, das sowohl methodisch-inhaltlich als auch empirisch noch auf intensive Auseinandersetzungen wartet, aber angesichts der Bedeutung und der erkennbaren konfliktären Grundlagen schien es angebracht, den grundsätzlichen Rahmen dieser Thematik aufzuzeigen. Die Unternehmensführung erhält damit einen starken Bezug zu gesamtgesellschaftlichen Problembereichen, was letztlich als eine Herausforderung für neue Methoden der Organisation und Führung gedeutet werden muß.

In der vierten Auflage wurden nur unwesentliche Änderungen vorgenommen.

Dieter S. Koreimann

1. Kapitel:
Grundzüge einer Managementlehre

Unter „Manager" findet man im Management-Dictionary[1] folgende Begriffe: Abteilungsleiter, Leiter, Geschäftsführer, Direktor, Chef, Disponent. Mit „board of managers" wird der Vorstand übersetzt, der factory oder plant manager stellt den Werksleiter dar und die „managerial decision" ist demzufolge eine Führungsentscheidung. Peter F. Drucker definiert: „Die industriellen Führungskräfte, die wir unter dem Begriff des Management zusammenfassen, stellen innerhalb der industriellen Gesellschaft eine besondere und zwar führende Gruppe dar." Und weiter: „Der unternehmerische Mensch, der Manager, bildet in jedem Unternehmen das dynamische, vorwärtsdrängende Element."[2] Andererseits findet sich auch die Meinung, daß Management „ein bewunderungswürdiges Ergebnis einer weder lehr- noch lernbaren Führungskunst sei"[3] – eine Auffassung, die auch durch die bereits 1970 veröffentlichte Studie von Lakaschus bestätigt wird, derzufolge 68 % der befragten Führungskräfte die Überzeugung vertrat, daß man „zur Führungskraft geboren sein muß und Führung nicht erlernen kann"[4], was eine elitäre Selbsteinschätzung ebenso deutlich macht wie die überhöhte Bewertung der persönlichen Führungsqualitäten. Dabei haben nur 7 % der Befragten eine Neigung zur Fortschrittlichkeit und Zukunftsplanung erkennen lassen. Fügt man derartigen Aussagen des Managements noch die in der Fachpresse und in Management-Journalen veröffentlichten Artikel über Miß-, Krisen-, Polit- und Konfliktmanagement hinzu, dann erscheint es fraglich, ob das gesellschaftliche Phänomen, das die soziologisch definierbare Gruppe der Manager darstellt, überhaupt einer rationalen Analyse zugänglich ist.

Wir unterscheiden drei Problembereiche, um das Erfahrungsobjekt Manager zu analysieren:

- Abgrenzung und inhaltliche Beschreibung des Management-Begriffs.
- Definition der objektiv ableitbaren Aufgaben des Managers innerhalb soziotechnischer Systeme.
- Beschreibung der subjektiven Ausprägungen jener Personen, die derartig definierte objektive Aufgaben wahrnehmen (z. B. Führungsstil und Führungsverhalten).

Vielfach werden spezielle subjektive Eigenschaften handelnder Personen mit objektiv gegebenen Aufgabenstellungen vermengt, was nicht selten die Ursache für eine negative Einstellung gegenüber dem Gesamtkomplex des Managements ist. Für den Entwurf einer Managementlehre unterscheiden wir daher:

- Organisationsspezifische Aufgabenstellungen und
- Verhaltensweisen jener Personen, die diese Aufgaben wahrnehmen.

Als Management definieren wir zunächst „**Führung**", wobei mit diesem Begriff ein Machtpotential des mit der Führung beauftragten bzw. sich der Führung anmaßenden Menschen impliziert ist: **Führung ist Ausübung von Macht**, Führung bedeutet die **Dispositionsgewalt** (nach Gutenberg: dispositiver Faktor) **über Sachen, Kapital** und **Menschen,** die in einem Subordinationsverhältnis zur Führungskraft stehen. Es wird deutlich, daß in diese dispositive Gewalt auch **ethische Wertvorstellungen** eingebettet sind, die sich in Ansprüchen wie „Verantwortungsbewußtsein" oder „Überrnahme von Risiko" zu äußern vermögen.

Die Ausübung der Macht erfolgt in organisations-soziologischen Systemen: Parteien, Verbände, Vereine, Bildungsinstitutionen, Unternehmungen, Kommunen, Regierungen, militärische Verbände, Expeditionen. Da derartige Systeme jeweils unterschiedliche Ziele verfolgen, sind auch die Anforderungen und Aufgaben der Führungskräfte differenziert. Untersuchen wir die Grundlagen des „industriellen Managements", dann ist das Erkenntnisobjekt primär das **industrielle Unternehmen**. Dieses ist geprägt durch die **Zielsetzungen Profitabilität und Wachstum**, und hinter beiden Zielen verbirgt sich das Generalziel der Gewinnmaximierung. Führungskräfte – gleich, welchen Rang (Kompetenz) sie innerhalb der Organisation des industriellen Unternehmens einnehmen – partizipieren direkt oder indirekt an dieser Zielsetzung. Sie leiten ihren Handlungsauftrag aus der **Verpflichtung zur Mitwirkung** an der **Realisierung dieses Zieles** ab.

Die Unternehmensziele werden durch arbeitsteilige Prozesse realisiert, die zu einer **arbeitsteiligen Organisation des Managements** führen. Unternehmensführung erweist sich daher als ein Prozeß der Integration und Koordination aller Führungskräfte im Hinblick auf die Realisierung der Unternehmensziele.

Im angelsächsischen Sprachgebrauch hat sich der Begriff „**management science**" durchgesetzt, also die „Wissenschaft vom Management". Der Anspruch, das Erfahrungsobjekt Manager zum Gegenstand einer eigenen Wissenschaft zu erheben, scheint indes überzogen. Das Erkenntnisobjekt – das industrielle Unternehmen – ist bereits Bestandteil und Gegenstand der Betriebs- und Volkswirtschaftslehre. Innerhalb dieser Wissenschaften ist die Entscheidungstheorie eingegliedert, die sich mit den Grundlagen rationaler Entscheidungen und mit den kognitiven Prozessen der Entscheidungsfindung beschäftigt. Die Bedingungen und Handlungsweisen der Aktoren sind ein Teilaspekt der allgemeinen Entscheidungstheorie. Wir sprechen daher von einer **Management- oder Führungslehre**, die sich auf folgenden Gebieten zu bewähren hat:

• Ableitung von Funktionsmerkmalen und typischen Kriterien der Führung industrieller Unternehmungen.

• Analyse typischer Handlungsweisen, die für die Erfüllung der Zielsetzungen erforderlich sind.

• Untersuchung der Verhaltensweisen derjenigen Personen, die mit der Ausübung der Führung beauftragt sind.

• Ableitung praktischer Aussagen für eine Planung, Lenkung und Gestaltung des Systems „Unternehmung".

2. Kapitel:
Funktionale Beschreibung des Begriffs Manager

2.1 Definition

Als Manager bezeichnet man eine Führungskraft, die gegenüber einer Gruppe von Menschen **weisungsbefugt** ist. Die Weisungsbefugnis resultiert aus einem **Auftrag,** der entweder von anderen Menschen vorgegeben (delegiert) wurde oder den sich die Führungskraft selbst anmaßt. Führungskräfte mit Weisungsbefugnissen haben die generelle Aufgabe, an der **Zielerreichung** des Unternehmens dadurch mitzuwirken, daß sie Arbeitsgruppen anweisen, zielorientierte Verrichtungen auszuführen: „Führen bedeutet, Ziele zu setzen und diese mit Hilfe der Entfaltung von sachlichen wie menschlichen Leistungen anderer zu erreichen. Dazu müssen andere Menschen zu gemeinsamem Denken und Handeln miteinander und mit den Führenden gebracht werden."[5]

Ein **„Nicht-Manager"** ist demnach jemand, der vorweigend **auf Anweisung verrichtungsorientiert** arbeitet. Führungskräfte sind dispositiv eingestellt; das heißt, sie treffen Entscheidungen zur gezielten Beeinflussung des Arbeitsverhaltens anderer, die operativ orientiert sind. Die wichtigste Funktion des Managers ist die Mitwirkung an der Zielerreichung des Unternehmens, wobei bestimmte Regeln und Normen (etwa bezüglich der Personalführung) zu beachten sind.

Da das Unternehmen eine **Zielhierarchie** (ein Zielbündel) verfolgt, sind unterschiedliche Zielaufgaben definierbar. So hat beispielsweise eine Führungskraft im Vertriebsbereich eine andere Aufgabenstellung als jene im Bereich der betrieblichen Kostenrechnung – aber beide leiten ihre Legitimation aus den Zielen „Kostenreduzierung" und „Umsatzsteigerung" ab, die letztlich auf das Generalziel Profitabilität zurückführbar sind.

Die Funktion des Managers besteht daher in der **Mitwirkung an der Profitabilität,** die jedes marktwirtschaftlich orientierte Unternehmen anstrebt. Dieses generelle Unternehmensziel wird arbeitsteilig zu realisieren versucht. Entsprechend arbeitsteilig sind auch die **Führungsaufgaben**. Dabei unterscheidet man nach **Fachgebieten** (Unternehmensaufgaben), die sich jeweils bestimmten Unternehmensfunktionen zuordnen lassen (z. B. Vertrieb, Produktion, Finanzen, Personal) und nach der **Kompetenz**, d. h. nach den Machtbefugnissen der Führungskräfte. Dadurch lassen sich neben der funktionalen (arbeitsteiligen) Gliederung auch verschiedene Machthierarchien – sogenannte **Managementebenen** - definieren. Nach Oster[6] werden beispielsweise vier Hierarchiestufen unterschieden, wobei die englischen und deutschen Bezeichnungen nicht immer identisch mit den jeweils zutreffenden Machtpositionen sind. Vielfach sind die verschiedenen Ebenen durch gesetzliche Regelungen (z. B. das deutsche Aktien- und GmbH-Gesetz oder das HGB bzw. BGB) bezüglich ihrer Entscheidungsbefugnisse geregelt.

Stufe der Hierarchie	anglo-amerikanische Bezeichnung	deutsche Bezeichnung
I	Top Manager	Vorstand
II	Senior Management	Direktoren
III	Upper Middle Management	Prokuristen und vergleichbare Positionen
IV	Lower Middle Management	Handlungsbevollmächtigte und vergleichbare Positionen

Oft findet man auch eine Numerierung nach Organisationsebenen, z. B.:

First Line Management	= Abteilungsleiter
Second Line Management	= Hauptabteilungsleiter
Third Line Management	= Bereichs- oder Funktionsleiter
Forth Line Management	= Vorstand, Unternehmensleitung

Eine weitere Gliederungsmöglichkeit der Managementebenen geht von einem pyramidenförmigen Aufbau der Organisation und ihrer Führungskräfte aus. Man unterscheidet dabei:

Strategisches Management: Unternehmensleitung mit den Aufgaben der Festlegung der Unternehmenspolitik und der Zielkonzeption.

Taktisches Management: Bereichs- oder Funktionsleitung mit den Aufgaben der Planung, Mittelzuweisung und Umsetzung der Unternehmensziele in funktionale, operable Teilziele.

Operatives Management: Abteilungs- oder Funktionsgruppenleitung mit der Aufgabe der Realisierung der Pläne durch die unmittelbare Beeinflussung der Verrichtungsträger.

Definition des Begriffs Manager

Manager sind – allgemein – die Führungskräfte eines Unternehmens, die in arbeitsteiliger Weise an der Zielerreichung mitwirken und die mit jeweils unterschiedlichen Kompetenzen (Machtbefugnissen) ausgestattet sind. Führung bezieht sich auf die Gesamtheit der Entscheidungen, die zur Erreichung der Ziele einer sozio-technischen Organisation notwendig sind. Diese Entscheidungen lassen sich in drei Hauptgruppen untergliedern:

- Zielentscheidungen: Festlegung der Ziele, die das Unternehmen innerhalb geplanter Perioden erreichen will (Entschlußfassungen).

- Personalentscheidungen: Beeinflussung des Arbeitsverhaltens untergeordneter Personen (Mitarbeiter).

- Sachentscheidungen: Verfügung über Produktionsmittel, Kapital und Information als Einsatzfaktoren für die Zielerreichung.

2.2 Kriterien des Managements

Die Weisungsbefugnis gegenüber anderen Personen zur Durchsetzung bestimmter Teilziele des Unternehmens basiert auf der Erfüllung folgender Kriterien des Managements:

1. **Verfügungsgewalt:** Die Mitwirkung an der Realisierung von Teilzielen des Unternehmens bedingt die **Verfügungsgewalt** (Macht) über Personen und Sachmittel. Allgemein spricht man von der **Disposition über Ressourcen** (Ressource-Management) und umschreibt damit die Verfügung über einen Teil der betrieblichen **Produktionsfaktoren.** Als solche gelten: Betriebsmittel, Kapital, Information (d. i. Zugriffsermächtigung zu Informationsspeichern) und menschliche Arbeitskraft. Mit der Verfügungsgewalt einer geht ein bestimmtes Maß an **Verantwortung,** die sich darin ausdrückt, daß mit den zur Verfügung gestellten Ressourcen entsprechend dem **ökonomischen Prinzip** umzugehen ist. In Bezug auf die Dispositionsgewalt gegenüber dem Produktionsfaktor „menschliche Arbeitskraft" finden sich allerdings oftmals nur vage Vorstellungen über „**Humanität**" oder „**Selbstverwirklichung**".

2. **Entscheidungsbefugnisse:** Das Treffen von Entscheidungen gilt als das hervorragende Kriterium eines Managers. Wir unterscheiden **Routine-Entscheidungen** als wiederkehrende, gleichartig ausführbare Entscheidungen und **Führungsentscheidungen**. Routine-Entscheidungen werden nach einem festen Schema entsprechend einem einmal eingeübten Entscheidungsprozeß (Programm) vollzogen. Sie werden lediglich aufgrund der definierten Verfügungsgewalt und Verantwortung vom Manager erledigt.

Führungsentscheidungen entstehen dort, wo durch eine neue Kombination der Produktionsfaktoren völlig neue Möglichkeiten der Zielerreichung eröffnet werden. Führungsentscheidungen in diesem Sinne beziehen sich auf Innovation. Innovative Entscheidungen entstehen durch:

- **Neue Ziele** (Zielentscheidungen): Zum Beispiel der Übergang von einem Monoprodukt zu einer diversifizierten Produktpalette.
- **Neue Strategien** (strategische Entscheidungen): Strategie als Mittel der Unternehmenspolitik wird überall dort angewandt, wo neue Methoden und Mittelkombinationen für die Durchsetzung der unternehmerischen Ziele eingesetzt werden, zum Beispiel die Nutzung neuer Vertriebswege.
- **Neue Mittelkombinationen** (Mittel-Entscheidungen): Die Produktionsfaktoren werden in bezug auf die Zielerreichung neu kombiniert, um eine höhere Profitabilität zu erzielen (z. B. Substitution menschlicher Arbeitskraft durch Maschinen).

3. **Machtausübung:** Die Machtausübung äußert sich vorwiegend in der **Dispositionsgewalt** gegenüber nachgeordneten (unterstellten) Personen und Instanzen.

Die wichtigsten Mittel der Machtausübung gegenüber Personen sind:

- Entscheidungen über den **Arbeitsplatz**: Der operativ orientierte Mitarbeiter steht in einem Abhängigkeitsverhältnis gegenüber dem Management, d. h. seinem Arbeitgeber. Dieser kann kraft Gesetz und Vereinbarung (Arbeitsvertrag) unter Wahrung der Kündigungsfrist das Arbeitsverhältnis einseitig auflösen oder – bei Krisensituationen des Unternehmens – Massenentlassungen beantragen. Die Abhängigkeit des Nicht-Managers verleiht den Führungskräften des Unternehmens eine starke Dispositionsgewalt und zwingt den Mitarbeiter zur Einhaltung der vorgegebenen Anweisungen und Richtlinien.
- Entscheidungen über die **Entlohnung**: Der Manager ist im Rahmen seiner Dispositionsgewalt in der Lage, das über den tariflich vereinbarten Lohn hinausgehende Entgelt zu beeinflussen. Hier wirken die speziellen Anreiz- und Lohnsysteme, die jedes Unternehmen einsetzt, um die Machtpositionen der Führungskräfte materiell zu unterstützen.
- Entscheidungen über die **Beförderung**: Der Manager kann im Rahmen der betrieblich vereinbarten Beförderungspolitik (als Bestandteil der Personalpolitik) entscheiden, ob nachgeordnete Mitarbeiter seines Entscheidungsbereichs ranghöhere bzw. ihm gleichgestellte Positionen einnehmen können.
- Entscheidungen über die **Arbeitserledigung**: Hierbei handelt es sich um die Festlegung der Prioritäten, mit denen einzelne Aufgaben zu erledigen sind, um die Mitarbeiter-Einsatzplanung und um die Zuordnung der Sachmittel für die Arbeitserledigung sowie um die Festlegung von Terminen und Zeitstrecken für die Erstellung des Arbeitsergebnisses.

4. **Akzeptanz**: Die vom Management beeinflußten Ziele, Mittel und Aufgaben können nur dann reibungslos und konfliktfrei (und damit mit hoher Wirtschaftlichkeit) realisiert werden, wenn die nachgeordneten Mitarbeiter die Entscheidungs- und Machtkompetenz des Managers anerkennen (**Akzeptanztheorem**). In der Gewinnung dieser Anerkennung zeigt sich ein wesentlicher Aspekt der Führungsleistung. Trotz konfliktärer, z. T. inhumaner und an einseitigem Leistungs- und Gewinndenken orientierten Zielsetzungen muß es dem Manager gelingen, bei den subordinierten Personen die persönliche Anerkennung und Akzeptanz seiner Entscheidungen zu gewinnen. Scheitert die Akzeptanz, kommt es in aller Regel zu Spannungen und langwierigen Personalauseinandersetzungen, die zu Desinteresse und Leistungsverweigerung („Dienst nach Vorschrift") bei den durchführenden Mitarbeitern führen können.

Die dargestellten Kriterien des Managements lassen sich nach H.-M. Schönfeld wie folgt zusammenfassen:
Kriterien der Management-Funktionen sind:[7]
a)   das Treffen von Entscheidungen,
b)   die Anleitung von Mitarbeitern, das Erteilen von Anweisungen und die Vertretung des Betriebes gegenüber Dritten (Verteilungs-, Personal- und Repräsentationsfunktion),
c)   Übernahme von Verantwortung.

Kriterien des Managements

- Verfügungsgewalt: Zugriffs- und Verwendungsberechtigung gegenüber Sachmitteln, Finanzen und Informationen.
- Entscheidungsbefugnisse: Entschluß zur Realisierung von Zielen: Zielentscheidungen, strategische Entscheidungen und Mittelentscheidungen.
- Machtausübung: Möglichkeit der Beeinflussung der Arbeitsleistung und des Verhaltens untergeordneter Personen.
- Akzeptanz: Anerkennung des Verhaltens und der Entscheidungen durch die untergeordneten Personen.
- Sozialkompetenz.: Die Fähigkeit, mit Konflikten und Problemen im sozialen Beziehungsgefüge umzugehen und einer für die Gemeinschaft tragfähigen und identifizierbaren Lösung zuzuführen.

2.3 Eigenschaften des Managements

Es ist viel darüber diskutiert worden, was ein „guter" und was ein „schlechter" Manager sei. An Beispielen für die eine oder die andere Kategorie mangelt es nicht und es erscheint schwierig, allgemeingültige Eigenschaften für ein effektives (profitables) Management zu definieren. Je nachdem, in welcher Situation sich das jeweilige Unternehmen befindet (z. B. Gründerjahre, Prosperitätsphase, Krise) werden andere Eigenschaften der Führungskräfte dominierend sein müssen.

Aus der **doppelten Aufgabenstellung (Personal- und Fachverantwortung)** des Managements lassen sich jedoch einige Eigenschaften ableiten, die generell wirksam sind:

1. **Überzeugungskraft:** Der Manager übernimmt eine Vermittlerrolle insoweit, als er gegenüber den unterstellten Mitarbeitern seines Verantwortungsbereichs die Maßnahmen der Geschäftsleitung und deren Entscheidung plausibel macht (**Informationsaufgabe des Managers**). Die aus den Zielsetzungen des Unternehmens resultierenden Teilziele und Maßnahmen werden den **Durchführungsorganen vermittelt.** Vom Manager wird verlangt, daß er bei seinen unterstellten Mitarbeitern ein Höchstmaß an Identifikation erreicht. **Identifikation** entsteht dort, wo Durchführungsorgane die Ziele und Entscheidungen übergeordneter Instanzen akzeptieren und ihre Tätigkeiten entsprechend planen und ausführen. Die Vermittlung von **Motivation** bedeutet dagegen, den unterstellten Mitarbeitern Anreize und Belohnungen in Aussicht zu stellen und zu gewähren, sofern sie sich zielkonform verhalten. Erfolgreiches Management bedeutet demzufolge auch die Vermittlung von Identifikation und Motivation. Dazu gehört – insbesondere - im

Zeichen der sich wandelnden gesellschaftlichen Wertvorstellungen – die Kenntnis der **Motivationsfaktoren.** Maslow[8] verdanken wir die Erkenntnis, daß die Motive eines Menschen wandelbar sind in Abhängigkeit von seinem jeweils erreichten Status. Als höchste Stufe der Motivation gilt – nach Maslow – die **Selbstverwirklichung.** Sie ist dann erreicht, wenn eine **maximale Identifikation** mit der Arbeit ebenso gegeben ist wie die Erfüllung der persönlichen Motive (Einkommen, sozialer Status und Machtbefugnisse).

2. Integrität: Aus der Weisungsbefugnis und der Machtausübung folgt, daß der Manager den **Arbeitseinsatz** und das **Leistungsverhalten** beeinflussen kann. Insbesondere bei der Entlohnung und Beförderung reagieren die Mitarbeiter sensibel, da dies deren dominierende Motivationsfaktoren sind. Dies bedeutet, daß der Manager die **Gleichbehandlung** aller unterstellten Mitarbeiter zu gewährleisten hat. Diese Gleichbehandlung kann nur dann reibungslos funktionieren, wenn einheitliche **Personalgrundsätze** und **Personalprogramme** als Bestandteil der Unternehmenspolitik vereinbart sind. Liegen derartige Programme nicht vor, wird das Management einem **Entscheidungsrisiko** ausgesetzt, da dann aufgrund seiner subjektiven Bewertung unterschiedliche Maßnahmen bei der Entlohnung und Beförderung entstehen können.

Ein weiterer Anspruch im Rahmen der persönlichen Integrität besteht in der Forderung nach **Zuverlässigkeit:** Die vom Manager getroffenen Sach- und Personalentscheidungen müssen zuverlässig sein, damit eine einheitliche und sichere **Orientierung** der Mitarbeiter möglich ist.

3. Sachverstand: Vorwiegend in amerikanischen Unternehmungen wird die Meinung vertreten, daß ein „guter" Manager nicht notwendigerweise mit Sachverstand für seinen Entscheidungsbereich ausgestattet sein muß. Die Zielvorgaben und die **Durchsetzungskraft** seiner Entscheidungen werden weitaus höher bewertet als die Kenntnis sachlogischer Zusammenhänge. Aus der Dispositionsgewalt folgt jedoch, daß eine sinnvolle – d. h. ökonomische – Mittelkombination sowie die Mittelzuordnung zu Sachaufgaben sehr wohl die grundsätzliche **Kenntnis der Aufgaben** voraussetzt. Andernfalls entsteht die Gefahr, daß sachfremde, unrealistische Entscheidungen getroffen und utopische Ziele verfolgt werden, die .zwangsläufig zu Fehldispositionen der Ressourcen führen. Manager ohne Sachverstand begeben sich in die Nähe der Abhängigkeit von Experten (siehe: politisches Management) wie umgekehrt Manager mit zuviel Sachverstand der Gefahr ausgesetzt sind, Details beeinflussen zu wollen, wo grundlegende Orientierungen nötig sind.

Vom Manager muß ein **systemorientiertes Denken** verlangt werden. Das bedeutet die grundsätzliche Fähigkeit, die **Gesamtzusammenhänge** seines **Entscheidungsbereiches** ebenso zu verstehen wie jene des gesamten **Unternehmenssystems.** Der erforderliche Sachverstand läßt sich wie folgt präzisieren:

- Kenntnis der Teilaufgaben des unmittelbaren Entscheidungsbereiches und deren Zusammenhänge.
- Fähigkeit, die gestellten Teilaufgaben in das Gesamtsystem der Unternehmenspolitik einzuordnen, um von da aus die Bedeutung und das Risiko abzuleiten.
- Fundiertes Wissen über gruppendynamische, psychologische und soziologische Zusammenhänge, die bei der Zusammenarbeit von Menschen und Gruppen wesentlich sind.

4. **Problembewußtsein:** Probleme entstehen durch Abweichungen der faktischen Tatbestände von den verfolgten Zielen. Probleme können sachlich begründet sein (z. B. Schwierigkeiten bei der Aufgabenerledigung durch nicht vorhersehbare Ereignisse) oder ihre Ursache in menschlichen Schwächen und gestörten Kommunikationsbeziehungen haben. Ein sogenannter „Heile-Welt-Manager" ignoriert Probleme und bemüht sich nicht um deren Lösung. Ein verantwortungsbewußter Manager wird dagegen ständig darauf aus sein, Probleme durch **sachliche Entscheidungen** zu vermeiden oder – sofern personelle oder sachliche Probleme auftreten – diese durch **Interaktion** mit den Betroffenen zu lösen. Management bedeutet unter anderem, ständig mit Problemen konfrontiert zu werden. Eine problemlose, „heile" Umwelt ist nur dort anzutreffen, wo Routine und Gleichförmigkeit die Arbeitsabläufe bestimmt. Problemlösungsfähigkeit erfordert **Kreativität,** die daher als ein Bestandteil erfolgreichen Managements durch entsprechende Schulungen zu vermitteln ist.

5. **Entscheidungsfähigkeit**: Entscheidungen zu treffen wird als das dominierende Kriterium des Managements angesehen. Dabei konnte allerdings in empirischen Untersuchungen[9] festgestellt werden, daß die Entscheidungsfähigkeit bei vielen Managern nur rudimentär ausgebildet ist und sich nicht an rationalen Methoden der **Entscheidungsfindung** orientiert. Das mangelhafte Entscheidungsvermögen resultiert allerdings sehr oft aus Angst vor Sanktionen im Falle der Fehlentscheidung. Eine Organisation, die Fehlentscheidungen der Führungskräfte als persönliches Versagertum diskriminiert und die betreffenden Führungskräfte disqualifiziert, beginnt mit der Stagnation der **Innovation.** Entscheidungen zu treffen, erfordert sehr oft **Mut und Verantwortungsbewußtsein.** Dies trifft insbesondere dann zu, wenn es sich um Personalentscheidungen handelt. Dabei ist zu beachten, daß der **Entscheidungsspielraum** des Managers durch ein Netz gesetzlicher und firmeninterner Vorschriften erheblich eingeschränkt ist: Betriebsrat, Arbeitsrecht, Betriebsverfassungsgesetz, Arbeitsgerichtsprozesse, interne Normen und Vorschriften (Betriebsvereinbarungen), Knappheit der Ressourcen bei konkurrierenden Zielsetzungen und die mangelhafte Transparenz (Unterinformation) schränken die Entscheidungsbereitschaft erheblich ein. Trotz der Vielfalt limitierender Faktoren wird vom Manager verlangt, Sach- und Personalentscheidungen zu treffen und das **Risiko der Fehlentscheidung** zu tragen.

6. **Planungs- und Koordinationsfähigkeit**: Die Vielfalt der den Unternehmens-

zielen vorgelagerten Teilziele und die daraus resultierenden Teilaufgaben erfordern eine **intensive Planung** und **Koordination**. Planung bedeutet, zukünftige Ereignisse zu prognostizieren und die für die Erreichung der Ziele erforderlichen Mittel termingerecht bereitzustellen. In der Management-Lehre unterscheidet man prinzipiell **drei Stufen der Planung:**

- **Strategische Planung**, das ist die lang- und mittelfristig festgelegte Zielkonzeption der Unternehmung einschließlich der für die Zielerreichung notwendigen Mittelplanung (Investitionen, Finanzen, Personal).
- **Operative Planung:** Mit der operativen Planung werden die Ziele und Mittel einzelner Funktionen definiert: z. B. Produktionsplanung, Vertriebsplanung, Finanzplanung usw. Die operative Planung ist mittelfristig (i. d. R. Zweijahresplanung) und bestimmt die Verteilung der Betriebsmittel auf die einzelnen Zielsetzungen.
- **Projekt- oder Aufgabenplanung:** Abstimmung der verrichtungsorientierten Teilaufgaben auf die Erfüllung der operativen und strategischen Planung.

Im **Planungsprozeß** hat das Management folgende Aufgaben wahrzunehmen:

- Festlegung der anzustrebenden Zielsetzungen, die langfristig auf der Grundlage der verfolgten Unternehmenspolitik zu realisieren sind (Wirtschaftlichkeit, Gewinn, Wachstum, Marktanteile).
- Definition und termingerechte **Bereitstellung der Mittel** für die Zielerreichung.
- Ableitung **operationaler Teilpläne** für einzelne Unternehmensfunktionen.
- Bestimmung der zulässigen **Abweichungen** (Risikospannen).
- **Kontrolle** der Einhaltung der Pläne bzw. rechtzeitige Reaktion auf Planabweichungen (Entwicklung sog. Early-Warning-Systeme).
- **Genehmigung** oder **formelle Zustimmung** zur Planrelevanz, d. h. Prüfung auf Durchführbarkeit (feasibility) der vereinbarten Pläne.

Ausgehend von der Unternehmungsplanung ergibt sich eine generelle **Planungs-Interdependenz.** So kann beispielsweise die Nichteinhaltung des Produktionsplanes zu Planabweichungen im Vertriebsplan führen und das Ziel „Umsatzsteigerung" gefährden. Daraus folgt die Koordinationsaufgabe des Managements. Eine isolierte Planverfolgung ist nicht möglich, alle an der Realisierung des Unternehmensplanes mitwirkenden Funktionen und Instanzen sind zu koordinieren. Die Abstimmung der operativen Teil- und Aufgabenpläne ist eine ständige Managementaufgabe. Der Abstimmungsprozeß wird vertreten nach „oben" (ranghöhere Managementebene), nach „unten" (gegenüber den Durchführungsorganen) und horizontal, d. h. gegenüber ranggleichen Funktionen und Instanzen.

Planungsfähigkeit bedeutet, aus vorgegebenen globalen Gesamtplänen operationalisierte Aufgaben- und Projektpläne für die Mitarbeiter abzuleiten. Pläne und Zielvorgaben sind zu **operationalisieren**, d. h. sie müssen die Bedingungen der Operationalität erfüllen:

a) **Verfolgbarkeit**: Die Ziele müssen erfüllbar sein (realistische Planung).
b) **Meßbarkeit**: Das Ergebnis der geplanten Aktivitäten muß ordinal oder kardinal bewertbar sein.
c) **Zeitbezug**: Zeitbezug bedeutet, daß die in einem Plan festgelegten Ziele zeitlich fixiert werden, d. h. die Zeitspanne ihrer Gültigkeit bzw. Erfüllbarkeit ist zu terminieren.

7. **Risikobereitschaft**: Risikobereitschaft bedeutet die **Übernahme** von **Verantwortung** im Falle einer Fehlentscheidung bzw. die Akzeptanz eines Plans trotz mangelhafter Operationalitätsbedingungen. Hierin liegt auch das unternehmerische Risiko begründet, wobei das Gegenteil des Risikos —die **Wahrnehmung der Chance** - erfolgreiche Unternehmen und Manager kennzeichnet. Zögernde und sich absichernde Manager werden daher geringere Chancen wahrnehmen können als vergleichsweise risikobereite Menschen. Entscheidend für den Erfolg eines Unternehmens ist die Wahrnehmungsbereitschaft von Chancen durch die Führungskräfte.

Zusammenfassung:

Die dargestellten Kriterien und Eigenschaften des Manangements verdeutlichen, daß es sich bei dem Phänomen der Führung um eine Kombination persönlicher (menschlicher) Eigenschaften mit sachlich fundierten Entscheidungsfähigkeiten handelt. Führungskraft zu sein erweist sich als eine persönliche Eigenschaft, die gepaart ist mit Sachverstand, der Unternehmensziele interpretieren kann, um daraus die für den Verantwortungsbereich richtigen Maßnahmen abzuleiten. Das bedeutet die Forderung nach souveräner Persönlichkeit, die sowohl im Innenverhältnis der Organisation als auch in außerorganisatorischen Beziehungen (zur Umwelt, d. s. Kunden, Verbände, Institutionen) zum Tragen kommt. Ziele setzen, Chancen wahrnehmen, Mitarbeiter motivieren und trotz des an Leistung und Gewinn orientierten Handelns humane Verantwortung übernehmen: Dies kennzeichnet das Bild eines unternehmerischen Managements, das auch an der Gestaltung gesellschaftlicher Wertvorstellungen mitwirkt. Allerdings ist diese ideale Vorstellung in der Praxis selten anzutreffen, was die Notwendigkeit intensiver Schulung des Managements belegt.

Eigenschaften des Managements

- Überzeugungskraft: Vermittlung übergeordneter Ziele und Absichten an nachgeordnete Instanzen und Personen.
- Integrität: Einheitlichkeit und Gerechtigkeit in der Bewertung und Beeinflussung der Mitarbeiter, Sicherheit in den Entscheidungen.
- Sachverstand: Systematisches Denken, um komplexe Zusammenhänge des Unternehmens analysieren zu können.
- Problembewußtsein: Annahme der Probleme und Problemlösung durch Interaktion und sachgerechte Entscheidungen.

- Planungs- und Koordinationsfähigkeit: Zerlegung der Zielvorgaben in Aktionspläne und Zusammenführung und Abstimmung der einzelnen Tätigkeiten.
- Risikobereitschaft: Übernahme der Verantwortung für Plan- und Zielabweichungen, Wahrnehmung der Chancen durch zukunftsorientierte Entscheidungen.

2.4 Legitimation des Managements

Die **Dispositionsgewalt** der Führungskräfte leitet sich aus deren **Machtbefugnissen** ab. „Macht" bedeutet eine bestimmte Art der Beziehungen zwischen Personen innerhalb einer Organisation. Allgemein zeigt sich Macht in der Möglichkeit, andere Personen zu einer bestimmten **Art ihres Verhaltens und ihrer Leistung zu veranlassen.** Wenn wir sagen, „A hat Macht gegenüber B", dann bedeutet dies folgendes:

- A kann B zu einem von ihm gewünschten Verhalten bzw. zu einer bestimmten Leistung veranlassen, die B ohne die Einwirkung von A nicht erbringen würde.
- A ist gegenüber B überlegen (physisch, intellektuell, formal kraft gesetzlicher Regelung).
- B ist in einem materiellen Abhängigkeitsverhältnis gegenüber A. B muß die Anweisungen des A akzeptieren.

Wodurch wird Machtausübung (d. i. Herrschaft) möglich? Im archaischen Stadium durch physische Überlegenheit (kriegerische Macht), indem A als Existenzbedrohung gegenüber B auftritt. In arbeitsteiligen Organisationen sind dagegen folgende Grundlagen der Machtausübung möglich:

a) Macht durch Belohnungs- und Bestrafungsmöglichkeiten: B unterwirft sich A aus Angst vor Bestrafung und/oder aus der Hoffnung auf Belohnung. Jedes Unternehmen besitzt Anreiz- und Drohsysteme. Die Anreizsysteme beziehen sich auf die Motive der Mitarbeiter, die Drohsysteme stellen jeweils die Negation der Anreize dar. Die dominierenden Leistungsmotive (Anreize) sind Macht, Status und materieller Zugewinn. Dementsprechend sind die Anreizsysteme auf diese Motive abgestellt.

Beispiele: Macht wird durch die Beförderungsprogramme und durch den hierarchischen Aufbau der Organisation in Aussicht gestellt. Die Möglichkeit des Erreichens einer höheren Hierarchiestufe ist immer mit erweiterten Kompetenzen gekoppelt. Die Aussicht auf mehr Entlohnung wird durch ein System der außertariflichen Zulagen und indirekter materieller Vergünstigungen (z. B. Benutzung eines Dienstwagens) geregelt. Statussymbole werden durch eine Vielfalt von Titeln und äußeren Symbolen (z. B. besondere Ausstattung des Büros) befriedigt.
Die Drohungen bestehen in der Reduktion erreichter Machtkompetenz, Statussymbole und materieller Zulagen (Rückstufungen) und reichen in der massivsten

Form bis zur Entlassung.

b) **Macht durch Vereinbarung**: B unterwirft sich A aufgrund einer vertraglichen, beide Seiten bindenden Regelung. Die wichtigste Vereinbarung ist der Arbeitsvertrag und die zwischen Betriebsrat und Unternehmensleitung geschlossenen Betriebsvereinbarungen. Rechte und Pflichten beider Parteien sind durch das Betriebsverfassungsgesetz geregelt.

c) **Macht durch Sachkenntnisse** („Wissen ist Macht"): A besitzt Informationsvorteile, die es ihm erlauben, Entscheidungen zu treffen, von denen B annimmt, daß sie ihm Vorteile bringen. B unterwirft sich A, um an dessen Informations- und Entscheidungsvorteilen zu partizipieren.

d) **Macht durch Identifikation:** B identifiziert sich mit A („folgt" ihm), weil er sich mit dessen Absichten und Entscheidungen einverstanden erklären kann. Man spricht in diesem Fall auch von der „Führerschaft" des A, dem es gelingt, eine Gruppe von Menschen für seine Ziele einzusetzen.

e) **Macht durch Besitz**: A hat gegenüber B einen materiellen Vorteil und B unterwirft sich A, um am Besitz des A zu partizipieren. A erreicht die Gefolgschaft des B durch Zuwendungen. Ursprünglich resultierte die Macht des Unternehmers einseitig aus dem Besitz der Produktionsmittel und des Kapitals.

Innerhalb des Unternehmens sind die aufgezeigten **Grundlagen der Macht** durch die **Aufbauorganisation** geregelt oder werden informell durch stillschweigende Übereinkunft und Duldung ausgeübt.

Die Machtbefugnis des Managers resultiert aus folgenden Quellen:

- Verfügungsgewalt über Information, Sachmittel und Kapital.
- Entscheidungsbefugnisse über den Einsatz der Anreiz- und Drohsysteme.
- Rechtliche Grundlagen wie beispielsweise der Arbeitsvertrag.
- Anerkennung (Identifikation) durch die Mitarbeiter.

Diese Machtbefugnisse bestimmen die Legitimation des Managements in Bezug auf Personal- und Sachentscheidungen im Unternehmen.

2.5 Zusammenfassung

Manager sind die Führungskräfte eines Unternehmens, die in arbeitsteiliger Weise an der Zielerreichung der Organisation mitwirken. Sie sind mit unterschiedlichen Kompetenzen ausgestattet und nehmen spezielle Aufgaben innerhalb der Funktionen des Unternehmens wahr.

Als Kriterien des Managements gelten:

- Verfügungsgewalt über Unternehmensobjekte (betriebliche Einsatzfaktoren) und über Personen.
- Entscheidungsbefugnisse zur gezielten Beeinflussung von Tätigkeiten und des Arbeits- und Leistungsverhaltens.
- Machtausübung, die sich in der Dispositionsgewalt gegenüber nachgeordneten Personen und Instanzen äußert.
- Akzeptanz, d. i. die Anerkennung durch die Mitarbeiter.

Als besondere Eigenschaften des Managements gelten:

- Überzeugungskraft, die zur Motivation und Identifikation der Mitarbeiter führt.
- Integrität, die sich als Zuverlässigkeit in den Entscheidungen und als Gleichbehandlung der unterstellten Mitarbeiter erweist.
- Sachverstand, d. h. die Fähigkeit, komplexe Aufgaben richtig zu bewerten und entsprechend zu planen.
- Problembewußtsein, was die Fähigkeit zur sozialen Interaktion und Kreativität verlangt, um außergewöhnliche Situationen zu lösen.
- Entscheidungsfähigkeit, d. i. die Übernahme von Risiken einer Entscheidung und die Realisierung komplexer Entscheidungsprozesse.
- Planungs- und Koordinationsfähigkeit, um eine Vielzahl abhängiger Aufgaben integriert lösen zu können.
- Risikobereitschaft, das bedeutet die Übernahme von Verantwortung und die Wahrnehmung von Chancen.

Die Legitimation des Managements resultiert aus:

- Verfügungsgewalt über Sachmittel. Kapital und Informationen.
- Entscheidungsbefugnissen.
- Rechtlichen Grundlagen, z. B. Arbeitsvertrag.
- Anerkennung durch die Mitarbeiter.

3. Kapitel:
Management-Aufgaben

3.1 Personalaufgaben

Aus der Dispositionsgewalt des Managers leitet sich das **Recht des Arbeitseinsatzes** ab. Grundsätzlich ist dieses Recht im Arbeitsvertrag fixiert und das Arbeitsrecht kennt die Begriffe Beschäftigungspflicht des Arbeitgebers und Arbeitspflicht des Arbeitnehmers. Rechtlich ist das **Beschäftigungsverhältnis** durch den Arbeitsvertrag geregelt. Hinzu tritt eine Vielzahl betrieblicher Sondervereinbarungen (z. B. Arbeitszeitregelung, Überstundenvereinbarungen, Betriebsurlaub) und gewerkschaftlicher, tariflicher Regelungen (z. B. Urlaubsansprüche),. Rechte und Pflichten beider Parteien – Unternehmer und Arbeitnehmer – sind durch das **Betriebsverfassungsgesetz** definiert (z. B. die Frage der Mitbestimmung).

Die Kenntnis des bestehenden Regelwerks – gesetzliche, tarifliche, betriebliche Vereinbarungen – ist eine Voraussetzung für Führungskräfte, die andere Menschen Arbeitsplätze und Aufgaben zuordnen. Die betrieblichen (unternehmerischen) Aufgaben der Personalführung beziehen sich darüber hinaus auf folgende Funktionen:

Arbeitsplatzgestaltung: Der Arbeitsplatz eines Mitarbeiters ist entsprechend den jeweiligen Anforderungen der zu erledigenden Aufgaben im Hinblick auf **psychische Zumutbarkeit** zu gestalten. Zur Arbeitsplatzgestaltung zählen:

- die Bereitstellung von Arbeitsmitteln.
- Menschengerechte Gestaltung des Arbeitsplatzes, z. B. durch die Beachtung ergonometrischer Faktoren.
- Einrichtung von Sicherheitsvorkehrungen bei gefährdeten Arbeitsplätzen (Schutzfunktion).

Unter dem Stichwort „Humanität am Arbeitsplatz" sind in der BRD staatliche Institutionen (durch Förderung von Forschungsaufträgen) und Gewerkschaften bemüht, grundlegende Normen für die menschengerechte Arbeitsplatzgestaltung zu definieren. Dabei bestehen von gewerkschaftlicher Seite folgende Forderungen:

- Wohlbefinden und Sicherheit am Arbeitsplatz.
- Beseitigung extremer Arbeitsteilung.
- Abbau arbeitsorganisatorischer Zwänge.
- Menschengerechte Gruppenarbeit.
- Minderung der technischen Zwänge bei Fließbandarbeit.

Durch den technologischen Wandel entstehen neue Probleme – die Bildschirmrichtlinie der EG vom 29. Mai 1990 (90/270 EWG) und die am 20. Dez. 1996 von der BRD erlassene Bildschirmarbeitsverordnung mögen als Beispiel zitiert sein.

Aufgabenerledigung: Die operativen Aufgaben sind von den Führungskräften so zu planen, daß sie von den Mitarbeitern entsprechend ihrem **fachlichen Können und Wissen innerhalb vernünftiger Zeitspannen** erledigt werden können. Weder Über- noch Unterbeschäftigung sollte durch die **Arbeitszuweisung** entstehen. Das setzt voraus, daß eine abgestimmte **Arbeitsplanung** erstellt wird, insbesondere für Arbeitsplätze, bei denen mit Spitzenbelastungen zu rechnen ist. Zur Aufgabenerledigung gehört auch die **Zielvorgabe** gegenüber den Mitarbeitern, die Definition ihres Entscheidungsspielraumes, die Vorgabe von Zeiten und Einsatzmitteln sowie die Gewährung individueller Erholungspausen.

Die Management-Aufgabe besteht in der „richtigen" **Arbeitsverteilung** an eine Gruppe von Mitarbeitern und in der Steuerung und Koordination der Teilaufgaben. Ein wichtiges Kriterium ist die **personenbezogene Aufgabenerledigung,** die die Fähigkeiten, das individuelle Arbeitstempo, die Ausbildung und Erfahrung sowie die persönlichen Neigungen der Mitarbeiter berücksichtigt.

Ausbildung und Schulung: Die Führungskräfte müssen langfristig dafür Sorge tragen, daß die Mitarbeiter jenes Wissen erhalten, das sie insbesondere im Zeichen des sich wandelnden technischen Fortschritts befähigt, neue Aufgaben wahrzunehmen. Mitarbeiter müssen die Gelegenheit erhalten, sich durch interne und externe **Schulungen** die erwünschten Voraussetzungen für neue Arbeitsgebiete anzueignen. Im Rahmen der **Arbeitsplanung** muß daher auch der erforderliche Zeitaufwand für die **Weiterbildung** der Mitarbeiter geplant werden. Dazu zählen: Information der Mitarbeiter über zukünftige Entwicklungen und Änderungen in der Technologie und Organisation des Unternehmens, die sich auf die Art der Aufgabenerledigung beziehen (z. B. durch die Einführung der EDV), Veranstaltung von Informationstagungen, Arbeitsplatzwechsel (job rotation), Kursbesuche, Selbststudium-Unterlagen, Aufklärung und Beschaffung von Fachliteratur (Werksbibliothek).

Personalförderung: Personalförderung bezieht sich sowohl auf die **Ausbildung und Schulung** als auch auf die **Beförderung.** Die Beförderung kann grundsätzlich auf zwei Gebieten erfolgen:

- **Fachliche Beförderung:** Durch eine entsprechende Weiterbildung werden Mitarbeiter in qualitativ höherwertige Arbeitsplätze eingesetzt.

- **Personelle Beförderung:** Mitarbeiter erhalten zusätzlich zur fachlichen Verantwortung auch einen Teil personeller Verantwortung, z. B. als Gruppenleiter, Vorarbeiter, Stellvertreter. Damit wird die Voraussetzung für die spätere Übernahme einer Management-Position geschaffen.

Zur Personalförderung zählt auch die Motivation der Mitarbeiter durch die Führungskraft.

Personalentwicklung: Entwicklung einer sozialen Kompetenz durch Einübung von Kommunikation, Moderation und Präsentation im Rahmen gruppendynamischer Trainings.

Entlohnung und Belohnung: Die jeweils vorgesetzte Führungskraft ist verantwortlich für die den **Entlohnungssystemen** entsprechende Bezahlung und die Zuteilung der Sonderzulagen (z. B. Boni, Überstunden) für die Mitarbeiter.

Hilfsmittel für die Personalaufgaben:

Die Personalpolitik der Unternehmensleitung definiert den generellen Rahmen für die Erfüllung der Personalaufgaben durch die Führungskräfte. Als Hilfsmittel dienen:
- **Personalprogramme:** Regelungen über die Entlohnung, die Gratifikationen, die Beförderungen, Schulung und Ausbildung sowie die Behandlung von Streitfällen (Beschwerdewege).
- **Kontakte:** Regelungen über Mitarbeitergespräche, Informationstagungen, Verbesserungsvorschlätge und Rechte der Mitarbeiter bei der Arbeitsgestaltung.
- **Information:** Regelmäßige Unterweisung der Mitarbeiter über die notwendigen sachlichen Kenntnisse des Betriebes und seiner Organisation, Recht auf Zugriff zu Informationen, Rechte auf Weiterbildung und Schulung.

Als Ziel gilt generell die **Schaffung eines guten Betriebsklimas,** die Etablierung von „**human relations**" zwischen Führern und Geführten, um möglichst ohne Konflikte und Spannungen auf der Basis gegenseitiger Loyalität die Unternehmensziele zu verwirklichen.

3.2 Sachaufgaben

Die Sachaufgaben des Managements leiten sich aus der generellen Verantwortung für einen Teil der betrieblichen Einsatzfaktoren und aus der Partizipation an der Realisierung der Unternehmensziele ab. Als dominierende Sachaufgaben gelten dabei:

Zielsetzung und Zielvorgabe: Es handelt sich hierbei um die Umsetzung globaler Unternehmensziele in operative Teilziele. Diese Umsetzung („Zielzerlegung") wirkt sich bis auf die einzelnen Arbeitsplätze im Unternehmen aus und erfordert den Aufbau einer **Zielhierarchie,** die – bezogen auf die Arbeitsplätze – auf der untersten Stufe nur noch operable Ziele enthält. Die Steuerung der Zielerreichung erfolgt über sogenannte Sollwerte (Leistungsnormen).

Planung: Analog der Zieldefinition erfolgt die Planung. Ausgehend von der strategischen Unternehmensplanung erfolgt eine hierarchiebezogene Unterteilung bis zu den **Arbeitseinsatz- und Aufgabenplanungen** der operativen Ebenen.

Koordination: Die Vielfalt der operativen Teilpläne und der Einzelaufgaben erfordert eine generelle **Planabstimmung.** Sie wird durch Koordination erreicht und hat die Erfolgsmessung zum Ziel.

Entscheidung: Die Entscheidung bezieht sich auf die Realisation der Planung und bezieht sich sowohl auf die Personalaufgaben (Entscheidung über den Arbeitseinsatz) als auch auf die sachlichen Aufgaben, z. B. die **Genehmigung und Durchsetzung eines Aktionsplanes.**

Kontrolle: Die Kontrolle bezieht sich auf die sachlichen Ergebnisse (Ergebniskontrolle) und auf die **Leistung** und das **Verhalten** der unterstellten Mitarbeiter.

Hilfsmittel für die Sachaufgaben:

Für die Durchführung der Sachaufgaben werden folgende Hilfsmittel eingesetzt:
- Kennziffern für Soll- und Istwerte.
- Planungs-Charts und Planungsmethoden (z. B. Netzplantechnik) für die Aufgabenplanung.
- Berichtswesen: Vergleichende Statistiken, z. B. Zeitvergleiche, Periodenvergleiche, Soll-Ist-Gegenüberstellungen, Auswertungen zu Kenngrößen.
- Organisationsplanung: Delegation von Verantwortung und Aufgaben.
- Konferenzen: Absprachen und Vereinbarungen im Rahmen der Koordination.
- Beratung und Förderung: Unterstützung der Mitarbeiter bei der Durchführung der Aufgaben.

3.3 Fachpromoter und Machtpromoter

Die dargestellten sachlichen Aufgaben verdeutlichen, daß die Führungskraft Kenntnisse besitzen muß, um in der Komplexität wechselnder Ziel- und Planungsaufgaben die jeweils richtigen Aufgabenvorgaben definieren zu können. Aus diesem Grunde hat sich bei besonders komplexen Aufgabenstellungen eine **zweiseitige Arbeitsteilung** entwickelt, die das Zusammenwirken von **Fachexperten** und **Führungskräften** regelt. Die Fachleute – oft Fachpromoter genannt – arbeiten gemeinsam mit dem Manager (Machtpromoter) an der Lösung schwieriger Aufgaben. Die Fachpromotoren müssen nicht unbedingt aus dem gleichen Verantwortungsbereich stammen, sondern werden ad hoc je nach Dringlichkeit einer

Aufgabe aus verschiedenen Unternehmensfunktionen für eine begrenzte Zeitdauer einberufen. Es entwickeln sich Teams aus Experten und Managern („Task Force Management"), die die vollständige **Absicherung** und rationale **Begründung** für Entscheidungen definieren. Das Ergebnis derartiger Teamarbeit wirkt sich auf verschiedenen Ebenen aus:

- Transparenz der sachlichen Notwendigkeiten für eine Entscheidung.
- Berücksichtigung der Machbarkeit („feasibility") und damit eine höhere Wahrscheinlichkeit der Zielerreichung.
- Reduzierung des Risikos einer Fehlentscheidung.
- Erhöhte Motivation der Beteiligten, die dadurch nicht zu Vollzugsorganen degradiert werden.
- Einblick der Fachleute in unternehmerische Notwendigkeiten und damit Erweiterung ihres Wissensstandes.

Entscheidungsprozesse, die durch Teamarbeit zwischen Fachexperten und Managern vollzogen werden, sind u. a. ein Kennzeichen für einen kooperativen Führungsstil.

3.4 Aufgabenkatalog für Manager

Aus den Anforderungen an die Führungskräfte und aus den durch den hierarchischen Aufbau des Unternehmens resultierenden unterschiedlichen Verantwortungen folgen unterschiedliche – jedoch gegenseitig abgestimmte – Aufgabenstellungen.

Jeder **Managementstufe** kann ein spezielles Aufgabenbündel zugeordnet werden, das sich jeweils in der **Entscheidungskompetenz** und in der Verantwortungsbreite unterscheidet: Die arbeitsteilige Realisierung der Unternehmensziele findet ihren Niederschlag in der arbeitsteiligen Aufgabenerledigung und Kompetenz. Die folgende Tabelle und das sich anschließende Beispiel „Personalbeschaffung" sollen eine grundsätzliche Orientierung geben über dieses arbeitsteilige Prinzip, wobei sich Teilaufgaben auf den verschiedenen Ebenen wiederholen können, jedoch – von oben nach unten betrachtet – mit einer zunehmenden Detaillierung. Dies verdeutlicht u. a. die Notwendigkeit der Planabstimmung und Koordination sowie die Notwendigkeit eines Informationssystems.

Management-Aufgaben

Hierarchie	Verantwortung für:	Verantwortung gegenüber:	generelle Aufgaben	Teilaufgaben (Beispiele)
Strategisches Management	Langfristige Sicherung des Unternehmensvermögens Ausreichende Kapitalverzinsung Sicherung der Arbeitsplätze	Kapitaleignern (Gesellschafter, Aktionäre) Vertretung der Mitarbeiter (Betriebsrat) Kunden Gesellschaft Aufsichtsorganen (Aufsichtsrat)	Definition des Unternehmenszieles Unternehmensplanung Unternehmenspolitik Unternehmensorganisation (u. a. Rechtsform) Öffentlichkeitsarbeit Entscheidungen zur Durchsetzung der Planung Kontrolle des Unternehmensergebnisses	Genehmigung des Investitionsplans Festlegung von Wachstumsraten Definition der Personalprogramme Ernennung der Führungskräfte Delegation von Verantwortung (z. B. durch Zeichnungsbefugnisse)
Taktisches Management	Ökonomischer Mitteleinsatz der Produktionsfaktoren Wirtschaftlichkeit Zielerreichung Planabstimmung Sicherung der Durchführbarkeit der Planung	Nachgeordneten Instanzen Gleichgestellten Instanzen Mitarbeitern	Funktionale Teilplanung Mittelbereitstellung Terminplanung Ergebniskontrolle Delegation von Aufgaben Koordination Problemlösung	Abweichungsanalysen Aktionsplanung Berichtswesen und Berichterstattung Kontrolle der Leistungsergebnisse und Konsolidierung Vorgabe operationalisierter Teilziele
Operatives Management	Einhaltung der Pläne Zielerreichung Mitteleinsatz und Mittelverwendung Produktivität	Mitarbeitern Kunden.	Realisierung der Pläne Information bei Planabweichungen Aufgaben- und Zeitplanung Mitarbeiter-Einsatz Produktivitätskontrolle Arbeitsplatzgestaltung	Information der Mitarbeiter Schulungsplanung Arbeitszuweisung Motivation Konfliktlösung Mittelzuweisung

Beispiel für die Managementaufgabe „Personalbeschaffung"

Strategisches Management:

- Planung und Festlegung einer bestimmten Wachstumsrate des Umsatzes
- Genehmigung und Bereitstellung des für die Finanzierung notwendigen Budgets (Teil der Finanzplanung)
- Entscheidung über die Vertriebspolitik
- Entscheidung über die Produkte und über die für deren Erstellung einzusetzenden Technologien.

Taktisches Management:

Aus den Entscheidungen und Planungen des strategischen Managements resultieren für den Funktionsbereich „Personal" folgende Teilaufgaben:

- **Ermittlung des Personalbedarfs:**
  a) Quantitativ: Wieviel Mitarbeiter sind für die Realisierung des geplanten Umsatzes notwendig?
      Vertriebspersonal
      Produktionspersonal
      Verwaltungspersonal
  b) Qualitativ: Welche Qualifikationen sind erforderlich?
      Im Vertrieb
      In der Produktion
      In der Verwaltung
- **Personalbeschaffungsplanung:**
  a) Intern: Wieviel Mitarbeiter können durch Umschulung für die neuen Produktions- und Vertriebsmethoden bereitgestellt werden (Schulungsplanung)?
  b) Extern: Wieviel Mitarbeiter sind neu einzustellen (Einstellungsplanung)?
- **Personalfinanzierungsplan:**
  a) Wieviel Kosten entstehen durch die Umschulung?
  b) Wieviel zusätzliche Löhne, Gehälter und Sozialkosten sind für die neu eingestellten Mitarbeiter aufzubringen?
  c) Abstimmung des Aufwands mit dem Finanzplan
  d) Nach Genehmigung: Entscheidungen über Schulungsplan und Einstellungsplan
  e) Analyse der Auswirkungen auf die Organisation und Abstimmung mit der Organisationsabteilung
  f) Information des Betriebsrats.

Operatives Management:

Aus den Schulungs- und Einstellungsplänen ergeben sich folgende Aufgaben:

- **Schulung:**
  Definition der Schulungsinhalte und –methoden
  Planung der Schulungstermine
  Bereitstellung der Schulungsmittel (Räume, Lehrer)
  Information der betroffenen Mitarbeiter
  Überwachung der Durchführung der Schulung
  Kontrolle der Ergebnisse und Rückmeldung an das taktische Management
  Einsatzplanung der umgeschulten Mitarbeiter
- **Einstellung:**
  Einschaltung der Werbeabteilung für Annoncen-Kampagne
  Festlegung der Einstellungsbedingungen
  Entscheidung über die Ablehnung oder Akzeptanz der Bewerber
  Einsatzplanung der neu eingestellten Mitarbeiter
  Zuweisung der Mitarbeiter zu Arbeitsgruppen und Abteilungen
  Informationen der neu eingestellten Mitarbeiter
- **Berichtswesen:**
  Laufende Information an das taktische Management zur Kontrolle der Plan-einhaltung
  Vorabinformationen bei erkennbarer Planabweichung
  Information (Erfolgsmeldung) nach Abschluß aller Aktionen.

3.5 Zusammenfassung

Jede Führungskraft hat grundsätzlich zwei Aufgabenbündel zu realisieren:
- Personalaufgaben
- Sachaufgaben

Als Personalaufgaben gelten:
- Arbeitseinsatz der unterstellten Mitarbeiter
- Humane Arbeitsplatzgestaltung
- Zumutbare Arbeitszuweisung entsprechend den Fähigkeiten der Mitarbeiter
- Ausbildung und Schulung der Mitarbeiter
- Personalförderung und Beförderung
- Entlohnung und Belohnung.
- Konflikt- und Problemlösung

Als Hilfsmittel werden eingesetzt:
Personalprogramme als Ergebnis der betrieblichen Personalpolitik, persönliche Kontakte und Information, differenzierte Führungsstile.

Die Sachaufgaben der Führungskraft beziehen sich auf:
- Zielvereinbarung und Zielvorgabe
- Planung
- Koordination
- Entscheidungsvollzug
- Kontrolle

Als Hilfsmittel gelten:
Berichtssysteme, Planungsmethoden, Organisationsplanung, Konferenzen, Beratung und Förderung der Mitarbeiter zur Unterstützung beim Vollzug der Aufgaben.

Entsprechend dem hierarchischen Aufbau des Unternehmens ergibt sich für die Managementaufgaben ebenfalls eine hierarchische Gliederung: Sie reicht von der strategischen Unternehmensplanung bis zu den einzelnen Verrichtungen und ist jeweils durch unterschiedliche Kompetenzen, Verantwortungen und Detaillierungsgrade in der Ausführung geregelt. Das verbindende Element zwischen allen Aufgaben des Unternehmens bildet das Informations- und Kommunikationssystem.

Neuere Führungskonzeptionen zielen allerdings darauf ab, die tradierte Stab-Linien-Organisation des hierarchischen Aufbaus durch intensive Querschnittsinformationen, insbesondere durch projektorientierte Arbeitsweisen zu ersetzen. Damit erhält der soziale und kommunikative Bezug zwischen Führungskraft und Mitarbeiter eine neue Qualität.

4. Kapitel:
Methoden und Techniken des Managements

Die Management-Lehre hat in den vergangenen Jahren eine Reihe von Methoden und Techniken für die Führung industrieller Unternehmen erarbeitet, die unter dem Begriff „Management by. . ." in die Literatur eingingen. Bei diesen Methoden werden jeweils ganz bestimmte Aufgaben und Eigenschaften des Managers in den Vordergrund gestellt. Eine zusammenfassende Würdigung dieser Methoden ist durch den Systemansatz möglich, der den Gesamtkomplex der Führung prozessual beschreibt und verschiedene Methoden kombiniert.

4.1 Management durch Zielvereinbarung

Der Begriff „Management durch Zielvereinbarung" ist unter dem Schlagwort „**Management by Objectives**" (MbO) sehr breit in der Literatur behandelt[10]. Als analoge Begriffe werden auch verwandt: Management by motivation, management by results und accountability management. In der allgemeinen Fassung bedeutet Management by objectives eine **zielorientierte Unternehmensführung,** die auf folgenden Prinzipien aufbaut:

- Definition einer **Zielhierarchie,** die für alle Ebenen des Managements ver bindlichen Charakter hat.
- Ständige **Kontrolle** des tatsächlich erreichten Ergebnisses mit den vereinbarten Zielen.
- Feedback-Sitzungen zwischen Führungskräften und Mitarbeitern für die Analyse von Zielabweichungen, Problemen und Schwachstellen.
- Größtmögliche **Selbststeuerung** der Führungskräfte und der ausführenden Organe. Innerhalb des Entscheidungsspielraums wird nicht vorgegeben, welche Maßnahmen für die Zielerreichung einzusetzen sind.

Die Methode des MbO ist **ergebnisorientiert.** Weniger die Handlungen und Aktionen stehen im Vordergrund, als vielmehr die Garantie der Zielerreichung. Die Führungskräfte unterliegen einem **System der commitments,** d. h. der Zustimmung zu den vereinbarten Zielen.

Voraussetzungen: Für ein funktionsfähiges MbO-System sind mehrere Voraussetzungen zu erfüllen, um zur angestrebten **Zielerreichungs-Garantie** auf allen Ebenen des Managements zu gelangen:

1. Definition der Zielhierarchie:
Die Unternehmensziele sind analog der Arbeitsteilung in arbeitsteilig realisierbare, quantifizierte (operable) **Teilziele** für jeden Management-Bereich zu zerlegen. Den Ausgangspunkt bilden die Unternehmensziele („**Unternehmensphilosophie**"), die oftmals als ein langfristiges Programm **(Zielkonzeption)** definiert

sind. Als Beispiel für die Zerlegung der Unternehmensziele in Teilziele kann das sog. „ROI-Chart" (Return-on-Investment-Chart) dienen.

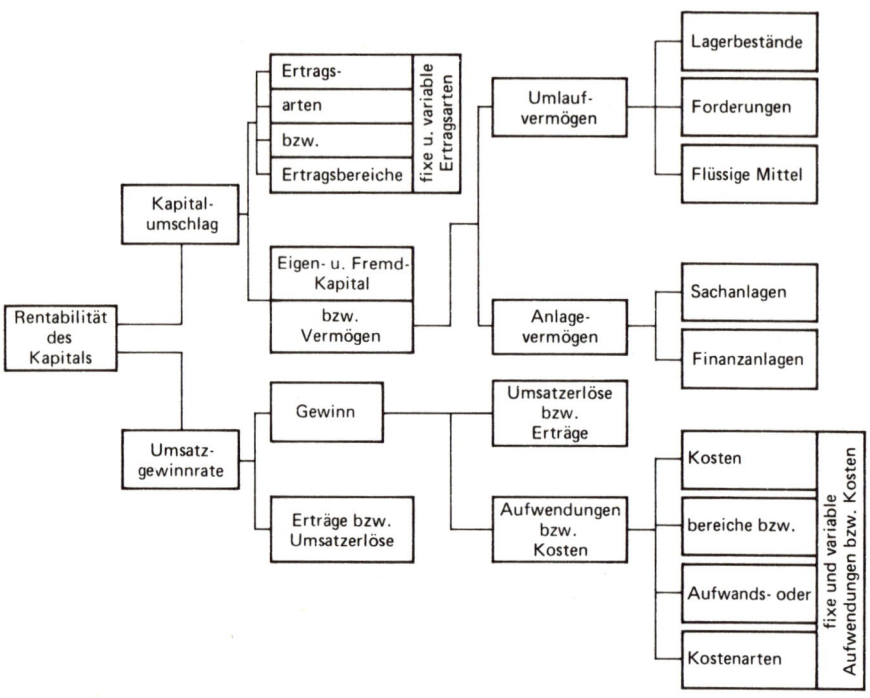

Abb. 1   ROI-Chart als Beispiel für die Zielzerlegung

„Die Auffächerung und Aufschlüsselung der wichtigsten quantitativen Audrucksformen und Relationen (Kennzahlen) spielen für die wirtschaftliche Planung, Zielprogrammierung und Kontrolle eine bedeutende Rolle. Es kann sich um vergangene oder erwartete, eigene oder vergleichbare fremde Werte handeln, die den produktions-, finanz-, personal- oder informationswirtschaftlichen Bereich betreffen können."[11]

Für die Durchsetzung der Unternehmensziele werden bestimmte Strategien definiert, z. B.:

• **Produkt- und Servicestrategie**:
Beispiel 1: Die Firmen aus der Computer-Industrie verfolgen unterschiedliche Strategien: Vermarktung der Hardware zu relativ hohen Preisen bei großzügig gewährtem Service für die Einführung der Software oder Vermarktung billiger Hardware bei hohem Preis für den Service der Software.
Beispiel 2: Die Geschäftsbanken schritten von einer ursprünglichen Mono-Produkt-Strategie (reine Geldgeschäfte) zur Diversifikation: Neben dem „klassischen" Bankgeschäft werden heute zusätzliche Geschäfte betrieben, wie Hypothekengeschäfte (ursprünglich den Hypothekenbanken vorbehalten), Immobilien,

Bausparabschlüsse.

Beispiel 3: Zur Durchsetzung eines Produkts auf dem Markt wählt ein Unternehmen der Haushaltsgeräte-Industrie nur den Direktvertrieb über Vertreterbesuche, während andere Unternehmen über ein Rabattsystem Händlerketten oder Kaufhäusern die Vermarktung überlassen.

- **Marktstrategie:** Die Marktstrategie kann sich auf folgende Ziele beziehen: Sicherung eines bestehenden Marktes, Eroberung eines neuen Marktes oder Vergrößerung des Marktes auf Kosten der Konkurrenz. Die Marktstrategie wirkt sich aus auf: Kundenpolitik, Werbung, Konkurrenzverhalten, Preispolitik, Finanzierung.

- **Finanzierungsstrategie:** Hierbei wird festgelegt, wie sich das Unternehmen finanziert, d. h. das Verhältnis zwischen Fremd- und Eigenfinanzierung wird unter Beachtung möglicher Fremdbeherrschung definiert.

- **Wachstumsstrategie:** Es handelt sich hierbei um die grundsätzliche Festlegung der Wachstumsraten, die nach Maßgabe der Finanzierungskraft und der Umsatzerwartungen ermittelt werden.

Die Summe dieser **Strategien** und **Entscheidungen** bestimmen die **Unternehmenspolitik.** Für deren Realisierung ist es notwendig, die Absichtserklärungen der Unternehmensleitung in eine Menge abgestimmter Teilziele zu zergliedern, die sich bis auf die einzelne Verrichtung im Unternehmen auswirken.

Entsprechend der Aufbauorganisation des Unternehmens entstehen durch die Zielzerlegung **Bereichsziele, Hauptabteilungsziele, Abteilungs- und Aufgabenziele.** Während die Unternehmensziele langfristig sind und eine relative Konstanz aufweisen, sind die nachgelagerten Teilziele kurzfristig und von der Dynamik der sich ändernden Umweltbedingungen beeinflußt.

Alle Ziele müssen im MbO operationalisiert sein – hypothetische und realitätsfremde Ziele durchbrechen das System der Commitments. Daher sind neben der Zieldefinition zusätzliche Funktionen notwendig.

2.   Planung und Budgetierung:
Die definierten Ziele sind durch vorgelagerte Teilziele (die zu Zwischenergebnissen führen) erreichbar, die in einer zeitlich abstimmbaren Reihenfolge schrittweise realisiert werden. Dieser Prozeß führt zur **Planung,** deren wesentlichstes Kennzeichen die zukunftsbezogene Festlegung der Teilziele und Aktionen für die Erreichung des Gesamtzieles ist. Die Planungssystematik im MbO bezieht sich auf:

- **Planungsobjekte:** Produkte, Finanzen, Ergebnisse (Umsatz, Rendite).
- **Planungszeiträume:** Langfristige (strategische), mittelfristige (taktische) und kurzfristige (operative) Planung.
- **Planungsverantwortliche:** Manager der verschiedenen Managementebenen.

Die einzelnen Pläne sind stets im Gesamtzusammenhang mit dem Unternehmensplan zu erstellen. Man spricht daher von einer **Planungsinterdependenz,** die eine zeitliche und inhaltliche (objektbezogene) Abstimmung erfordert.

Für die Realisierung der geplanten Aktionen und Ziele sind betriebliche **Einsatzfaktoren** erforderlich, und zwar auf allen Stufen der Managementebenen: Finanzen (Kapital, Budget), Sachmittel, Personen. Mit der Planungssystematik einher geht damit im MbO ein detailliertes **Budget-System,** dessen Ziel die geringstmögliche Menge der Einsatzfaktoren für die Zielerreichung ist. Die Budgetierung zielt auf ein „**System der Vorgaben**" ab. Durch die Zielvorgaben und die Budgetierung wird über eine Konsolidierung aller Pläne die **Gewinn- und Rentabilitätsplanung** des Gesamtunternehmens möglich.

Im MbO ist das Management **ergebnis- und planungsorientiert.** Besondere Herausforderungen an das Management treten immer dann auf, wenn externe Störfaktoren (Marktänderungen) oder Planungsfehler (Prognosefehler) auftreten, die eine kurzfristige Reaktion im Sinne einer Neudefinition des Planungssystems erforderlich machen. Dies führt in vielen Fällen zur **Planungshektik** und zu Streßsituationen für die mit der Plankonsolidierung und Plananpassung beauftragten Manager. Da der Manager mit seinen jeweiligen Planungen zugleich ein Commitment abgegeben hat, kann er die Planungsaufgabe nicht delegieren – die Zustimmung zu „seinem" Plan führt ihn in die **Ergebnisverantwortung,** an der seine Führungsleistung gemessen wird. Dies führt zum System der Ergebniskontrollen.

3. Ergebniskontrollen
Die Ergebniskontrolle ist analog der Planungssystematik hierarchisch geordnet: Das operative Management überwacht die **Ergebnisse** der Verrichtungen und Einzelaufgaben, konsolidiert die Summe der Ergebnisse (Ertrag, Kosten, Aufwand, Ausstoß etc.) und meldet diese an die nächsthöhere Führungskraft. Diese **konsolidiert** wiederum die Ergebnisse aller an sie berichtenden Führungskräfte und meldet das Ergebnis weiter. Dies erfolgt durch sog. Feedback-Sitzungen.

Die **Planung** erfolgt von „**oben nach unten**" (Unternehmensziele → Verrichtungsziele), die **Ergebniskontrolle** von „**unten nach oben**" (Verrichtungsergebnisse → Unternehmensergebnis).

Um zu verhindern, daß derjenige, der Ziele definiert und Aktionen plant, „sich selbst kontrolliert" (und damit die Möglichkeit der Manipulation besitzt), wird die Ergebniskontrolle einem gesonderten Bereich zugeordnet. So entsteht der **Controlling-Bereich,** dessen primäre Aufgabe darin besteht, die Ergebnisse aller Unternehmensfunktionen im Hinblick auf die definierten Ziele regelmäßig zu überprüfen und alle Abweichungen an die Unternehmensleitung zu berichten, um von da aus die Planeinhaltung zu beeinflussen. Die **Kontrollverantwortung** ist damit vom zielorientierten Management (d. i. das sogenannte Linienmanagement) ausgegliedert, und es entsteht eine „geteilte Verantwortung" („shared responsibility"). Damit ist das Prinzip des **„Check and Balance"** skizziert, das genau zwischen Linienverantwortung (Ergebnisverantwortung) und Kontrollverantwortung unterscheidet.

Kritische Würdigung:

a) **Positive Aspekte:** Die starke **Betonung der Ergebnisverantwortung** geht mit einem entsprechenden Belohnungs- und Anreizsystem einher. Führungskräfte, die ihre Ziele erfüllen, partizipieren auf allen Stufen an bestimmten Belohnungen: Statusveränderungen, höhere Positionen und materielle Vergütungen. Damit kann eine Führungskraft neben den Regeleinkünften zusätzliche **Bonifikationen** erwerben. Ein weiterer positiver Aspekt ergibt sich durch die zwangsläufige Miteinbeziehung der Mitarbeiter in das System der Planung und Zielvereinbarung. Da die Aktionspläne letzten Endes auf eine Vielzahl von individuellen Verrichtungen beruhen, müssen für jeden Mitarbeiter **Individualziele** vereinbart werden (**persönliche Arbeitsziele**). Bei neuen Verfahren, Technologien, Methoden etc. bedeutet dies auch die Entwicklung individueller Schulungs- und Ausbildungspläne für die Mitarbeiter und eine qualitative Weiterentwicklung ihrer Fähigkeiten. Daraus entwickeln sich für die Mitarbeiter:

- **Ausbildungs- und Schulungsprogramme**
- **Beförderungssysteme** in der fachlichen Laufbahn (Karriereplanung)
- **Planung der Führungs-Nachfolge** (Management-Laufbahn)
- **Leistungsbewertungssysteme,** die darauf abzielen, die Mitarbeiter entsprechend ihrer Zielerfüllung zusätzlich zu belohnen.

Als positives Argument für das MbO gilt auch der relative **Freiheitsgrad,** den die Manager bei der Festlegung ihrer Aktionspläne besitzen. Nicht das „Wie" steht im Vordergrund, sondern das „Was", d. h. das Ergebnis. Innerhalb der Budgetgrenzen und der definierten Entscheidungskompetenz ist es der Innovations- und Motivationsfähigkeit des Managers überlassen, die von ihm für richtig erachteten **Aktionen** und **Maßnahmen** zu planen und zu realisieren, sofern damit die Zielerreichung gewährleistet ist.

b) **Negative Aspekte:**
- **„Management-Hektik"** insbesondere während der regelmäßig durchgeführten **Planungsintegration:** Die Planabstimmung führt in der Regel zu Ergebnissen, welche die Unternehmensleitung nicht akzeptieren kann (will), da von verschiedenen Stellen übertriebene (utopische) **Plananforderungen** gestellt wurden. Daher müssen die Aktionspläne mehrfach überarbeitet werden, um das Maximum an Profitabilität für das Gesamtunternehmen zu erreichen. Treten dramatische Veränderungen in den Umweltbedingungen des Unternehmens auf (z. B. „Ölkrise", neue Konkurrenten, technische Erfindungen), muß ad hoc die gesamte Planung und damit das gesamte Aktionsgefüge des Unternehmens angepaßt werden, was zu einer außerordentlichen **Dynamik** in den Managementprozessen führt.
- **Häufig wechselnde Aktionspläne:** Das MbO ist ein dynamisches System. Plankorrekturen innerhalb einer Funktion oder innerhalb der Unternehmensleitung führen unmittelbar zu Änderungen in den Aktionsplänen und in den Prioritäten der Aufgabenstellungen bei den Mitarbeitern. Eine Konstanz der verrichtungs-

orientierten Arbeiten ist nicht gewährleistet, die Mitarbeiter sind ständig neuen Zielvorgaben und wechselnden Prioritäten unterworfen.

• **Starke materielle Leistungsbetonung:** Durch die Ergebnisorientierung wird eine einseitige Betonung der quantifizierbaren Ergebnisse („hard facts") bedingt. Kreative Tätigkeiten, deren Ergebnisse erst langfristig zu wirken vermögen, werden nicht gefördert.

• **Ausgeprägte Kontrollen:** Das MbO ist – insbesondere unter dem Aspekt des „Check and Balance" – kontrollintensiv. Damit konzentrieren sich die Führungskräfte primär auf die Einhaltung der Pläne unter Inkaufnahme der Vernachlässigung der personellen Führungsaufgaben.

• **Verwaltungsaufwand:** Durch die intensive Planungs- und Kontrolltätigkeit entsteht ein hoher Verwaltungsaufwand. Es entwickeln sich Stabshierarchien, die neben den eigentlichen Grundfunktionen des Unternehmens eine Tendenz der Verselbständigung zeigen und aufgrund ihres Informationsvorsprungs (Ziel-, Planungs- und Ergebnisinformationen) zur eigentlichen Lenkungsfunktion im Unternehmen werden („Machtpotential der Stäbe").

Zusammenfassend kann gesagt werden, daß die Einführung eines MBO-Systems im Unternehmen nicht einseitig betrieben werden darf. Die Beachtung des Führungsstils und des Führungsverhaltens der Manager ist erforderlich, um eine materielle Überbetonung des Leistungssystems zu verhindern.

4.2 Management durch Delegation

Delegation bedeutet die **Übertragung von Aufgaben** und Zuständigkeiten (Kompetenz und Verantwortung) an hierarchisch nachgeordnete Instanzen und Personen. Die Komplexität der Unternehmensaufgaben führt notwendigerweise zu einer **Differenzierung** der Ziele, Aufgaben und Fähigkeiten. Mit der Delegation wird beabsichtigt, Aufgaben und Zielverantwortungen (Ergebnisverantwortungen) an jene Personen zu übertragen, welche die jeweils höchstmögliche Zielerfüllungsgarantie bieten. Erweist sich diese Garantie als Trugschluß (d. h. liegt ein „Versagen" der betreffenden Person vor), kommt es in aller Regel von Seiten des Delegierenden zur **Re-Delegation** (Rücknahme von Aufgabe und Kompetenz) oder zum Austausch der mit der Aufgabe beauftragten Person (**Positionswechsel**).

Die Delegation führt im theoretischen Ansatz zu einer Reduzierung der Management-Ebenen. Im Idealfall besteht ensprechend dem Delegationsprinzip nur noch eine dreistufige Organisationshierarchie: Die Geschäftsleitung, die die Unternehmensziele festlegt, die Bereichs- und Funktionsleitung, die aus den Unternehmenszielen Aktionspläne erstellt und die operative, verrichtungsorientierte Ebene, die das Ergebnis leistet.

Wir unterscheiden die **einseitige Delegation (Pseudo-Delegation)** und die **vollständige Delegation.** Die einseitige Delegation ist dadurch gekennzeichnet, daß lediglich die Verantwortung (d. i. das Commitment) an die nachfolgende Stelle bzw. Person weitergegeben wird, nicht aber die Entscheidungskompetenz und Dispositionsgewalt über die Einsatzfaktoren. Die **einseitige Delegation** führt beim Empfänger zu einem **Ziel-Mittel-Konflikt.** Sie findet sich vornehmlich in Unternehmungen, die eine ausgeprägte hierarchische Gliederung aufweisen.

Die **vollständige Delegation** bezieht sich auf die Weitergabe von **Aufgabe, Verantwortung und Kompetenz** (Entscheidungsbefugnisse und Mitteldisposition).

Zielsetzung der Delegation: Mit der Delegation werden grundsätzlich drei Ziele verfolgt:
* **Komplexitätsreduzierung** der unternehmerischen Aufgabe durch die Definition einer Vielzahl verantwortlicher Funktionen.
* **Entlastung des Managements** durch die Ausgliederung von Teilkompetenzen und Verantwortungen, die von nachfolgenden Instanzen und Personen selbständig zu bewerkstelligen sind.
* **Entwicklung der Eigenverantwortung** und Selbständigkeit der Mitarbeiter (**„organizational development"**).

Voraussetzungen: Die Delegation ist entsprechend ihren Zielsetzungen an bestimmte Voraussetzungen und organisatorische Bedingungen gebunden:
* **Geringe Anzahl hierarchischer Stufen,** da sonst die Gefahr der Pseudo-Delegation mit ihren Mittel-Ziel-Konflikten gegeben ist.
* **Miteinbeziehung** der **Mitarbeiter** in den **Entscheidungsprozeß,** um ihnen die Möglichkeiten der Information über die Tragweite der delegierten Verantwortung zu geben (partizipatives Management).
* **Ausbildung** und **Information** der Mitarbeiter, um die Eigenverantwortlichkeit zu schulen. Dazu gehört auch die Motivation der Mitarbeiter, die zu einem engagierten Arbeitseinsatz für die Zielerreichung führen soll.
* **Stellenbeschreibungspläne,** um die jeweilige Entscheidungskompetenz gegenüber anderen Instanzen und Personen abzugrenzen.
* **Selbststeuerungsmöglichkeiten,** d. h. relative Freiheit in der Aktionsplanung und die Möglichkeit der Rückinformation an diejenige Stelle, die die Delegation beschlossen hat.

Kritische Würdigung:
a) **Positive Aspekte**: Durch die vollständige Delegation wird die Miteinbeziehung der Mitarbeiter in den Entscheidungsprozeß bewirkt. Dadurch entwickeln sich aus den ursprünglich nur weisungsgebundenen und verrichtungsorientierten Mitarbeitern selbständig handelnde und ergebnisbewußt motivierte **„Leistungsträger"**, die ihre Motivation aus der **Loyalität** gegenüber der Unternehmensleitung ableiten. Die Mitarbeiter erhalten Freiräume in der **Gestaltung** ihrer **Aktionspläne** und orientieren sich am ökonomischen Prinzip.
b) **Negative Aspekte:** Das Delegationsprinzip mündet in der Praxis sehr oft in die **einseitige Delegation.** Die Delegation wird als Alibifunktion vom Management mißbraucht, und lediglich **Routine-Arbeiten** werden delegiert, die keine Identifikation mit den Zielsetzungen zulassen. Die Mitarbeiter werden vom eigentlichen

Zielfindungs- und Entscheidungsprozeß ausgeschlossen, nur Teile der Gesamtaufgaben werden an sie übertragen. Dadurch entstehen **Informationsverluste.** Dies erklärt auch die zu beobachtende Tatsache der häufigen Re-Delegation. Damit aber ist die beabsichtigte Wirkung – Ausbildung mündiger und engagierter Mitarbeiter – nicht erreichbar. Die Diskrepanz zwischen Verantwortung und Kompetenz führt zum Gegenteil, nämlich zu resignierenden, nur noch auf Anweisung und Drohung aktiv werdenden Mitarbeitern, die das System der Pseudo-Delegation längst durchschaut haben.

Resümee: Delegation als Management-Methode kann nur dann positive Wirkungen zeigen, wenn die Gefahr der Pseudo-Delegation durch entsprechende Stellenbeschreibungspläne und durch die Eingliederung von echten Kompetenzen vermieden wird. Delegation von Verantwortung ist an sich unsinnig, da nur jener Verantwortung übernehmen kann, der zugleich auch die Kompetenz für die Entscheidungen und für den Mitteleinsatz besitzt.

4.3 Management durch Steuerung

Mit Steuerung bezeichnet man entsprechend dem kybernetischen Modell den korrigierenden Eingriff eines Entscheiders in einem Prozeß, sofern eine **Zielabweichung** außerhalb der **Toleranzgrenzen** festgestellt wird.

Als „Management by exception" hat diese Methode der Unternehmenssteuerung Eingang in die Literatur und Praxis gefunden[12]. In der einfachsten Form besagt diese Methode, daß der dispositive Faktor (also die Tätigkeiten der Manager) erst dann wirksam wird, wenn in einem Arbeitsprozeß **Probleme** auftreten. Probleme aber sind **„Abweichungen vom Normalen",** d. h. die Ausnahmen (**„exceptions").** Darunter versteht man im allgemeinen die **Zielabweichungen.** In einem weiter gefaßten Verständnis bezieht sich die Methode des MbE auf besondere Prozesse und Funktionen, nämlich auf die kritischen Bereiche. Stellt beispielsweise ein Produktionsunternehmen, das einen hohen Anteil an Vorleistungen von anderen Unternehmen bezieht, fest, daß das Geldvolumen für die Beschaffung zu hoch ist, dann kann für eine bestimmte Zeitspanne der Beschaffungsbereich mit den Methoden des MbE gesteuert werden: Das Lieferantenverhalten, die Einkaufspolitik, das Beschaffungsvolumen, die Preise und Konditionen usw. werden zu „exzeptionellen" Objekten erklärt, denen das besondere Interesse der Manager gilt, um die Ausgaben für die Beschaffung zu senken.

Zielsetzung des MbE:
Mit dem MbE wird beabsichtigt, die **Kontroll-** und **Steuerungsaktivitäten** des Managers zu **reduzieren.** Der Manager wird nur bei sog. Problemfällen aktiv. Er wird damit von Routinearbeiten **entlastet,** während andererseits die Mitarbeiter eine **Selbststeuerung** solange ausführen, solange die Aufgaben innerhalb der zuverlässigen Toleranzen sind.

Voraussetzungen:
Eine wichtige Voraussetzung für das Funktionieren des MbE ist die Quantifizierung von Zielen (Arbeitsergebnissen) je Arbeitsprozeß und die Bestimmung von Toleranzgrenzen (Plus/Minus-Abweichungen). Beispiele: In einem Fertigungsprozeß wird eine Maschinenauslastung von 85 % geplant (Zielgröße) plus/minus 5 % und eine Ausschußquote von 6 % (Zielgröße) mit plus 1,5 % (eine Minusabweichung der Ausschußquote ist wünschenswert, führt daher nicht zu Eingriffen). Die Steuerung (Prozeßbeeinflussung) durch Maßnahmen des Managements setzt in diesem Beispiel erst dann ein, wenn die Ausschußquote größer/gleich 7,5 % beträgt und/oder die Auslastung unter 80 % oder über 90 % (Gefahr des Verschleißes, Gefährdung der Sicherheit etc.) beträgt. Solange sich der Fertigungsprozeß innerhalb der festgelegten Toleranzen bewegt, wird ein Eingreifen des Managements nicht erwartet.

An diesem Beispiel wird ersichtlich, daß für ein funktionsfähiges MbE **Meßkriterien** erforderlich sind. Man kann derartige Kriterien unterscheiden in:
- **Branchenspezifische Kriterien,** die über den Unternehmenserfolg innerhalb der Branche Auskunft geben (z.B. Marktanteile, Kundenanzahl, Umsatzvolumen).
- **Funktionale Kriterien,** die sich auf die Messung der Leistung bestimmter Bereiche des Unternehmens beziehen (h. B. Beschaffung, Finanzbereich).
- **Prozessuale Kriterien,** die sich auf die quantifizierbaren Ergebnisse und Kenngrößen der Arbeitsprozesse beziehen (z. B. Kostenanteil, Termine, Kapazitäten, Ausschußquoten, Verbrauchsziffern – etwa Energieverbrauch -, Mitteleinsatz, Belastungsziffern).
- **Persönliche Kriterien,** die das Leistungsverhalten der Mitarbeiter meßbar machen (z. B. Fluktuationsrate, Krankenstand, Ausstoß je Mitarbeiter, Umsatz je Mitarbeiter, Aufwand je Mitarbeiter etc.).

Die genannten Kriterien führen zu einem **System der betrieblichen Kennziffern,** die als Meßgrößen für alle zu beobachtenden Prozesse und Aktionen des Unternehmens definiert werden.

Festgestellte Abweichungen führen zu Maßnahmen des Managements, und zwar zur:
- **Abweichungsanalyse:** Hierbei wird geklärt: Liegen systematische oder zufällige Abweichungen vor? Kann der Arbeitsprozeß unmittelbar beeinflußt werden (durch Beseitigung von Störfaktoren oder Fehlerquellen)? Kann durch eine Erhöhung des Inputs (des Mitteleinsatzes) das Ziel (wann) erreicht werden? Liegen Störungen durch menschliches Versagen vor und wie groß ist die Wahrscheinlichkeit der Wiederholung? Sind die gesetzten Ziele realistisch?
- **Zielkorrektur:** Führt das Ergebnis der Abweichungsanalyse zu der Erkenntnis, daß trotz der Prozeßbeeinflussung weiterhin mit Abweichungen zu rechnen ist, muß eine Zielkorrektur erfolgen, mit allen Konsequenzen für die Planung.

Daraus wird ersichtlich, daß das MbE eine ständige und unmittelbare **Rückkopplung** der Prozeßergebnisse an das Management erforderlich macht. Dies führt zur Notwendigkeit eines **Berichtssystems,** das den Manager ständig über die Ergebnisse informiert. Das Berichtssystem muß aktuell sein, da bei verzögerter Rückmeldung der Abweichung die Maßnahmen u. U. so spät die Prozesse beeinflussen, daß sie sich als völlig falsch erweisen – es treten **Über-** oder **Untersteuerungen** als Folge **verspäteter Reaktionen** auf.

Deshalb wird die elektronische Datenverarbeitung mit ihren Möglichkeiten der Online-Berichterstellung und der Verknüpfung einer Vielzahl von Einzeldaten zu Kennziffern häufig für die Zwecke des MbE eingesetzt.

Um die Gefahr der Über- oder Untersteuerung zu reduzieren, kann das MbE auch für **prognostische Zwecke** eingesetzt werden: Ausgehend vom Soll-Ist-Vergleich wird gleichzeitig das neue Ist (faktische Informationen) in die Zukunft projiziert und damit ein **Plan/Plan-Vergleich** ermöglicht: Die ursprünglichen Planwerte werden mit den neuen Planwerten, die aufgrund der rückgemeldeten Informationen hochgerechnet wurden, verglichen. Damit wird verhindert, daß Störungen, die nur kurzfristig wirksam sind, sofort zu Korrekturmaßnahmen führen. Erst die **historische** (vergangenheitsbezogene) **und prognostische** (planbezogene) **Abweichungsanalyse** führt zu steuernden Eingriffen.

Damit ergibt sich für das MbE eine prozessuale Folge mit den Aktivitäten:
- Festlegung der Sollgrößen (Zielwerte).
- Bestimmung der zulässigen Abweichungen (Toleranzen).
- Vereinbarung über die Rückmeldung in zeitlicher und inhaltlicher Hinsicht (Berichtswesen).
- Abweichungsanalyse nach Überschreiten der Toleranzbereiche.
- Entscheidung über die Maßnahmen: Erhöhung des Inputs, Plankorrektur, Beeinflussung des Leistungsverhaltens der Mitarbeiter (Motivation).
- Abstellung der Störfaktoren.

Diese Aktivitäten entsprechen prinzipiell einem kybernetischen Regelkreismodell.

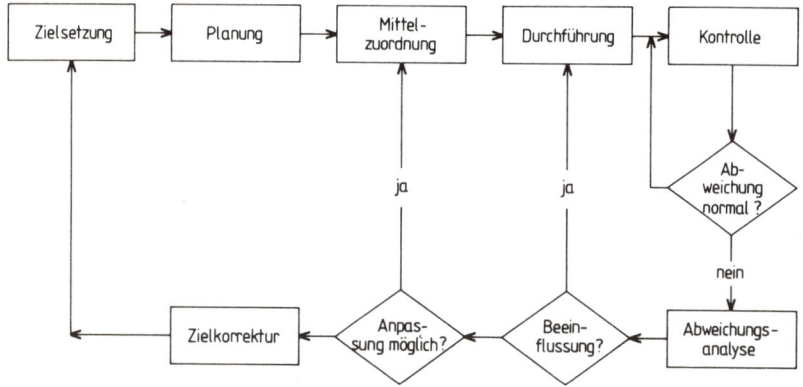

Abb. 2 Schematische Darstellung der MbE-Methode in Form eines Blockdiagramms.

Kritische Würdigung:

a) **Positive Aspekte:** Reduzierung der Kontrollaktivitäten, **Entlastung des Managements** bei normal verlaufenden Prozessen und eine auf die konkreten Probleme bezogene Aktionsplanung sind die positiven Merkmale des MbE. Darüber hinaus kann eine höhere Arbeitsbefriedigung erzielt werden, da innerhalb der gegebenen Toleranzgrenzen eine weitgehende Selbststeuerung der Mitarbeiter möglich ist.

b) **Negative Aspekte:** Prozesse, bei denen intellektuelle Fähigkeiten erforderlich sind, lassen sich – wenn überhaupt – nur sehr umständlich in das System des MbE eingliedern. Bei solchen Prozessen werden dann oftmals **unsinnige Vergleichszahlen** als Kenngrößen zu Hilfe genommen, wie etwa die Anzahl codierter Zeilen, die ein Programmierer durchschnittlich pro Tag zu leisten hat. Das MbE führt zu einem **intensiven Berichtssystem** (Aufbereitung historischer Werte, aktueller Größen und neuer Planwerte) und erfordert sehr oft den Einsatz der EDV mit ihrem Hang zu immer weitergehenden Perfektionen in der Berichterstellung und -auswertung. Da ein Prozeß immer möglichst schnell stabilisert werden muß, führt dies bei der Vielzahl der zu analysierenden Tatbestände zu einer ausgesprochenen Management-Hektik (**Streßsymptome**). Hektik und nicht abgestimmte Berichtszyklen und Berichtsinhalte führen sehr leicht zur **Übersteuerung** mit der Folge, daß erneut Fehler und Abweichungen auftreten, so daß das gesamte Reaktionsgefüge des kybernetischen Prozesses durchlaufen werden muß.

4.4 Management durch Kontrolle

Diese Methode wird unter dem Schlagwort „**Management by control**" geführt. Ihre Zielsetzung besteht in einer methodischen Systematik der Kontrollaktivitäten, die von den verschiedenen Management-Ebenen für die **Ergebnisbeeinflussung** und **Leistungskorrektur** ergriffen werden können. Kontrollaktivitäten setzen Planungen und Zieldefinitionen voraus: „Planung ohne Kontrolle ist daher sinnlos, Kontrolle ohne Planung unmöglich."[13] Die Kontrolle führt zu Aussagen über **Plan-** und **Zielabweichungen.** Kausalitäten werden durch sie nicht aufgedeckt, dies ist Aufgabe der sich an jede Kontrollaktivität anschließenden **Abweichungsanalyse.** Kontrolle und Abweichungsanalyse sind daher **prozessuale Komponenten** im Entscheidungsprozeß des Unternehmens. Man unterscheidet zwischen Kontroll-Typen, Kontroll-Objekten, Kontrollzyklen und Kontrollmethoden.

Kontrolltypen sind :
- **Ergebniskontrolle,** die als Soll-Ist-Vergleich am Ende einer Planungsperiode oder nach Erreichen eines Arbeitsergebnisses durchgeführt wird.
- **Planfortschrittskontrolle,** die als Plan-Plan-Vergleich (alter Plan mit neuen Plan) laufend erfolgen kann.
- **Prämissenkontrolle,** das ist die Überprüfung der Planungshypothesen (planning assumptions) bezüglich ihrer Gültigkeit im Zeitverlauf.

Kontrollobjekte sind die realen Prozesse des Unternehmens (die Verrichtungen) und die Verrichtungsträger (mit der Durchführung beauftragte Personen). Beispiele für Kontrollobjekte: Höhe des Umsatzes im Zeitverlauf (Periodenumsatz) und am Ende der Planungsperiode, Höhe des Gewinns, Budget und Kosten, Überstundenleistungen der Mitarbeiter, Termineinhaltung von Aufgaben.

Kontrollzyklen beziehen sich auf die zeitliche Einteilung der Kontrollaktivitäten während der Realisierungsphase. Man unterscheidet in:

Laufende Kontrollen (Prozeßkontrollen). Beispiel: Bei der Prozeßautomation werden ständig alle Abweichungen vom Zielwert als Kontrolldaten vom Prozeßrechner gespeichert und in Form von Überwachungsprotokollen zur Verfügung gestellt.

Periodische Kontrollen: Die periodische Kontrolle kann kalendarisch erfolgen, z. B. monatliche, vierteljährliche und jährliche Kontrolle von Ergebnissen. Sie kann aber auch ereignisbezogen sein. In diesem Fall werden für einen Prozeß kritische Ereignisse (Zwischenergebnisse, Termine) definiert, die einer besonderen Kontrolle unterliegen (sog. „milestones"). Ein weiteres Verfahren der Kontrolle, das insbesondere das Arbeitsverhalten und die Arbeitsergebnisse zum Gegenstand hat, ist die Multimomentaufnahme: Sie ist ein Stichprobenverfahren, das Aussagen über die prozentuale Häufigkeit bzw. Dauer von Abweichungen mit einer hinreichenden statistischen Genauigkeit zuläßt. In diesen Bereich gehören auch die Methoden der Beobachtung des Arbeitsverhaltens von Akkordarbeitern (Arbeitszeitstudien), wie sie vom REFA-Verband empfohlen werden.

Kontrollmethoden: Bei den Kontrollmethoden unterscheidet man in:
• **Messung:** Quantitative Auswertung von Meßdaten oder – sofern kein absoluter Maßstab möglich ist – Vergleich zwischen Soll- und Istgrößen.
• **Beobachtung:** Sie bezieht sich auf die Überwachung kritischer Aktivitäten, wobei im Abweichungsfall sofort korrigierend eingegriffen werden kann. Ein eindrucksvolles Beispiel für die Beobachtung ist die Überwachung des Landevorgangs eines Flugzeuges durch den Lotsen und die Rückinformation an den Piloten.
• **Analyse:** Hierbei werden systematische und zufällige Abweichungen ermittelt. Sie setzt umfangreiche Recherchen voraus, um aus einer Vielzahl von Kontrollinformationen repräsentative **Kontroll-Standards** (Kontrollziffern) zu ermitteln, z. B. im Rahmen einer A-B-C-Analyse.

Kontrollfolgen: Die Zielsetzung der Kontrolle besteht grundsätzlich in der Kenntnis (Erfahrung) potentieller Fehlentwicklungen. Kontrollen führen daher zu Maßnahmen für die
• Ausschaltung von Störfaktoren
• Verhaltenskorrekturen
• Plankorrekturen (Anpassungsplanung).
Für eine sinnvolle Maßnahmenplanung sind erforderlich:

- Ursachenanalyse
- Beeinflussungsanalyse
- Prognose
- Reaktionszeit-Analyse

Voraussetzungen:
Die wichtigsten Voraussetzungen für ein wirksames Kontrollsystem des Managements sind:

- Entwicklung von **Kontrollstandards.**
- Definition von **Toleranzgrenzen** je Kontrollstandard.
- Reduzierung des **Kontrollvolumens** durch klassifizierende Auswertungen (Stichproben, Milestones, A-B-C-Analyse).
- Einbettung des **Kontrollsystems** in den Planungs- und Entscheidungsprozeß.

Das Kontrollsystem ist stets im Zusammenhang mit den korrespondierenden Methoden MbO und MbE zu sehen. Werden Kontrollen ohne Bezugnahme auf die Management-Prozesse Planung, Zielerreichung und Entscheidung durchgeführt, kommt es zum **Kontrollmißbrauch.** Darunter verstehen wir Kontrollen, die primär der Beeinflussung des Unterwerfungs- und Gehorsamsverhaltens der Mitarbeiter dienen und ohne Bezug zur vereinbarten Zielsetzung und Arbeitsleistung stehen. Die Kontrollobjekte und Kontrollmethoden sind den betroffenen Mitarbeitern offenzulegen (Zielvereinbarung), da „versteckte Kontrollen" zu Angst und Mißtrauen und damit zur Reduzierung der Leistungsbereitschaft und Loyalität bei den Mitarbeitern führen.

Kritische Würdigung:
a) **Positive Aspekte:** Durch die Einbettung des Kontrollsystems in die Management-Methoden MbO und MbE erreicht der **Management-Zyklus** erst seine volle Wirkung. Der Aufbau einer Kontrollsystematik (siehe Abb. 3) ermöglicht eine schnelle und direkte Reaktion bei Abweichungen, eine Kenntnis der systematischen Störfaktoren, die Eingrenzung der Ursachen und damit eine zielorientierte Maßnahmenplanung.
b) **Negative Aspekte:** Hierbei muß auf die Gefahr des **Kontrollmißbrauchs** hingewiesen werden. Wird das Kontrollsystem zu stark betont, kommt es bei den Mitarbeitern zu Kreativitätsverlusten, zur Abnahme der Risikobereitschaft und zu Angstgefühlen. Ausgedehnte Kontrollsysteme erfordern einen hohen Aufwand für die Auswertung und Verfolgung der Kontrolldaten – es entstehen separate Kontrollbereiche im Unternehmen (Controlling). Damit entsteht aber sehr oft auch ein **Transparenzverlust** durch die versteckten Kontrollen („overcontrolling"). Führungskräfte, die sich vorwiegend mit Kontrollen und Kontrollauswertungen befassen, sind in ihrem Verhalten primär vergangenheitsorientiert und reduzieren damit ihre intellektuellen Fähigkeiten für innovative, zukunftsorientierte Entscheidungen und Planungen.

Kontrollsysteme können auch zu einem „Absicherungsverhalten" führen, zu einer „Strategie der Vorsicht", die sich negativ auf die Verhaltensweisen der Manager und Mitarbeiter auswirkt.

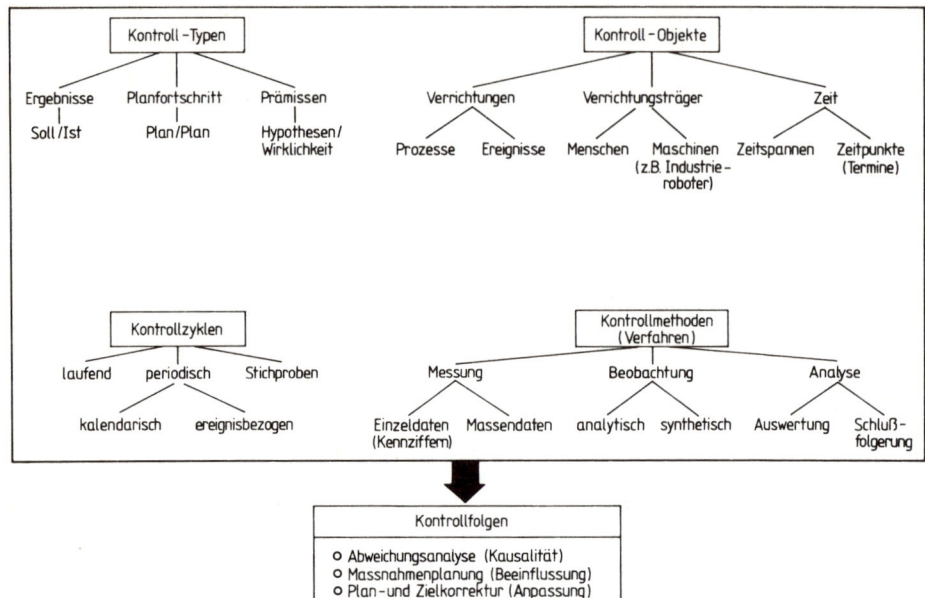

Abb. 3 Kontrollsystem

4.5 Management durch Koordination

Aus der arbeitsteiligen Organisation der Führungsprozesse und als Folge der damit verbundenen Delegation ergibt sich die Notwendigkeit der **Koordination.** Koordination bedeutet die **Zusammenfassung von Teilaktivitäten** einer Aufgabe zu einem Ganzen, wobei das „Ganze" durch die Zielvorgabe der Aufgabe bestimmt ist. Koordination ist die Abstimmung einer Menge von Teilaktivitäten im Hinblick auf die Erreichung eines vereinbarten Ergebnisses.

Die Koordination ist eine der schwierigsten Management-Aufgaben und erfordert ein **ausgeprägtes Systemdenken** und die Fähigkeit, mehrere Aufgaben im Gesamtzusammenhang zu beurteilen und zu beeinflussen. Wir unterscheiden entsprechend Abb. 4 in:

• **Sachliche Koordination:** Hierbei werden arbeitsteilig verrichtete Aufgaben so beeinflußt, daß die Summe der Teilerfolge (Teiloptima) ein Gesamtoptimum der übergeordneten Aufgaben erreicht.

• **Organisatorische Koordination:** Sie bezieht sich auf die Zusammenfassung von Organisationseinheiten (Stellen, Instanzen, Funktionen) mit dem Ziel, gemeinsame Verantwortungen und Tätigkeiten im Hinblick auf ein gemeinsames Gesamtziel zu definieren.

- **Personelle Koordination:** Sie ist durch die Bildung von Arbeitsgruppen gekennzeichnet, deren Mitglieder aus verschiedenen Aufgabengebieten stammen, die jedoch eine gemeinsame Aufgabe zu bewältigen haben. Sie läuft auf eine Teamorganisation hinaus und findet sich sehr oft bei Projekten, die außerhalb der Routine-Aufgabe stehen.
- **Informationelle Koordination** bedeutet die Sammlung, Selektion, Bewertung und Aufbereitung einer Vielzahl von Einzelinformationen zu aussagefähigen und repräsentativen Kennzahlen.
- **Zeitliche Koordination** bezieht sich auf die Beeinflussung von Zeitspannen und Terminen vieler Einzeltätigkeiten im Hinblick auf einen fixierten (geplanten) Endtermin der Gesamtaufgabe (Beispiel: Netzplantechnik).

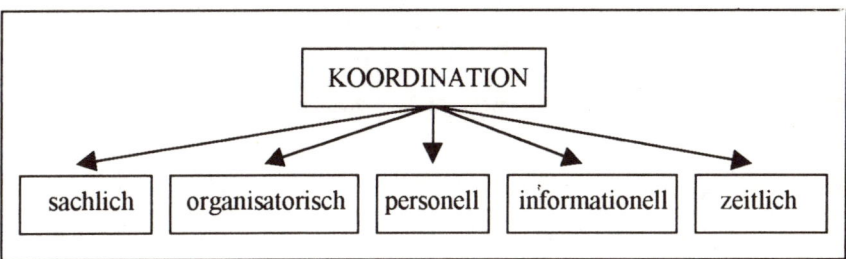

Abb. 4   Koordinationsaufgaben

Eine **originäre Koordination** liegt dann vor, wenn die Koordinationsaufgabe unmittelbar von der Führungskraft ausgeführt wird. Die Arbeitsteilung und die fortschreitende Differenzierung des Führungsprozesses machen es erforderlich, daß die Koordinationsaufgabe delegiert wird (**abgeleitete Koordination**). Bedingt durch Plan- und Zielkorrekturen sowie durch die ständig möglichen **Abweichungen** und Störungen bilden sich in der Praxis sogenannte **Koordinationsteams.** Dies bedeutet, daß die Koordinationsaufgabe vom Management an spezielle Aufgabenträger – an **Koordinatoren** – delegiert wird. Die Koordination wird damit zu einer ständigen (institutionalisierten) Einrichtung, an die auch Kontrollaufgaben übertragen werden. Aus den Koordinationsteams entwickeln sich dann Stabsabteilungen. Abb. 5 verdeutlicht den Zusammenhang zwischen Koordinatoren (K 1, K 2, K 3) und Führungskräften (B 1, B 2, ÜB 1): Die Koordinatoren berichten an die jeweilige Führungskraft, besitzen aber aufgrund der Delegation Kompetenzen gegenüber den Abteilungen A 1 – A 7. ÜB 1 (Bereichsmanagement) hat sich eine Koordinationsfunktion gegenüber B 1 und B 2 geschaffen (vertikale oder Überkoordination). Arbeitet ein Team im Hinblick auf eine bestimmte Aufgabe temporär (z. B. Planungsintegration), spricht man auch von einer „**Task Force**". Wird sie als Daueraufgabe definiert, bildet sich eine **Stabsfunktion.**

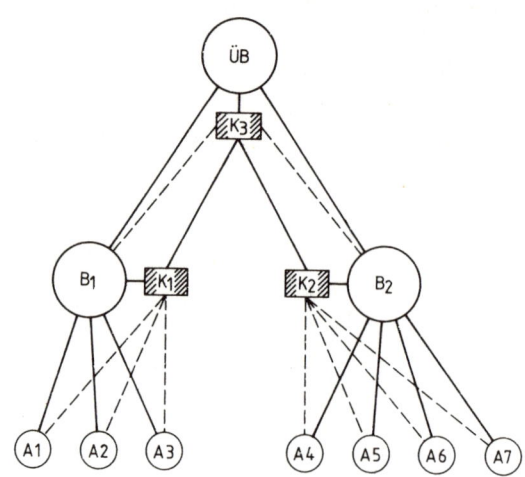

Abb. 5   Abgeleitete Koordination zwischen drei Bereichen

Es bedeuten:
ÜB = Über(Haupt)Bereich
B 1, B 2 = Bereich
A 1 – A 7 = Abteilungen
K 1, B 1 und K 2, B 2 = horizontale Koordination
K 3 → K 1, K 2 = vertikale Koordination
K 1, K 2, K 3 = Koordinationsteam

Voraussetzungen:
Koordination setzt intensive **Kommunikation** voraus, und zwar eine Kommunikation, die sich innerhalb des jeweiligen Koordinationsbereichs nicht an die Weisungswege hält (gestrichelte Linien in Abb. 5, sog. „dotted lines"). Der Koordinator muß innerhalb seines Aufgabenbereichs die Möglichkeit haben, mit A_1-A_3 direkt zu verhandeln und den Koordinationsbereich zu beeinflussen. Als **Koordinator** berichtet er gegenüber seinem Vorgesetzten B_1 keine Details, sondern stets zusammengefaßte (integrierte) Ergebnisse, Vorschläge oder Problemlösungen. Dies setzt **Flexibilität** des Koordinators voraus, ebenso ein umfangreiches Fachwissen über verschiedenartige Aufgabengebiete des Koordinationsbereiches. Neben den Befehls- und Berichtswegen der Aufbauorganisation entwickeln sich durch die Koordinatoren **informelle Berichtswege,** die notwendig sind, damit die Koordination unmittelbar reagieren kann, sofern sich Ausnahmesituationen (Probleme) ergeben.

Kritische Würdigung:
a) **Positive Aspekte:** Die Koordination führt zu einer Entlastung des Managements, sofern sie an spezielle Koordinationsfunktionen delegiert wird. Koordinatoren entwickeln ein umfangreiches Fachwissen (**brain trust**) über eine Vielzahl

von Einzelaufgaben. Zwischen Führungskraft und Koordinator entsteht eine neue Form der **Arbeitsteilung:** Planung und Zielsetzung sowie die Aufgaben der Personalführung obliegen dem Manager, die Integration und Steuerung sowie die Kontrolle dem Koordinator.

b) **Negative Aspekte:** Die bestehende Aufbauorganisation wird durch die horizontale und vertikale Koordination „aufgebläht". Es entstehen **zusätzliche Berichtswege** mit allen Folgen für das Berichtswesen. Die ausführenden Verrichtungsträger unterstehen einer **doppelten Aufsicht** (Manager/Koordinator). Die **„geteilte Verantwortung"** zwischen Manager und Koordinator führt zur Mehrfachbeeinflussung der zu koordinierenden Stellen und Personen. Zwischen Manager und Koordinator können Ziel- und Sachkonflikte auftreten, der Manager „entfernt" sich von den realen Aufgaben: Koordinatoren können sich aufgrund ihrer fachlichen Qualifikation und ihrer Kenntnisse der Details einen **Informationsvorsprung** gegenüber den Führungskräften aneignen, die sie zu den eigentlichen Entscheidungsträgern machen. Wird die Koordination nicht delegiert und verbleibt sie in der Verantwortung der Führungskraft, kommt es bei differenzierten Arbeitsprozessen zu einer hohen Arbeitsbelastung des Managers.

4.6 Management durch Kommunikation

„Management by communication" stellt keine explizite Führungstechnik dar. Sie ist integrierter Bestandteil aller übrigen Management-Methoden. Kommunikation ist ein **zweiseitiger Prozeß** und erfordert daher stets eine geordnete Beziehung zwischen den Kommunikationspartnern. Aus der Sicht der Führungskraft sind vier Kommunikationslinien von Bedeutung:

a)   Kommunikation an übergeordnete Instanzen, zum Beispiel: Nachweis der erbrachten Leistungen (Erfolgsmeldungen), Berichte über schwierige Situationen (Probleme), Rückmeldung konsolidierter Kontrollgrößen (Kennziffern).

b) Kommunikation an nachgeordnete Instanzen und Personen zum Beispiel: Information der Mitarbeiter über die Rechte und Pflichten der Arbeitserledigung, Ein- und Anweisungen.

c)   Kommunikation an hierarchisch gleichgestellte Personen und Instanzen, zum Beispiel Abstimmung mit anderen Unternehmensbereichen, Teilnahme an Konferenzen für die Koordination unterschiedlicher Aufgaben.

d) Kommunikation an externe Stellen (Außenverhältnis des Unternehmens) zum Beispiel: Pressemitteilungen, Teilnahme an Sitzungen von Fachverbänden.

Verschiedentlich wird das Unternehmen als ein **Nachrichtensystem** interpretiert, das als Träger des Kommunikationssystems fungiert. Das Nachrichtensystem stellt die Struktur aus Sender, Empfänger und Kanälen dar, das Kommunikationssystem beinhaltet zusätzlich die Menge der Informationen, die im Nachrichtensystem vorhanden, erzeugt und weitergeleitet werden. Das betriebliche Kommunikationssystem ist auf die Aufgaben des Unternehmens abgestimmt. Man unterscheidet das **formale** und das **informale Kommunikationssystem:** „Das formale betriebliche Kommunikationssystem bringt die auf eine optimale Aufgabenstellung hin geplante Struktur der innerbetrieblichen Kommunikationsbeziehungen zum Ausdruck. Seine Aufgabe ist es, einen am Unternehmungsziel orientierten Fluß der betrieblich relevanten Informationen zu ermöglichen. Das informale betriebliche Kommunikationssystem umfaßt dagegen alle diejenigen Kommunikationsbeziehungen, die durch die formale Organisation nicht vorgegeben sind, die vielmehr spontan entstehen und ihre Grundlagen in den verschiedenen informalen Gruppierungsprozessen haben."[14] Das **formale Kommunikationssystem** wird durch die **Strukturorganisation** des Unternehmens bestimmt, d. h. durch die formale Gliederung von Instanzen, Funktionen und der sie verbindenden „Kanäle": Dienstwege und direkte Wege. Die Kommunikation beinhaltet somit:

a)   Die formale Struktur der die Instanzen und Funktionen verbindenden Wege (Berichts- und Informationslinien).

b)   Die über diese Wege übermittelten Nachrichten und Infomationen.

c)   Die Mittel, die für den Nachrichtentransport eingesetzt werden.

d)   Die Zentren der Informationserschließung, Informationsverarbeitung und Informationsspeicherung.

Jede Führungskraft ist zugleich **Sender und Empfänger** von Informationen und damit auch Bestandteil des Kommunikationssystems. Daher unterscheiden wir auch in sachbezogene (aufgabenspezifische) und personenbezogene Kommunikation. Darüber hinaus ist die Kommunikation zu gliedern in:

•   **Kommunikationspartner:** Die Kommunikationspartner sind durch die **Weisungsbefugnisse** und durch den **Instanzenaufbau** des Unternehmens bestimmt. Wichtige Kommunikationspartner im Management-System sind die nachgeordneten Verrichtungsträger. Führungsmodelle, die die Kommunikation in den Vordergrund stellen, zielen daher auch auf die intensive Miteinbeziehung der Mitarbeiter in das Kommunikationsspektrum der Führungskraft ab. Weitere Kommunikationspartner ergeben sich aus den Koordinations- und Entscheidungsaufgaben: Die Abstimmung, Mitbestimmung, Kenntnisnahme sowie die Weiterleitung und Speicherung von Informationen fallen in diesen Bereich ebenso wie die Umsetzung der Informationen in Kennziffern, Standards. Anweisungen und Richtlinien.

•   **Kommunikationsobjekte: Kommunikationsobjekte** sind die **aufgaben- und zielbezogenen Tätigkeiten der Mitarbeiter** des Unternehmens. Daraus folgt, daß die Verrichtungsträger in den Kommunikationsprozeß miteinbezogen werden müssen. Es ist eine nicht delegierbare Aufgabe der Führungskräfte, die Mitarbeiter zu informieren über Aufgaben, Ziele, Mittel für die Aufgabenerledigung, Zeitpunkte (Termine) und Zeitstrecken, Kontrollmaßstäbe, Rechte und Pflichten, Kompetenzen und Verantwortungen. Als Kommunikationsobjekte gelten Tätigkeiten, Rechtsbeziehungen und Maßnahmen der Leistungsbewertung und –kontrolle.

- **Kommunikationsabsichten:** Mit der Kommunikation wird dreierlei verfolgt: **Information** über alle persönlichen und sachlichen Tatbestände, die für eine zielgerechte Aufgabenerledigung und für die persönliche Weiterbildung der Mitarbeiter von Bedeutung sind.
Beeinflussung: Kommunikation wird benutzt, um das Arbeitsverhalten (d. i. die Leistungsbereitschaft) anderer Personen und Instanzen zu beeinflussen.
Verhaltenskorrektur: Kommunikation kann dazu benutzt werden, die persönlichen Verhaltensweisen anderer zu verändern, z. B. um ein gefordertes Maß an Anpassung und Unterwerfung zu erzwingen.

- **Kommunikationsmittel:** Durch die **zunehmende Automation** wird in das Beziehungsgefüge der Kommunikation verstärkt die elektronische Datenverarbeitung eingesetzt. Die weltweite Vernetzung schafft bisher nicht bekannte Kommunikationsbeziehungen zwischen allen Partnern der Geschäftsprozesse: Kunden und Lieferanten werden ebenso in die Vernetzung mit einbezogen wie sämtliche Kontaktstellen des innerbetrieblichen Informationsaustauschs. Die neuere Entwicklung wird durch sogenannte elektronische Business-Systeme (E-Commerce bzw. E-Business) geprägt, bei denen Service-Gesellschaften (Banken, Versicherungen, Speditionen), Kunden, Lieferanten, Mitarbeiter in sog. Tele-Arbeitsplätzen und Forschungs- und Entwicklungslabors miteinander kommunizieren. (Siehe hierzu Kap. 13 „Management und virtuelles Unternehmen").

Alle persönlichen Kommunikationsbeziehungen bleiben jedoch nach wie vor ein zweiseitiger Prozeß zwischen Führungskraft und Mitarbeiter. Als Mittel dienen: Gespräche, Konferenzen, Rundschreiben, Kontakt-Meetings, und informelle Absprachen. Daraus folgt, daß die Führungskraft ständige Kontakte mit den Mitarbeitern pflegen muß. Schriftwechsel, Protokolle und Formulare sind lediglich formelle Kommunikationsträger und sollten daher nur für formelle Aufgaben benutzt werden.

- **Kommunikationsbeziehungen:** Sie regeln die **Zuständigkeiten** und **Verantwortungen** der im Kommunikationsnetz verbundenen Kommunikationspartner. Sie können durch sog. Funktions- oder Kommunikationsdiagramme formal festgelegt werden (siehe Abb. 6).

Von besonderer Bedeutung ist die direkte Kommunikation, die durch unmittelbare Kontakte zwischen den Beteiligten einer Aufgabe erforderlich ist. Da durch die zunehmende Komplexität der Unternehmensführung – insbesondere in Zeiten der Globalisierung und der Beschleunigung der Innovationszyklen – ein hohes Maß an Flexibilisierung und Reagibilität entsteht, tritt an die Stelle der funktional orientierten Linienorganisation mehr und mehr die Arbeit in Gruppen und Teams mit intensiven Querschnittsinformationen. Derartige Gruppen werden ad hoc aufgabenspezifisch zusammengestellt (projektorientiertes Arbeiten) oder dem Integrationsgrad der Geschäftsprozesse entsprechend auf Dauer neu formiert. Die Gruppenmitglieder rekrutieren sich dabei aus bisher funktional getrennten Organisationsbereichen. Prinzipiell unterscheidet man:

- **Gesteuerte Gruppen:** Bezüglich der Kommunikation agiert hierbei die Führungskraft als **Moderator**, d. h. seine Aufgabe besteht primär darin, den Informationsaustausch zwischen den Gruppenmitgliedern zu aktivieren und die Gruppe mit solchen Informationen zu versorgen, die außerhalb ihres Verantwortungsbereiches liegen (allgemeine Geschäftsinformationen, Zielfunktionen, Produkt-. und Fachwissen).

- **Teilautonome Gruppe:** Die Gruppe wird von einem Gruppenleiter (Koordinator, Gruppenvertreter) repräsentiert, der allerdings keine personelle Dispositionsgewalt, sondern nur eine Fachverantwortung besitzt. Auch er ist für den Wissenstransfer innerhalb und außerhalb der Gruppe zuständig.
- **Autonome Gruppe:** Die autonome Gruppe besitzt eine eindeutig delegierte Kosten-, Ergebnis- und Qualitätsverantwortung und regelt durch demokratische Verhaltsweisen ihre Kommunikation und Repräsentanz nach außen.

Kompetenzebenen/Stellen Aufgaben	Leiter Einkauf	Sachbearbeiter Einkauf	Leiter Finanzen	Sachbearbeiter Finanzen	Leiter Lager	Sachbearbeiter Lager	Leiter Rechnungsprüfung	Benutzerkoordinator	Geschäftsleitung	Leiter Qualitätskontrolle	EDV-Leiter	Projektleiter Systemanalyse	Leiter Programmierung	Leiter Allg. Verwaltungsdienste
Analyse	K	M	K	M	K	M	K	D			K	V	D	
Benutzerbedarf	M		M		M		M	D/V				M		
Grobkonzept Hardware/Softw.								K			K	V		
Investitionen		K								K	D/V	M	M	
Planung: Personal								M			D	M	M	
Finanzen		K									D			
Mittel											D			K
Detailkonzept								M			V	D	N	
Programmierung											K	M	V	
Erstellen Testdaten		D		D		D		M			V	K	K	
Test												D	D	
Prüfung Testergebn.	K		K		K			K						
Einführung											V	D	D	
Schulung der Benutzer								D			M			
Kontrolle		D						D						

Abb. 6 Auszug aus einem Funktionsdiagramm bei der Entwicklung eines Informationssystems. Es bedeuten: M = Mitsprache, V = Verantwortung, D = Durchführung, K = Kontrolle.

Wissenstransfer und Kommunikation werden i. d. R. nicht strukturiert und aufgabenadäquat vorgetragen. Die systematische Entwicklung derartiger Fähigkeiten – Präsentation, Moderation und Kommunikation – führt zu einem neuen **Rollenverständnis der Führungskraft,** die die verschiedenen Techniken der Kommunikation mit den Teams und Arbeitsgruppen trainiert und aktiviert. Als **Moderator** führt er Arbeitssitzungen für die Zielvereinbarung, die Ergebnis-, Schwachstellen- und Problemanalyse durch. Seine Aufgaben konzentrieren sich dabei auf:

a) Einführung ins Thema, Operationalisierung der Ziele der Sitzung, Sicherstellung, daß alle Teilnehmer das Ziel verstanden und akzeptiert haben.

b) Aktivierung aller Teilnehmer durch Metaplanübungen, Brainstorming, Charting Techniken in Gruppen- oder Einzelarbeit.

c) Präsentation der Ergebnisse durch die Teilnehmer und offene Feedback-Analysen.

d) Thema- und Zeitkontrolle (Sprechzeit und Gesamtzeit).

e) Sicherstellung von Konsens und Akzeptanz für die Vereinbarung neuer Aufgaben.

f) Konflikthandhabung, sofern innerhalb der Gruppe Diskrepanzen oder Schuldzuweisungen auftreten.

g) Zusammenfassung der Ergebnisse in Form eines unmittelbar an die Sitzung gemeinsam erstellten Ergebnisprotokolls.

Oftmals erweist es sich, daß Führungskräfte mit dieser neuen Rolle überfordert sind, so daß spezielle Führungskräfte-Trainings erforderlich werden, um den kommunikationsorientierten Führungsstil praktizieren zu können.

Die Kommunikation wird auch durch den Wandel der Arbeitsstrukturen beeinflußt: Telearbeitsplätze und die Flexibilisierung der Arbeitszeit können sich nachteilig auf die zwischenmenschliche Kommunikation auswirken. **Zeit** und **Ort** erweisen sich als kritische Parameter der Kommunikationsstrukturierung, insbesondere bei solchen Aufgaben, die ein hohes Maß an Wissenstransfer erfordern, wie beispielsweise Projekte.

Unter dem Begriff **Group Ware** werden technischen Hilfen und Systeme zusammengefaßt, die eine Verbesserung der Kommunikation bei örtlich und zeitlich verteilten Projektmitarbeitern ermöglichen sollen. Der Zusammenhang ist in Abb. 7 schematisch dargestellt:

Zeit

verschieden	Mailbox E-Mail	Internet Intranet
gleich	Direktkontakt Konferenz	Video-Konferenz Office-System Telefonkonferenz
	gleich	verschieden

Ort

Abb. 7   Ort und Zeit als kritische Parameter der Kommunikation

Die neuzeitlichen Techniken der globalen Vernetzung und der entsprechenden Office-Systeme eröffnen neue Formen der Kommunikation und Interaktion. Das schließt jedoch nicht aus, daß nach wie vor die direkte zwischenmenschliche Kommunikation erforderlich bleibt (woraus sich u. a. die sog. Business-Reiseströme der Hochgeschwindigkeitszüge und der Luftverkehrsgesellschaften erklären lassen).

Voraussetzungen der Kommunikation;
Aus der Vielzahl der Kommunikationsbeziehungen folgt, daß die Wahrnehmung der Kommunikation eine **intensive Arbeitsbelastung** mit sich bringt. Daher ist es erforderlich, daß die Kommunikation **strukturiert** wird durch:

- Genaue **Terminplanung** aller Konferenzen, Sitzungen und Absprachen.
- Lernen von **Methoden** der Verhandlungs- und Konferenzführung.
- Reduzierung des **Berichtswesens** und der Formulare.
- Einsatz **technischer Hilfsmittel** für die Berichtsautomation für alle Routine- und Standardinformationen, insbesondere bei Office-Systemen.
- Bevorzugung der **direkten** (verbalen) **Kommunikation** anstelle aufwendiger Protokolle und Schriftwechsel.
- Intensive **Miteinbeziehung** der Mitarbeiter in die Kommunikationsaufgaben (Delegation).
- **Kommunikationstraining,** z. B. gruppendynamische Übungen.

Kritische Würdigung:
a) **Positive Aspekte:** Die Kommunikation ist eine wesentliche Voraussetzung für das Funktionieren aller übrigen Management-Methoden. Sie ist daher an sich **prinzipiell positiv** zu bewerten, sofern die genannten Voraussetzungen erfüllt sind.
b) **Negative Aspekte:** Negative Auswirkungen der Kommunikation auf das Führungsverhalten entstehen dann, wenn die Kommunikationsintensität so groß wird, daß anstelle der strukturierten Kommunikation **Hektik** und **Zeitnöte** entstehen. In diesen Fällen ist die Führungskraft überbeansprucht. Vielfach kann beobachtet werden, daß die sachliche Kommunikation einen so breiten Raum einnimmt, daß die **personenbezogene Kommunikation** nur noch unzureichend wahrgenommen wird: Die Führungsaufgabe wird einseitig verfolgt, die Mitarbeiter sind unterinformiert. Daraus können starke Spannungen und Konflikte resultieren, die das Verhältnis zwischen Führungskraft und Mitarbeiter belasten.

4.7 Management durch Führungskräfte-Entwicklung

Mit „Management-Development" bezeichnet man eine spezielle **Personalaufgabe** des Managements, die darauf abzielt,
- neue Führungskräfte **auszubilden** und auf zukünftige Aufgaben vorzubereiten,
- vorhandene Führungskräfte durch Schulungs- und Trainingsprogramme für **neue Aufgaben** und **Methoden** auszubilden und

- einen möglichst **hohen Standard** an Führungsqualitäten bei allen Managern und fachlich verantwortlichen Mitarbeitern zu entwickeln (diese Zielsetzung bezeichnet man auch mit **„organizational development"**).

Die Voraussetzung für eine systematische Führungskräfte-Entwicklung ist die **Bedarfsplanung;** diese konzentriert sich auf den
- **qualitativen Führungskräfte-Bedarf**, z. B. die Planung und Entwicklung bestimmter Eigenschaften und Fähigkeiten der zukünftigen Führungskräfte (etwa die Anwendung neuzeitlicher Methoden der Personalführung),
- **quantitativen Führungskräfte-Bedarf,** der sich aus den Wachstumspotentialen des Unternehmens ergibt.

Die wesentlichen Komponenten des Management-Development-Systems sind daher:

1. Potentialanalysen des Unternehmens:
Als üblicher Maßstab für das Unternehmenswachstum gilt der reale Umsatzzuwachs. Die Faustregel „Höherer Umsatz erfordert mehr Manager" ist aber in vielerlei Hinsicht weder praktisch noch theoetisch haltbar. Die entscheidende Frage bei der Potentialanalyse lautet vielmehr: Mit wieviel Mitarbeitern insgesamt ist der geplante höhere Umsatz in der Zukunft zu bewältigen? Damit müssen zusätzliche Parameter in der Potentialanalyse berücksichtigt werden, z. B. Personalstruktur des Unternehmens(Altersaufbau, Fluktuation), geplante organisatorische Veränderungen (z. B. Neustrukturierung der Unternehmensbereiche, Übergang zur Diversifikation, Profit-Center-Organisation etc.), Einfluß der Rationalisierung auf den Mitarbeiterbestand (Produktivitäts- und Substitutionseffekte), zukünftige Marktsituation des Unternehmens (z. B. Übergang von einem Käufermarkt zu einem Verkäufermarkt).

2. Potentialanalyse des Managements:
Mit ihr soll geklärt werden, ob sich der aus der Potentialanalyse des Unternehmens abgeleitete Bedarf an Führungskräften qualitativ, quantitativ und zeitlich decken läßt. Bei der quantitativen Bedarfsplanung sind zu berücksichtigen:
- **Altersaufbau** und **Fluktuation** der vorhandenen Führungskräfte
- **Potentielle Nachwuchskräfte** (z. B. die Stellvertreter).

Die qualitative Analyse bezieht sich auf:
- **Flexibilität** und **Mobilitätsbereitschaft** der vorhandenen Führungskräfte.
- **Lernbereitschaft** und **Lernfähigkeiten** als Vorbereitung für neue, zukünftige Aufgaben.
- **Analyse hemmender Faktoren** für die Annahme neuer Aufgaben (z. B. konservativer Führungsstil, Dominanz eines Sicherheits- und Beharrungsstrebens der Manager).

3. Aktionsplanung:
Die Potentialanalysen führen zu einer **Aktionsplanung** für die Realisierung des Management-Developments. Dieser beinhaltet folgende Aufgaben:
- **Erfassung aller potentiellen Nachwuchskräfte.** Ist mit ihnen der Bedarf

nicht zu decken, wird mit Unternehmensberatern, die sich auf die Stellenvermittlung von Führungskräften spezialisiert haben, eine mittelfristige Planung zu entwickeln sein, um den Bedarf von außen zu decken.

- Entwicklung von **Ausbildungs- und Schulungsprogrammen** für die vorhandenen und für die neu zu ernennenden Führungskräfte.
- Entwurf von **Stellenbeschreibungsplänen.**
- Definition von **Anforderungskatalogen** für die zukünftigen Managementaufgaben.
- Entwicklung von **Kontrollstandards,** um die Ergebnisse der Development-Politik messen zu können.

4. Durchführungsplanung:
Viele Aktionspläne der Praxis scheitern an einer optimalen Durchführung. Die kritische Frage lautet: Wer soll das zukünftige **Management** des Unternehmens **schulen** und vorbereiten? Überträgt man diese Aufgabe dem internen Führungskader, dann ist damit zu rechnen, daß keine echten Innovationen vermittelt werden, sondern lediglich eine Weitergabe bisheriger Erfahrungen und Verhaltensweisen (Betriebsblindheit): Es entsteht eine sog. „Management-Inzucht". Umgekehrt haben externe Schulungs- und Weiterbildungszentren den Nachteil, daß sie betriebsfremd argumentieren und weitgehend nur theoretisch fundiert sind. Die Durchführung wird also einen Mix unterschiedlicher Möglichkeiten darstellen, zum Beispiel:

- Aufbau einer eigenen Stabsabteilung, die sich hauptamtlich mit der wissenschaftlichen und mit der praktischen Weiterbildung der Führungskräfte im Unternehmen beschäftigt.
- Besuch externer Seminare und Kurse.
- Diskussionsrunden des Management-Potentials mit den „alteingesessenen" Managern (Feedback-Seminare).
- Interne Seminare für die Vermittlung betriebsspezifischen Fachwissens.
- „Job rotation", d. h. Übernahme wechselnder Aufgaben, um ein möglichst breites Spektrum betrieblicher Aufgaben zu erhalten.
- Übernahme temporärer Management-Positionen als Bewährung und Training, z. B. als Projekt- oder Produktmanager.
- Anleitung zum Selbststudium durch Bereitstellung entsprechender Fachliteratur.
- Coaching: Übertragung von Aufgaben an Führungskräfte-Nachwuchspersonal zur selbständigen Erledigung, wobei eine erfahrene Führungskraft als Anlaufstelle, Berater und Mentor zur Verfügung steht.

Kritische Würdigung:
a) **Positive Aspekte:** Eine systematische Management-Development-Politik zeigt den Mitarbeitern des Unternehmens Möglichkeiten des Aufstiegs in höhere und verantwortungsvollere Positionen auf (**Karriereplanung**). Dies setzt allerdings voraus, daß die Development-Politik als Bestandteil der allgemeinen Personalpo-

litik definiert und den Mitarbeitern bekannt ist. Durch die Development-Politik kann es gelingen, einen Großteil aller vakanten Positionen durch eigenes Personal zu besetzen und damit eine Kontinuität in der Führung des Unternehmens zu bewahren.

c) **Negative Aspekte:** Sie entstehen dann, wenn die prognostizierten Wachstumspotentiale durch Änderungen der gesamtwirtschaftlichen und betrieblichen Wachstumsraten nicht eintreffen. Damit kann ein **„Überangebot"** interner Stellenbewerber und eine **Überqualifikation** entstehen. Es entwickeln sich bei vielen potentiellen Managern Frustrationserscheinungen, da die durch die Management-Development-Programme stimulierten Hoffnungen auf höherwertige Positionen nicht erfüllt werden. Ein ständiger Vergleich des Management-Potentials mit dem Unternehmungspotential ist daher erforderlich.

4.8 Management durch Motivation

„Management by motivation" zielt darauf ab, die Mitarbeiter des Unternehmens durch entsprechende Anreize so zu stimulieren, daß sie sich mit **größtmöglicher Leistungsbereitschaft** für die Realisierung der Unternehmensziele einsetzen. Damit tritt die Frage in den Vordergrund, welches die **dominierenden Anreize** sind, die Menschen zur Leistung veranlassen, d. h. es ist zu untersuchen, welche **Motive** für die Handlungen und für das Verhalten eines Menschen prägend sind. Die Motivationsforschung erhielt starke Impulse durch Maslows **„Selbstverwirklichungstheorie"**.[15] Sie geht von folgender grundsätzlicher Überlegung aus: Prinzipiell strebt jeder Mensch nach Selbstverwirklichung, d. h. nach einem Zustand, in dem er alle seine Neigungen, Wünsche und Bedürfnisse nach **eigenem Ermessen** befriedigen kann. Um dieses „Endziel" der Wünsche und Bedürfnisse zu erreichen, sind allerdings eine ganze Reihe „vorgelagerter" Einzelziele zu erfüllen. Die schrittweise Realisierung derartiger Teilziele führt zu einer **„Bedürfnispyramide":** Zunächst strebt der Mensch nach der Befriedigung seiner biologischen Grundbedürfnisse wie Nahrung, Kleidung und Wohnung. Sind diese Grundbedürfnisse erfüllt und gesichert, tritt als Motor seines Leistungsstrebens eine neue Bedürfniskategorie auf: langfristige Sicherheit (z. B. Altersversorgung), Komfort, Wohlstand und finanzielle Reserven. Aber auch nach Erreichen dieser Bedürfnisse bleiben weitere Ziele bestehen: Das Streben nach sozialer Anerkennung und nach Machtausübung. Auf der vierten Stufe der Bedürfnispyramide strebt der Mensch nach herausragenden Positionen, nach bestimmten Statussymbolen, d. h. nach der Befriedigung seiner sozialen Geltungssucht. Ist diese Stufe erreicht, ist der Weg frei für die Selbstverwirklichung.

Die betriebliche Praxis hat sich dieses durch verschiedene Bedarfsgüter materieller und immaterieller Art bestimmten Motivationsprinzips in vielerlei Hinsicht bemächtigt. Sichtbaren Ausdruck findet es in den **Anreizsystem** des Unternehmens: Wer sich den Anforderungen stellt und sein Verhalten entsprechend ausrichtet, kann normalerweise stufenweise eine höhere (dosierte) Bedürfnisbefriedigung erreichen – das **Leistungsprinzip** ist auf die Motivationsfaktoren des Individuums eingestellt. Gleichzeitig mit den Anreizsystemen (Entlohnung, Beförderung, Status), die der Leistungssteigerung dienen, sind auch **Drohsysteme** entwickelt, die sich als Negationen der Anreize erweisen (Rückstufungen).

Damit konzentriert sich das Motivationssystem auf zwei an sich gegensätzliche Methoden, die aber der gleichen Zielsetzung – Maximierung der Leistungsbereitschaft – dienen: Hoffnung auf Mehrung von Geld, Status und Macht auf der einen Seite und Angst, das bisher Erreichte teilweise zu verlieren bzw. von der weiteren Mehrung ausgeschlossen zu werden.

Kritische Würdigung:
a)   **Positive Aspekte:** Durch das Motivationssystem wird versucht, die persönlichen, individuellen Ziele mit den Unternehmens- und Leistungszielen in Einklang zu bringen (Identifikation). Die **Prämissen** allerdings, auf denen das Motivationssystem aufbaut, sind einer **strengen kritischen Überprüfung** zu unterziehen.

b) **Negative Aspekte:** Mündet das Motivationssystem in ein Droh- und Anreizsystem (tendenziell ist dies immer der Fall), dann wird das berufliche Engagement des Menschen durch **Angst und Hoffnung** bestimmt – beides Elemente, die eine loyale und freiheitliche (angstfreie) Identifikation blockieren und die Entwicklung von Innovation und Kreativität versperren. Insbesondere der leistungsschwächere, der ältere oder der weniger geschulte Mitarbeiter wird dadurch in ein **System der persönlichen Defizite** gezwängt, das ihn zwangsläufig in den **Frustrationskonflikt** führt. Ein solches System ist daher tendenziell inhuman und als solches abzulehnen. Aber auch aus theoretischer Sicht sind gegenüber dem Maslowschen Modell große Bedenken anzubringen:
• Es kann nicht vorausgesetzt werden, daß der Mensch seine Selbstverwirklichung nur im Berufsleben anstrebt. Familiäre, religiöse, kulturelle und soziale Bedürfnisse prägen ebenfalls sein Verhalten. Die Bedürfnispyramide ist **einseitig materiell** und kann daher nicht als repräsentativ für die Motive eines Menschen gelten. Kulturelle und ethische Werte sind unterrepräsentiert.
• Geld, Status, Sicherheit und Macht sind zwar dominierende Motive, doch resultiert gerade aus der **sozialen** und **gesellschaftlichen Verantwortung** des Unternehmers und seiner Manager die Aufgabe zur Mitgestaltung und Beeinflussung **gesellschaftlicher Wertvorstellungen** (man analysiere in diesem Zusammenhang die Situation des Umweltschutzes und die Rolle der Unternehmer).
• Die Bedürfnisse eines Menschen sind **keine konstante** Größe. Viele Bedürfnisse verlieren ihre Intensität bzw. stehen unmittelbarer im Vordergrund im Verlauf des menschlichen Lebens und seiner Reifestufen. Darüber hinaus werden neue Bedürfnisse fremdvermittelt (sog. Moden) und es finden Umschichtungen innerhalb der Bedürfnispyramide statt („Moderne"). Das Bedürfnis „partnerschaftliche Kooperation" sollte ebenso im Zielkatalog des Motivationssystems beachtet werden wie die **persönliche Anerkennung** und **Wertschätzung der Leistungen** durch die Führungskräfte.

Um die einseitig materielle Motivation der Mitarbeiter zu verhindern, sind daher in der verhaltensorientierten Steuerung von Mitarbeitern **zusätzliche Ziele** zu definieren und zu verwirklichen: **Loyalität, Partizipation an Entscheidungspro-zessen, humane Arbeitsplatzgestaltung, individuelle Entfaltungsmöglichkei-ten** im Gegensatz zur vermassenden Schablonisierung, **Kontinuität und Sicher-heit** des Arbeitsplatzes, **informelle Anerkennung** für Leistungen, **Achtung vor dem Menschen** auch in Situationen persönlicher Not und Leistungsschwäche, **Ausweitung der Mitbestimmung.** Grundsätzlich geht es darum, zwischen Mana-gern und Mitarbeitern ein größtmögliches Maß an **Vertrauen** zu etablieren, aus dem positive Impulse für eine Identifikationsmöglichkeit resultieren. Das setzt **Lernprozesse** bei allen Beteiligten voraus. Es erfordert aber auch, daß das Mana-gement in seiner Absicht, das Verhalten der Mitarbeiter zu beeinflussen, sich intensiv mit den eigentlichen, differenzierten Motiven der Mitarbeiter auseinan-dersetzt: „Der Vorgesetzte muß also zur Erkenntnis gelangen, daß die Wahrneh-mungen seiner Untergebenen nicht notwendigerweise mit seinen eigenen Intentio-nen übereinstimmen, und er muß sich daher intensiv mit den Wertvorstellungen und Wahrnehmungen seiner Untergebenen befassen, um erfolgreich mit ihnen zusammenarbeiten zu können."[16]

4.9 Managementzyklus und Managementmodell

Die Darstellung der wichtigsten Management-Methoden hat verdeutlicht, daß es sich hierbei stets um **partielle Komponenten des Führungsprozesses** handelt. Man spricht daher auch vom **monistischen Ansatz** der Management-Lehre. Daher ist es auch bedenklich, wenn in Form von „Rezepten" die eine oder andere Me-thode angepriesen und auch eingesetzt wird, da dies stets zu einer **Einseitigkeit der Führungsaufgaben** führt. Darüber hinaus ist der Komplex „Führung" weit-gehend **situativ** bestimmt, d. h. je nach Schwere und Dauer eines Problems wer-den unterschiedliche Methoden angewandt. Ein Unternehmen, das durch die Kon-kurrenz Markteinbußen erlitten hat, wird sich eines anderen Führungsstils (etwa „management by breakthrough") bedienen als vergleichsweise andere Unterneh-men, die durch eine neue Technologie und einen neuen Markt in eine Prosperi-tätsphase gelangen. Konkurrenz, Marktsituationen, Produktentwicklungen (Erfin-dungen), Rationalisierung und Automation, die internationale Wirtschaftslage und die Mitarbeiterstruktur bestimmen die Auswahl und Anwendung dominierender Strategien und Methoden der Führung, nicht zuletzt aber auch das gesellschaftli-che Bewußtsein über die Rolle des Unternehmers und seiner Führungskräfte in der Gesellschaft.

Aus diesen Gründen wurde verschiedentlich versucht, **Gesamtmodelle** des **Füh-rungsverhaltens** und der **Führungsprozesse** zu entwickeln, die möglichst alle Komponenten der Führung beinhalten (Systemansatz oder **„management by systems"**). Als Prämissen für derartige Modelle gelten:

• Management oder Führung ist ein **dynamischer Prozeß** (Management-Zyklus).

- Die einzelnen Komponenten sind **prozessual** aufeinander abzustimmen (etwa in Form eine Regelkreises).
- Führung setzt **Anpassungsfähigkeit** voraus, d. h. sämtliche Komponenten des Führungsprozesses können temporär eine unterschiedliche Dominanz erhalten.
- **Psychologische** und **soziologische Komponenten** sind im System der Führung nicht quantifizierbar und müssen daher **explizit** erklärt und beschrieben werden. Damit wird verhindert, daß der Systemansatz einen einseitigen Mechanismus präjudiziert.

Wir unterscheiden im folgenden den sogenannten **Management-Zyklus** und das **Management-Modell.** Der Management-Zyklus beschreibt den prozessualen Zusammenhang zwischen den regelungstechnischen Aktivitäten Zielsetzung (incl. Planung), Steuerung, Durchführung und Kontrolle. Der Regelkreis wird als Analogmodell der betrieblichen und unternehmerischen Aktivitäten benutzt. Zwischen den regelungstechnischen Aktivitäten besteht ein intensiver Informationsaustausch (Feedforward und Feedback). Im einzelnen gilt:

Die **Planungsfunktion** umfaßt alle Aufgaben, die sich mit der Zielfindung, der Erarbeitung und Bewertung von Alternativen, Entscheidungen und Plänen befassen. Das Ergebnis der Planung sind Plangrößen, d. h. quantifizierte Vorgaben (Sollwerte).

Die **Steuerungsfunktion** umfaßt alle Aufgaben, die operative Größen für die unmittelbare Beeinflussung der betrieblichen Prozesse und Personen erzeugen. Operative Größen können durch eine Zerlegung von Plangrößen oder als das Ergebnis von Kontrollvorgängen entstehen. Eine typische Aufgabe im Rahmen der Steuerung ist die Budgetierung.

Die **Realisierungsfunktion** umfaßt alle Aufgaben, die im Zusammenhang mit dem Vollzug der durch die Plan- und Steuerungsgrößen bestimmten Aufgabenstellungen stehen. Das Ergebnis der Durchführungsaufgaben sind Regelgrößen.

Die **Kontrollfunktion** bezieht sich auf alle Aufgaben, die sich mit der Überwachung und Analyse der Realprozesse befassen. Eine typische Kontrollfunktion ist die Arbeit der Revision.

Der Management-Zyklus ist in Abb. 8 dargestellt.

Der Management-Zyklus kann durch die Berücksichtigung weiterer Funktionen zu einem **Management-Modell** erweitert werden. Wir zitieren im folgenden das von J. Wild entwickelte Modell (Abb. 9). „Die kybernetische Analyse des Managementprozesses läßt nun wichtige Voraussetzungen einer funktionsfähigen Führung erkennen. So wird unter anderem deutlich, daß die vorgesetzte Instanz über

- operative Ziele,
- geeignete Steuerungsinformationen,
- Kontrollstandards zur Messung des Zielerreichungsgrades,

- eine rasche und präzise Rückkoppelung (Feedback),
- Vorkopplungsinformationen (Feedforward) und
- Kontroll- und Abweichungsinformationen

verfügen muß, um ihre Führungsfunktionen wahrzunehmen. Diese Größen stellen also unverzichtbare Führungsinformationen dar. Die Prozesse, durch die sie gewonnen oder in denen sie verarbeitet werden, also die Prozesse der Planung, Zielbildung, Entscheidung, Durchsetzung, Messung, Kontrolle, Abweichungsanalyse und Ziel-, Plan- und Systemanpassung (Management Development) wiederholen sich ständig im Sinne eines Lernprozesses."[17]

PLANUNG

Prognose, Zieldefinition, Alternativenbestimmung, Simulation, Entscheidung, Strategienplanung, Mittelplanung, Unternehmensplanung, Festlegung von Kontrollgrößen und Standards

↓

STEUERUNG

Disposition, Organisation der Realisierung, Projektorganisation, Motivation, Führung, Anweisung, Aktionsprogramme, Planzerlegung, Zeiteinteilung, Mittelzuordnung, Vorgabe von operativen Steuerdaten, Prozeßbeeinflussung, veranlassen von Korrekturen.

↓

REALISIERUNG

Durchführung, Abwicklung, Vollzug, Erledigung, Ausführung, Bearbeitung, Verwaltung, Verwahrung, Archivierung, Beschäftigung.

↓

KONTROLLE

Ist-Werteerfassung, Prüfung, Revision, Plan-Ist-Vergleich, Abweichungsanalyse, Problemanalyse, Zertifizierung, statistische Auswertung.

Abb. 8   Management-Zyklus mit typischen Aufgaben (Beispiele)

Kritische Würdigung:

a) **Positive Aspekte:** Im Gegensatz zu den Einzeldarstellungen der Management-methoden mit ihrem oftmals rezeptualen Anspruch werden Komplexität und Interdependenz der Führungsaufgaben im Zusammenhang dargestellt. Die Bedeutsamkeit des Informationssystems wird ebenso hervorgehoben wie die Notwendigkeit von Lernprozessen und Anpassung. Der dynamische Aspekt der Rückkopplung weist darauf hin, daß der Management-Prozeß ein hohes Maß an Flexibilität und Systemdenken von den Trägern des Managementsystems erfordert.

b) **Negative Aspekte:** Es handelt sich um eine mechanistische Darstellung der Management-Funktionen. Die Qualität der Personalaufgaben ist nicht explizit enthalten, ebenso fehlen **Hinweise** auf die **Ausprägungen** des **Führungsstils** und des **Führungsverhaltens.** Die Funktionsfähigkeit derartiger Modelle ist weitgehend abhängig von den praktizierten Stilen der Zusammenarbeit zwischen Führungskräften und Verrichtungsträgern. Das Modell ist demnach um die Dimensionen des Führungsverhaltens zu erweitern.

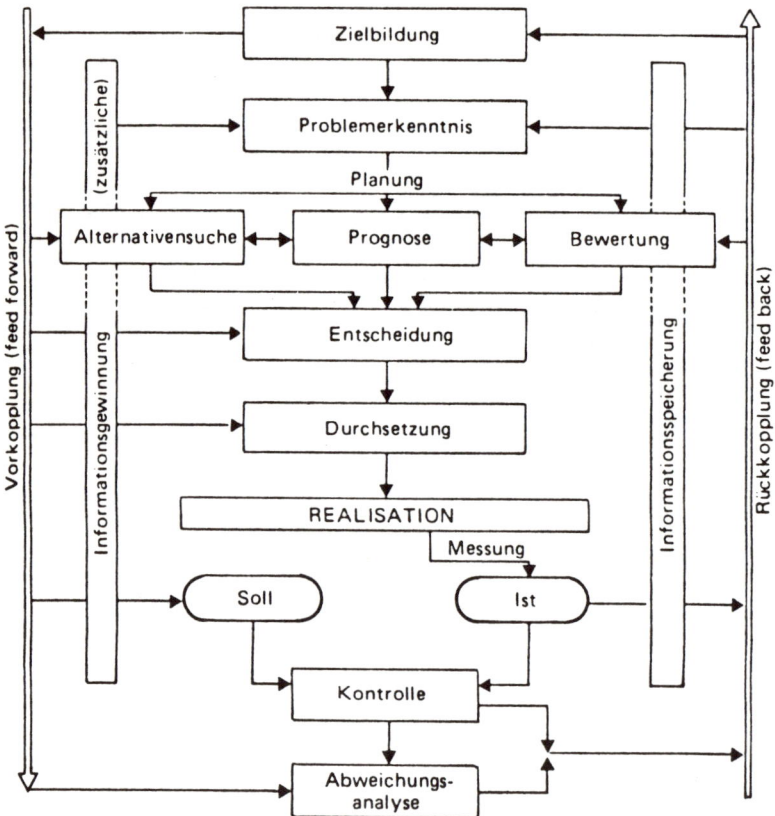

Abb. 9 Phasenstruktur des Führungsprozesses nach Wild

Zusammenfassung der Management-Methoden

Methode	Kurzbeschreibung	Vorteile	Nachteile
Management durch Zielvereinbarung: Management by Objectives	Zielorientierte Unternehmensführung durch die Vereinbarung operationalisierter Ziele auf jeder Hierarchiestufe. Zielerreichungsgarantien durch die Manager und Mitarbeiter: System der „Commitments", Budgetierung und Kontrollen.	Ergebnisverantwortung, Individualziele (Persönliche Arbeitsziele), relativer Freiheitsgrad für die Realisierung und Planung.	Planungshektik, intensive Kontrollen, materielle Leistungsbetonung, Verwaltungsaufwand.
Management durch Delegation: Management by Delegation	Übertragung von Aufgaben, Verantwortung und Kompetenz an nachfolgende Instanzen und Personen. Selbständiges Arbeiten innerhalb des Kompetenzbereiches. Klare Beschreibung der Stellen, ihrer Aufgaben und Zuständigkeiten (Stellenbeschreibungspläne).	Akzeptanz der Unternehmensziele durch die Mitarbeiter, Transparenz der Unternehmensprozesse.	Gefahr der unechten Delegation, Reduzierung auf Routinearbeiten, einseitige Verantwortungsdelegation.
Management durch Steuerung: Management by Exception	Das Management greift in einen Prozeß nur ein, wenn Abweichungen von den vereinbarten Toleranzgrenzen auftreten: Abweichungsanalysen, Problemanalyse, Methoden zur Stabilisierung von Geschäftsprozessen. U. U. Korrekturen des Gesamtziels bzw. der Unternehmensplanung.	Entlastung des Managements, hohe Selbstverantwortung der Mitarbeiter, Motivationspotentiale durch Ergebnisbeteiligung (Bonifikationen).	Intensive Arbeitsbelastungen durch Ziel- und Kontrollziffernanalyse. Gefahr des „overcontrolling" und der Übersteuerung.
Management durch Kontrolle: Management by Control	Ergebnis-, Verhaltens- und Leistungskontrollen für die Überwachung aller Prozesse und der damit beauftragten Personen. System der Kennziffern; Teilsystem anderer Managementsysteme.	Ständige Ursachenanalysen, hoher Beeinflussungsgrad und schnelle Reaktion bei Zielabweichungen.	Kontrollmißbrauch, Gefahr der versteckten Kontrollen, Angstsyndrome bei Mitarbeitern.
Management durch Koordination: Management by Coordination	Zusammenfassung von Teilaktivitäten in. Hinblick auf unternehmensweite Ziele. Vielfalt der Koordinationsaufgaben: sachliche, organisatorische, personelle, finanzielle, informationelle, zeitliche Koordination. Einschaltung von Koordinatoren und Koordinationsteams (horizontal und vertikal).	Entlastung des Managements, Arbeitsteilung zwischen personellen und fachlichen Aufgaben.	Konzentration fachlicher Fähigkeiten bei den Koordinatoren und Informationsvorsprung, doppelteBerichtswege bei den Mitarbeitern.

Zusammenfassung der Management-Methoden

Methode	Kurzbeschreibung	Vorteile	Nachteile
Management durch Kommunikation: Management by Communication	Kommunikation als Voraussetzung für einen kooperativen Führungsstil. Starke Betonung der zwischenmenschlichen Beziehungen, besondere Bedeutung für projekt- und teamorientierte Arbeitsweisen. Übergang von der fachlichen Anweisung des Managers zur sozialen Interaktion mit hoher Anforderung an die Sozialkompetenz des Managers.	Hohe Vertrauenspotentiale zwischen Mitarbeitern und Managern, Einbindung der Führungskraft in die Problemlösungsprozesse der Teams.	Starke zeitliche Inanspruchnahme des Managers, besonders bei Moderationssitzungen und Problemlösungsprozessen.
Management durch Führungskräfteentwicklung: Management by Development	Ausbildung und Training neuer und vorhandener Führungskräfte für neue Aufgaben, Erzielung eines hohen Standards an Führungsqualitäten. Nutzung neuzeitlicher Methoden wie Assessment-Center, Kommunikationstrainings, systematische Ausbildung an praktischen Aufgaben (training on the job). Ziele: Sozial-, Fach- und Sozialkompetenz entwickeln.	Qualifizierung des Management-Potentials, langfristige Sicherung qualifizierter Mitarbeiter für sich ändernde Aufgaben.	Überqualifikationen bei nicht ausreichend zur Verfügung stehenden Positionen (z. B. bei Konjunkturrückgang).
Management durch Motivation: Management by Motivation	Erzielung einer größtmöglichen Leistungsbereitschaft der Mitarbeiter durch Anreize, die ihren Motiven entsprechen. Als Ziel gilt die Selbstverwirklichung des Menschen durch den Beruf. Die Anreizsysteme sollen die Identifikation der Mitarbeiter mit dem Unternehmen bewirken.	Die Verhaltenssteuerung der Mitarbeiter unter Beachtung ihrer individuellen Motive und Fähigkeiten.	Materielle Überbetonung, einseitige Anreize, persönliche Defizite für Leistungsschwächere, Vernachlässigung humaner Werte.
Management-Modell und -System: Management by Systems	Gesamtschau der Prozesse eines Unternehmens im Sinne eines kybernetischen Regelkreises. Komplexität und Interdependenz werden funktional dargestellt, die prozessualen Zusammenhänge der wichtigsten Führungsaufgaben werden erläutert. Modellartige Darstellung von Regelkreisprozessen.	Hoher didaktischer Wert, Umsetzungen für die Praxis nur durch zusätzliche analytische Erhebungen möglich.	Mechanistische Darstellung ohne Bezug auf Führungsstil und Führungsverhalten.

5. Kapitel:
Führungsstil und Führungsverhalten

5.1 Determinanten des Führungsverhaltens

„Führungsstil ist die Form sowie die Art und Weise, in der die Führungs- und Leitungsaufgaben von den Führungskräften im Rahmen der Organisation ausgeübt werden; er ist die konkrete Verhaltensweise der Führungskräfte innerhalb des Spielraums der Leistungsstruktur des Unternehmen."[18] Der Führungsstil bestimmt die Art der **Aufgabenerledigung.** Der jeweils praktizierte Führungsstil zeigt sich darin, wie und mit welchen Methoden es der Führungskraft gelingt, den an sie delegierten Auftrag - Anleitung anderer zur optimalen Aufgabenerledigung innerhalb der bestehenden Regeln und Normen der Personal- und Unternehmenspolitik sowie der rechtlichen Vorschriften - zu erfüllen.

Das praktizierte Führungsverhalten läßt eine breite Spannweite zu: Die **autoritäre, techno-bürokratische Anmaßung,** die in Mitarbeitern lediglich „Untergebene" sieht, die dementsprechend zu Unterwerfungshandlungen zu zwingen sind, findet sich ebenso wie ein **Laissez-Faire-Prinzip** am anderen Ende der Skala, das auf die Durchsetzung eines eigenen Führungswillens verzichtet. Bedeutsam für das Führungsverhalten ist das Selbstverständnis der Manager, d. h. die Rolle, die sie als „Führer" in einer sozio-technischen Organisation einzunehmen gewillt sind. Hierfür dienen verschiedene **Erklärungsansätze** des Führungsverhaltens (nach Lit. 19):

1. **Personalistischer Ansatz:** Es wird versucht, bestimmte charakteristische Eigenschaften für die Eignung zur Führungskraft zu definieren, z. B. ein hohes Maß an Durchsetzungsvermögen, ein bestimmter Intelligenzquotient, ein besonderes Maß an Ausstrahlungsvermögen und Überzeugungskraft. Derartige Kriterien spiegeln sich häufig in den Einstellungspraktiken der Unternehmen wider, die mittels Fragebogen und Tests umfangreiche Informationen über die Bewerber auswerten. Sichere Rückschlüsse auf das Führungsverhalten sind aber dadurch nur bedingt ableitbar, da die Führung auch von zu führenden Mitarbeitern der Organisation des Unternehmens und den speziellen Situationen der Aufgabenerledigung abhängig sind. In der neueren Einstellpraxis werden als Kriterien besonders hervorgehoben:
- **Fachkompetenz:** Beherrschung des grundlegenden Sachwissens des jeweiligen Fachgebietes, für das die Führungskraft die Verantwortung übernehmen soll.
- **Methodenkompetenz:** Beherrschung der neuzeitlichen Methoden des Geschäftsprozeß-Managements und der entsprechenden Organisationsmethoden.

2. **Soziale Interaktion:** Hierbei wird die Führung vorwiegend als ein sozialer Interaktionsprozeß zwischen Vorgesetzten und Mitarbeitern verstanden. Dement

Interaktionsprozeß zwischen Vorgesetzten und Mitarbeitern verstanden. Dementsprechend spezifisch sind die für das Führungsverhalten betrachteten Eigenschaften: **Kooperations- und Kommunikationsverhalten,** die Fähigkeit, auf andere einzugehen und deren Argumente kritisch zu verarbeiten, die Art und Weise der **Problemlösung** sowie gruppendynamische Fähigkeiten der Moderation und Präsentation werden als dominierende Eigenschaften eines Managers angesehen.

3. **Situative Erklärung des Führungsverhaltens:** Die Führungsposition wird je nach Aufgaben- und Problemstellung besetzt. Das bedeutet, daß lediglich die Art der **Aufgabenstellung** darüber entscheidet, welche Art von Kriterien für die Auswahl einer Führungsposition in Betracht kommen. Besondere Anwendung dieses Prinzips findet sich bei Unternehmungen, die sich in einer Krisensituation befinden und die sich nach durchsetzungsfähigen Problemlösern („Management by Breakthrough") umsehen. Dies hat zur Folge, daß Management-Positionen häufig wechseln.

4. **Formeller Ansatz:** Die Führung resultiert aus der **formalen Organisation** des Unternehmens. Der Organisationsplan, d. h. der bestehende Instanzenaufbau und die bestehenden Weisungs- und Berichtswege bestimmen die Zuweisung der Führungsvollmacht (starre Regelung der Führung). Es handelt sich um System der bürokratischen Legitimation der Führung, in dem u. a. auch nach Dienstjahren die Regelung der Führungsnachfolge erfolgt.

5. **Kybernetischer Ansatz:** Führung bedeutet hierbei **Steuerung.** Der Manager muß grundsätzlich die Fähigkeit besitzen, Zielvorgaben, Steuerungsvorgänge und Feedback-Analysen zu beherrschen. Die Führung wird von den Methoden des Management by Objectives und des Management by Exception bestimmt.

6. **Systemtheoretischer Ansatz:** Das Führungsverhalten orientiert sich am Zusammenspiel aller Komponenten des Führungsprozesses. Der Manager muß **systemtheoretisch und –praktisch** denken und handeln können und sich primär an der Logistik der Geschäftsprozesse orientieren.

7. **Verhaltenstheoretischer Ansatz:** Hierbei stehen die Verhaltensweisen kooperierender Individuen im Vordergrund, z. B. die Fragen: Wie verhalten sich Menschen in besonderen Situationen (Streß, Monotonie, Dauerbelastung) und inwieweit gelingt es der Führungskraft, negative Verhaltensweisen wie Aggression, Desinteresse, Resignation und „Dienst nach Vorschrift" zu vermeiden. Wichtiges Kriterium für die Führungsleistung ist die Fähigkeit, andere zu einer bestimmten Leistung und einem bestimmten Verhalten zu motivieren.
Die dargestellten Determinanten des Führungsverhaltens sind **monostische Erklärungsansätze:** Sie weisen auf eine bestimmte Erklärungs-Hypothese des Führungsverhaltens hin, ohne damit den Gesamtprozeß der Führung und des Führungsstils erklären zu können. In der konkreten Ausprägung finden sich jeweils mehrere dieser Ansätze in einer Person verwirklicht.

5.2 Führungsverhalten

Grundsätzlich sind zwei entgegengesetzte Ausprägungen des Führungsverhaltens erkennbar: **autoritäres** und **kooperatives Verhalten.** Ihr wichtigstes Kriterium ist der **Umfang der Partizipation der unterstellten Mitarbeiter am Entscheidungsprozeß** und das Maß an Selbststeuerung, das den Mitarbeitern zugebilligt wird. Beim **autoritären** Führungsverhalten handeln die Mitarbeiter auf **Anweisung ohne Entscheidungskompetenz** und Mitsprache, **beim kooperativen Verhalten** wird der Entscheidungsprozeß in **Teamarbeit** zwischen Manager und Mitarbeiter realisiert. Zwischen beiden Ausprägungen ergibt sich eine Reihe von unterschiedlich gewichteten Spielarten, die durch das **Kontinuum des Führungsverhaltens** (Abb. 10) dargestellt sind.

Die typischen Ausprägungen des Führungsverhaltens sind wie folgt zu skizzieren:

a) **Autoritäres Führungsverhalten:** Das autoritäre Führungsverhalten wird auch als **direktiver** oder autonomer Führungsstil bezeichnet. Der Manager plant und entscheidet **autonom** – eine Mitwirkung unterstellter Mitarbeiter ist ausgeschlossen. Um sicherzustellen, daß die Entscheidungen auch widerspruchslos ausgeführt werden, wird bei diesem Führungsverhalten auch eine starke **Kontrolle** ausgeübt. Der Manager leitet seine **Legitimation** aus der **formalen Stellung** innerhalb der Hierarchie ab. Er besitzt gegenüber den Unterstellten einen **Informationsvorteil,** da er Begründungen und Notwendigkeiten für bestimmte Entscheidungen und Anordnungen nicht kommuniziert. Es entwickeln sich **Befehlsstrukturen** und starre, formell definierte Arbeitsplätze.

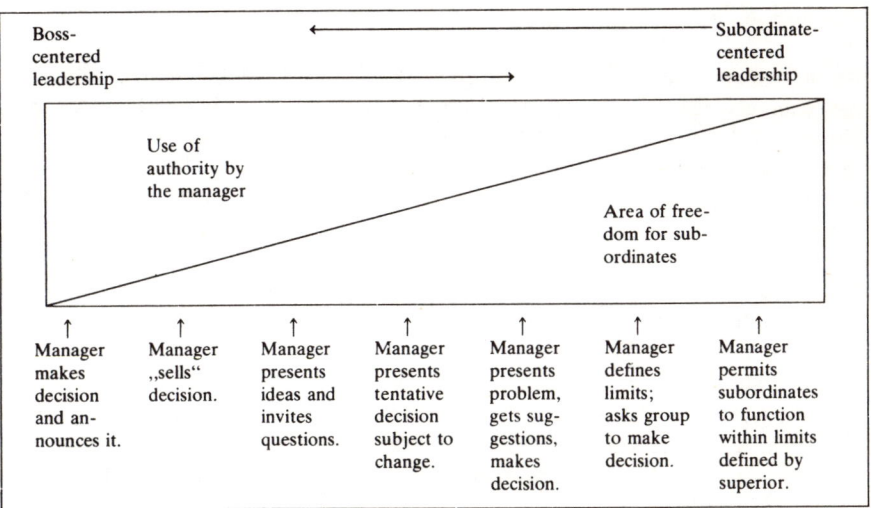

Abb. 10 Kontinuum des Führungsverhaltens nach Tannenbaum und Schmidt[20]

Die Mitarbeiter sind reine **Verrichtungsorgane.** Transparenz, Eigensteuerung und Initiative entwickeln sich nur innerhalb der engen zugewiesenen Arbeitsgebiete. Das autoritäre Führungsverhalten führt zur **Normierung des Arbeitsverhaltens,** um einen reibungslosen Vollzug der Einzelaufgaben zu garantieren. Das autoritäre Führungsverhalten findet sich daher (auch in sog. fortschrittlichen Unternehmen) vornehmlich bei **Routineprozessen,** d. h. bei sich gleichmäßig über einen längeren Zeitraum hinziehenden, monotonen Arbeitsfunktionen, die quantitativ meßbar und kontrollierbar sind (z. B. bei automatisierten Fertigungsprozessen, bei Prüfvorgängen, in der Akkordarbeit). Historisch betrachtet resultiert dieses Führungsverhalten aus dem **Taylorismus.**

Auswirkungen auf die Mitarbeiter: Die Mitarbeiter arbeiten grundsätzlich nur auf **Anweisung** („Der Boss hat immer recht"). Damit wird Eigeninitiative und Innovation nicht ermöglicht. Fehlleistungen und Ergebnismängel werden „nach oben delegiert", d. h. dem autoritären Entscheider angelastet. Auf Dauer betrachtet führt dieses Verhalten bei den Mitarbeitern zu **Lethargie** und **Desinteresse,** zum Verlust von Spontaneität und kreativer Arbeitsgestaltung.

Auswirkungen auf die Organisation: Das System der autoritären Entscheidung, Vorgabe und Kontrolle führt zu einer **Bürokratisierung** der Organisation. Informelle Kontakte werden vermieden, die Befehlsstrukturen und –wege streng eingehalten mit der Folge, daß lange Berichtswege und **Verzögerungen in der Informationsverarbeitung** auftreten. Zahlreiche Berichte und Formulare ersetzen die informale Kommunikation, die Flexibilität der Organisation geht zugunsten einer **Verwaltungsbürokratie** verloren. Die Organisation an sich ist stabil, erweist sich aber im Falle extern bedingter Anforderungen auf schnelle Reaktion oftmals als unfähig zur Anpassung.

Auswirkungen auf die Leistungsergebnisse: In Krisensituationen kann es durchaus erforderlich sein, dieses Führungsverhalten für die kurzfristige Erreichung wichtiger Ziele zu praktizieren. Auf Dauer betrachtet führt es aber zu **Produktivitätsverlusten,** da die Eigeninitiative fehlt und kreative Möglichkeiten der Wahrnehmung von Chancen nicht entwickelt sind (Absicherungsverhalten der Manager).

b) **Kooperatives Führungsverhalten:** Der kooperative Führungsstil ist durch eine **Objektivierung** der Entscheidungsprozesse gekennzeichnet. Der Entscheidungsprozeß wird für alle Beteiligten transparent. Es handelt sich demnach um einen hohen Standard der Kommunikation und Informationsweitergabe: Der Manager diskutiert mit den Mitarbeitern die Hypothesen, Alternativen, Ziele und Einsatzmittel für die Aufgabenerledigung. Alle Ergebnisse werden ebenso wie die peripheren Bedingungen und Limitationen den Mitarbeitern mitgeteilt (Feedback). Durch die unmittelbare Beteiligung der Mitarbeiter am Entscheidungsprozeß entsteht ein System der **unmittelbaren Partizipation;** deshalb wird der kooperative Führungsstil auch als **partizipatives Führungsverhalten** bezeichnet.

Auswirkungen auf die Mitarbeiter: Die Mitarbeiter erhalten einen hohen Informationsstand über alle Ziele, Aufgaben und Einsatzfaktoren. Durch die **Partizipation am Planungs- und Entscheidungsprozeß** entsteht ein hohes Maß an Identifikation mit der Aufgabe, sowie eine starke **Motivation** zur Leistung durch die Anerkennung ihres Fachwissens. In der Aufgabenausführung sind die Mitarbeiter relativ frei, wodurch **kreative Fähigkeiten** entwickelt werden. Zwischen Mitarbeitern und Vorgesetzten entsteht ein Vertrauensverhältnis, das aus der gemeinsamen Verpflichtung gegenüber den Sachaufgaben resultiert.

Auswirkungen auf die Organisation: Es entsteht ein relativ **hoher Abstimmungs- und Koordinationsaufwand.** Daher ist dieses Führungsverhalten vorwiegend für komplexe, nichtstrukturierte Entscheidungsprozesse (z. B. Investitionsplanung, Personalplanung, Einführung von Informationssystemen) geeignet, da hierbei das Fachwissen vieler Instanzen und Funktionen zu integrieren ist. Durch die Arbeit in Gruppen ist es notwendig, daß Kenntnisse über Gruppenverhalten und –dynamik bei den Mitgliedern der Organisation entwickelt werden.

Auswirkungen auf die Leistungsergebnisse: Durch das beim kooperativen Führungsverhalten entwickelte Engagement der Mitarbeiter und aufgrund der **Selbststeuerungsmöglichkeiten** werden die Leistungsergebnisse positiv beeinflußt. Die Erhöhung des Informationsstandes führt zu einer erhöhten **Mobilität,** die sich z. B. in der Bereitschaft zur Übernahme neuer Aufgaben ausdrückt.

c) **Kollegialsysteme der Führung:** Kollegialsysteme basieren auf dem Prinzip der Gruppenarbeit. Da zwischen den einzelnen Gruppen i. d. R. umfangreiche Abstimmungen, Absprachen, Lösung von Problemen und Schnittstellen erforderlich sind, müssen besondere organisatorische Regelungen getroffen werden, um das reibungslose Zusammenspiel der Gruppen zu gewährleisten. Ein **Fachkollegium** entsteht dann, wenn sich die Repräsentanten der einzelnen Teams (Gruppenleiter, Teamkoordinator o. ä.) in regelmäßigen Zeitabständen treffen und dadurch eine neue Arbeitsgruppe mit eindeutiger Aufgabenstellung und Zielsetzung bilden. Ein **Entscheidungskollegium** ist dagegen dann gegeben, wenn ein oder mehrere Repräsentanten des Fachkollegiums zusammen mit der Entscheidungsinstanz eine Gruppe bilden, um Personalentscheidungen oder strategische Zielsetzungen zu vereinbaren: Es entsteht ein System der sich überlappenden Gruppen, wie es in Abb. 11 dargestellt ist.

Die Abbildung ist wie folgt zu interpretieren: Die Gruppenleiter der Arbeitsgruppen treffen sich in regelmäßigen Zeitabständen mit dem Ziel der Harmonisierung der Arbeitsweisen und Aufgaben der Gruppen. Sie bilden ein Fachkollegium, in dem u. a. über Personaltransfers (Kapazitätsausgleich), Schnittstellenprobleme und fachliche Probleme verhandelt und entschieden werden. Personelle Entscheidungen, z. B. Beförderung, Entlohnung, Schulung und Weiterbildungsmaßnahmen sowie Zielsetzung und Aufgabendelegation für neue Arbeitsgebiete werden im Entscheidungskollegium behandelt und entschieden. Dies besteht aus Repräsentanten der Geschäftsleitung und den jeweils demokratisch gewählten Vertretern der Gruppen. Die besondere Bedeutung des Kollegialprinzips besteht darin, daß dadurch keine neuen Instanzen oder Stellen geschaffen werden. Die Kollegien arbeiten ad hoc (bei besonderen Problemsituationen) und regelmäßig, um ein Höchstmaß an gegenseitiger Kommunikation und schneller Entscheidung zu erzielen.

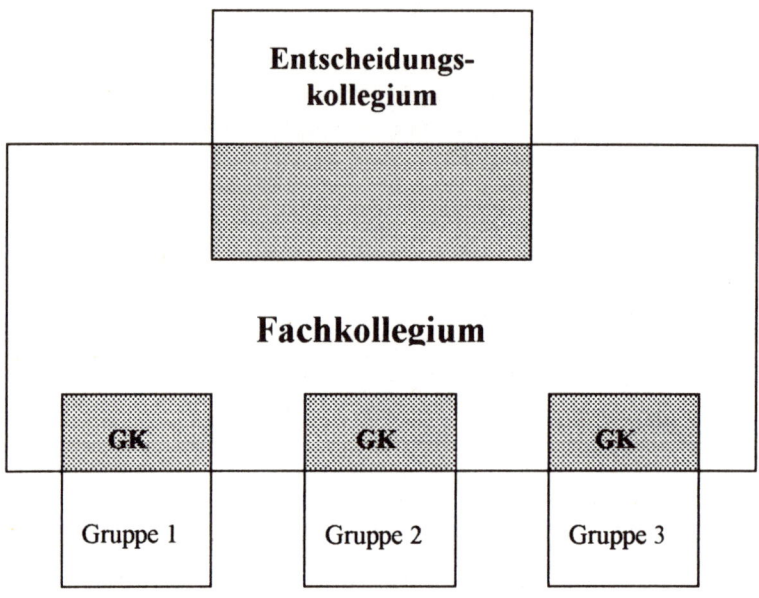

Abb. 11 System der überlappenden Gruppen (Das System ist auch als horizontale Querschnittsorganisation. definierbar, GK = Gruppenkoordinator)

Für die Funktionsweise der Kollegien sind besondere **Spielregeln** zu definieren. Deren wichtigste sind:

- Das Kollegium trifft sich regelmäßig zu fest vereinbarten Terminen.
- Die Aufgabenstellung ist bekannt (fachliche Abstimmung bzw. Entscheidungsprozesse entsprechend einer Agenda).
- Die Arbeitsweise ist strukturiert, d. h. konkrete Ergebnisse und Entscheidungen sind das Ziel.
- Entscheidungen werden nach demokratischen Regeln getroffen.
- Getroffene Entscheidungen sind verbindlich für alle Mitglieder (Konsensprinzip).

Auswirkungen auf die Mitarbeiter: Für die Mitarbeiter der Arbeitsgruppen entstehen neue Anforderungen insbesondere dann, wenn es sich um sog. durchlässige Gruppen handelt: Der Arbeitseinsatz kann je nach Kapazitätssituation in unterschiedlichen Gruppen erfolgen (interne Flexibilisierung). Vorteile entstehen durch die direkte Kommunikation, da der Gruppenleiter alle Entscheidungen und fachlichen Absprachen direkt mit der Gruppe vereinbart bzw. an diese kommuniziert.

Auswirkungen auf die Organisation: Es entsteht eine erhebliche Entbürokratisierung der innerbetrieblichen Kommunikations- und Entscheidungsprozesse. Das Prinzip des „Dienstweges" wird aufgehoben, Entscheidungen werden mit allen Betroffenen abgestimmt und aufgrund des Konsensprinzips auch unverzüglich umgesetzt. Bürokratische Regelungen, wie Schriftwechsel, Einladungen zu Sitzungen, Terminabsprachen, Protokolle entfallen. Die Organisation erhält ein höheres Maß an Flexibilität, die Reaktion auf geänderte Ziele oder besondere Problemsituationen wird erheblich erhöht. Gleichzeitig erfolgt eine Reduzierung der Managementebenen. Bei einer konsequenten Umsetzung sind nur noch drei Ebenen involviert: Arbeitsgruppe, Fach- und Entscheidungskollegium. Es ergibt sich insgesamt eine erhebliche Effizienzsteigerung der Organisation.

Auswirkungen auf die Leistungsergebnisse: Die unmittelbare Einbindung der Mitarbeiter in die Entscheidungs- und Abstimmprozesse erhöht die Leistung: Insbesondere die Durchlaufzeiten der Geschäftsprozesse werden vermindert, womit gleichzeitig eine Reduzierung der Prozeßkosten verbunden ist. Außerdem entfallen weitgehend aufwendige Bürokratiekosten (Schriftguterstellung) und die Arbeit der Mitarbeiter wird auf die Kernfunktionen konzentriert.

d) Funktionales Führungsverhalten: Beim funktionalen Führungsverhalten wird die formale Über- und Unterordnung – die ja bei allen anderen Formen des Verhaltens gegeben sind – aufgehoben. Die Ausprägung einer speziellen **„Führungsrolle"** oder eines **„Führungsanspruchs"** ist **nicht gegeben.** Entscheidungsprozesse werden durch eine **Gruppe gleichrangiger Mitarbeiter** gelöst, die auch zugleich die Arbeitsteilung und Verantwortung regelt. Je nach Bedarf oder für besondere Aufgaben – z. B. Repräsentation außerhalb der Gruppe – wird temporär ein Gruppensprecher benannt. Man spricht auch von „sich selbst steuernden Gruppen" (sog. hierarchiefreie Gruppen).

Auswirkungen auf die Mitarbeiter: Die Sicherheit und das Selbstwertgefühl werden gesteigert. Die Befreiung von externen – überwachenden – Kontrollen führt zu **mündigen Mitarbeitern,** die sich ihre Ziele selbst vorgeben und in der Regel auch den Ehrgeiz entwickeln, diese zu erreichen. Allerdings setzt dieses Verhalten voraus, daß **homogene Gruppen** existieren und die Mitarbeiter in gemeinsamer Loyalität rivalisierende Machtansprüche zurückstellen.

Auswirkungen auf die Organisation: Die funktionale Führung kann für spezielle Aufgaben, die außerhalb der Routine stehen (Projekte) angewandt werden. Sie ist ein **dynamisches Führungsprinzip,** das nicht generell, sondern funktionstypisch (task-orientiert) eingesetzt werden kann. Sie setzt ein hohes Maß an Selbstdisziplin bei den Gruppenmitgliedern voraus und erfordert einen hohen, gleichartigen Informationsstand. Werden derartige Gruppen gebildet, kommt es sehr oft zu „Isolationserscheinungen", d. h. die Gruppe sondert sich von der übrigen (formellen) Organisation ab mit allen Folgen für die Kommunikation und Ergebnisrelevanz.

Auswirkung auf die Leistungsergebnisse: Entscheidend ist das Ergebnis der Gruppe – die individuelle Einzelleistung tritt zugunsten der Gruppenleistung zurück. Da sehr viel **Eigensteuerung** und **Selbstorganisation** vorhanden ist, ergeben sich positive Produktivitätsergebnisse. Allerdings besteht die Gefahr, daß derartige Gruppen aufgrund persönlicher Einzelansprüche instabil werden und damit das Gruppenziel gefährden.

5.3 Führungsprofile

Führungsprofile haben das Ziel, das Verhalten eines Managers transparent, meßbar und beeinflußbar zu machen. Führungsprofile werden – nach Likert[21] – wie folgt entwickelt: Zwischen den Gegensätzen des autoritären und partizipativen (kooperativen) Führungsverhaltens sind grundsätzlich **vier Ausprägungen** (Systeme) möglich:

- Exploitive authoritative system
- Benevolent authoritative system
- Consultative system
- Participative group.

Auf diese vier Systeme der Ausprägung des Führungsverhaltens bezieht Likert eine Reihe von verschiedenen **Charakteristika**[22]:

1. Leadership processes used (eingesetzte Führungsprozesse)
2. Character of motivational forces (Charakter der Motivationskräfte)
3. Character of communication process (Art der Kommunikationsprozesse)
4. Character of interaction-influence process (Art der Beeinflussung durch Interaktion)
5. Character of decision-making process (Art des Entscheidungsprozesses)
6. Character of goal setting or ordering (Art der Zielsetzung oder Anweisung)
7. Character of control process (Art des Kontrollprozesses)
8. Performance goals and training (Ergebnis/Leistung der Ziele und der Schulung).

Diese Variablen werden noch weiter differenziert, so daß sich insgesamt 51 „**organizational variables**" ergeben. Sie repräsentieren – nach Likert – die Gesamtheit des Führungsverhaltens. Für die Charakterisierung des Führungsverhaltens in Form einer Profilkurve (Abb. 12) sind folgende Schritte erforderlich:
- **Definition einer Matrix:** Die Zeilen enthalten die Variablen des Führungs-

verhaltens, die Spalten kennzeichnen die vier Grundsysteme.

• **Bewertung:** Für jede Variable wird eine kennzeichnende ordinale Bewertung mit fünf Bewertungsgraden eingeführt, z. B. von „very little" (sehr schwach ausgeprägt), „quite a bit" (etwas ausgeprägt) bis zu „much with both individuals and group" (starke Ausprägung sowohl beim Einzelnen als auch in der Gruppe).

• **Justierung:** Entsprechend dem praktizierten System werden die bewerteten Variablen in die Matrix eingetragen, ihre Verbindung ergibt eine Kurve, das sogenannte **Führungsprofil.**

Werden Management-Schulungen und Trainings für die Verbesserung des Führungsverhaltens abgehalten, kann deren Effektivität daran abgelesen werden, wie sich die Profilkurve vor der Schulung im Verhältnis zur Profilkurve nach der Schulung verändert hat.

Charakteristik des Führungs- verhaltens "organizational variables"	System 1		System 2		System 3		System 4	
	Bewertung		Bewertung		Bewertung		Bewertung	
	1	5	1	5	1	5	1	5
1					x A o B			
2								
3								
4								
51								

Abb. 12 Profilkurven des Führungsverhaltens nach Likert (A = Profilkurve vor einer Schulung , B = Profilkurve nach einer Schulung)

Kritische Würdigung:

a) Positive Aspekte: Die Vielzahl der Variablen des Führungsverhaltens sowie die Möglichkeit des Erkennens von Veränderungen im Verhalten sind als positiv zu bewerten. Immerhin wird der Versuch einer **Quantifizierung von Eigenschaften** unternommen, von denen viele Manager annehmen, daß sie nicht meßbar und darstellbar seien. Darüber hinaus macht dieses Verfahren deutlich, daß in verschiedenen Management-Systemen gleiche Verhaltensvariablen – mit unterschiedlicher Gewichtung und Bewertung – auftreten können. Durch Zeitvergleiche gelingt es, **Verhaltensänderungen** eines Managers nachzuweisen.

b) **Negative Aspekte:** Die Problematik der eindeutigen Bewertung bleibt auch bei diesem Verfahren bestehen. Sie ist abhängig von den **subjektiven Reaktionen** der durch die Führung betroffenen Mitarbeiter bzw. vom Bewertungsgremium. Wird die Bewertung von einer Gruppe durchgeführt, sind allerdings Extrembewertungen durch Gruppenkonsens ausschließbar.

5.4 Das Verhaltensgitter als integrierende Methode

Blake und Mouton haben mit dem sog. „**managerial grid**" (Verhaltensgitter) versucht, die verschiedenen Anforderungen und Ausprägungen der Führungsstile **integriert** darzustellen und deren Abhängigkeiten aufzuzeigen. Das Verhaltensgitter zeigt nicht nur die polaren Gegensätze zwischen einer Produktionsorientierung (Erfolgsorientierung) und Mitarbeiterorientierung auf, sondern es weist auch nach, daß je nach Situation und Problemfall verschiedene Formen des Führungsverhaltens möglich sind („**management according to task**"). Der Manager soll durch die Analyse des Verhaltensgitters die eigene Führungsrolle, die er bewußt oder unbewußt einnimmt und praktiziert, erkennen. Dadurch erhofft man sich eine **Verhaltenskorrektur** oder Lernprozesse in dem Sinne, daß der Manager eine **optimale Strategie** seines gesamten Führungsverhaltens annimmt. Führung wird als ein dynamischer Prozeß interpretiert, der sich unter anderem in der **Anpassungsfähigkeit** des Managers an wechselnde Aufgabenstellungen beweist und der auch erlernbar ist.

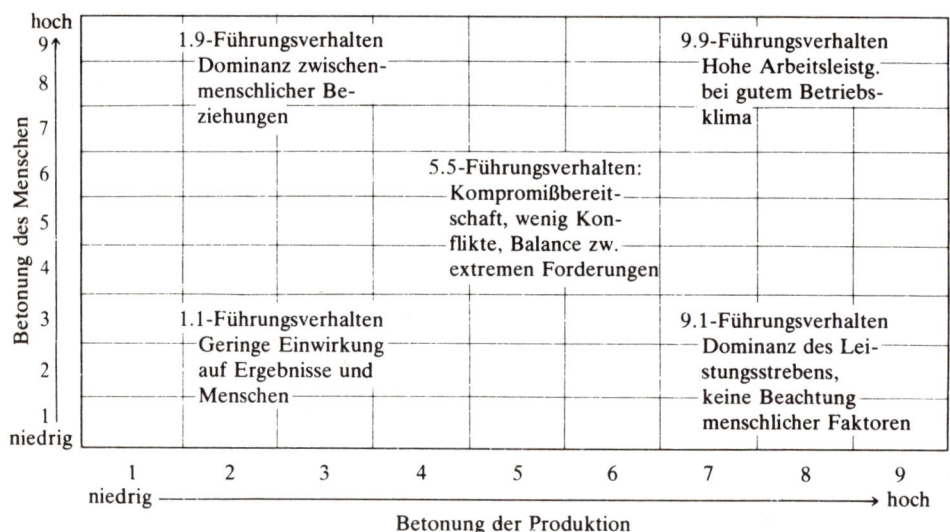

Abb.   13 Das Verhaltensgitter nach Blake und Mouton[23]

Das Verhaltensgitter besteht aus einem **Koordinatensystem**, bei dem die Ordinate die Mitarbeiterorientierung und die Abszisse die Produktions- oder Leistungsorientierung angibt. Die Skala reicht von 1 bis 9, wobei der Wert 9 die höchste Intensität zum Ausdruck bringt.

In diesem Koordinatensystem werden vier extreme Ausprägungen (Führungsverhalten 1.1, 1.9, 9.1 und 9.9) dargestellt, die durch die jeweils höchste Intensität des Verhaltens (Wert 9) oder niedrigste Intensität (Wert 1) gekennzeichnet sind. Sie sind wie folgt beschreibbar:

a) **1.1-Führungsverhalten:** Aus dem Koordinatensystem ist abzulesen, daß hierbei die geringste Einwirkung auf die Mitarbeiter und auf die Leistungsziele erfolgt. Das Verhalten des Managers entspricht einem „**Laissez-Faire-Stil**". Er begnügt sich mit der formalen Wahrnehmung seiner Führerrolle, zeigt aber kein Engagement im Einsatz für die Produktionsziele oder für die Förderung und Motivation der Mitarbeiter. Es liegt ein **passives Führungsverhalten** vor.

b) **1.9-Führungsverhalten:** Dieses Führungsverhalten ist dadurch gekennzeichnet, daß zwar eine intensive Beachtung der **zwischenmenschlichen Beziehung,** der Kommunikation und der Problemlösung erfolgt, jedoch gleichzeitig eine **Vernachlässigung der Leistungs- und Produktivitätsziele** gegeben ist. Bei diesem Führungsverhalten entsteht ein gutes Betriebsklima, eine „Sozialhygiene", das auf der Überzeugung aufbaut, daß „zufriedene Menschen", die in einer guten Atmosphäre arbeiten, ein hohes Maß von Eigenverantwortung und damit auch von Leistungsbereitschaft aufbringen.

c) **9.1-Führungsverhalten:** Bei diesem Führungsverhalten werden **menschliche Belange nicht berücksichtigt** („hard boiled salesman approach"). Das Streben nach Maximalleistung steht im Vordergrund der Zielsetzungen des Managers. Dieses Verhalten geht auf die Überzeugung zurück, daß die Individualbedürfnisse eines Menschen grundsätzlich im Widerspruch zu den Interessen des Unternehmens stehen und daher von diesem auch nicht berücksichtigt werden können (**Taylorismus**). „Business-orientiertes" Handeln ist die einzige Motivation für die Manager und für die Mitarbeiter, alle persönlichen Interessen haben hinter den Erfordernissen des nach Profitabilität strebenden Unternehmens zurückzutreten.

d) **9.9-Führungsverhalten:** Dieses Führungsverhalten gilt als das erstrebenswerte (lernbare) Ziel: Individualziele und Unternehmensziele stehen im **Einklang,** die erstrebte Arbeitsleistung wird im Rahmen eines guten **Betriebsklimas** von engagierten Mitarbeitern erbracht. Die **Motivation** der Mitarbeiter resultiert weitgehend aus der **Identität** ihrer persönlichen Ziele mit jenen ihrer Arbeitsaufgaben.

Innerhalb des Verhaltensgitters sind neben den skizzierten „Eckpositionen" auch Mischformen enthalten, z. B. das
e) **5.5-Führungsverhalten:** Diese Verhaltensweise enthält Komponenten aus

allen anderen Ausprägungen und ist durch eine starke Kompromißbereitschaft gekennzeichnet. Das „volle Maß" wird weder im persönlichen noch im leistungsorientierten Bereich erreicht, die Gefahr der **Mittelmäßigkeit** ist gegeben. Allerdings ist diese Verhaltensweise weitgehend frei von Konflikten, da die extremen Positionen nicht erreicht werden.

Zusammenfassend kann gesagt werden, daß mit dem Verhaltensgitter ein **analytisches Instrument** entwickelt wurde, das es dem Manager ermöglicht, sein Führungsverhalten und seine Grundeinstellung zum Problem der Führung zu erkennen. Die „Grid-Lehre" versucht, das Führungsverhalten der Manager in die Richtung des „9.9-Verhaltens" zu lenken. Nach Meinung der Autoren ist das „richtige Führungsverhalten" bis zu einem bestimmten Grad erlernbar bzw. ein etabliertes Verhalten ist durch die Analyse korrigierbar.

5.5 Führungsstile

5.5.1 Führungsstil nach dem „Harzburger Modell"

Das Harzburger Modell wurde von R. Höhn unter Mitarbeit von G. Böhme an der „Akademie für Führungskräfte der Wirtschaft" in Bad Harzburg entwickelt und gelehrt. So entstand der Markenname „Harzburger Modell". Man bezeichnete es auch als ein System der **Führung im Mitarbeiterverhältnis.** Seine wichtigsten Eigenschaften sind:

- Die autoritäre Führung (d. i. das Prinzip von Befehl und Gehorsam) wird durch die Führung im Mitarbeiterverhältnis abgelöst.
- Entscheidungen werden von Mitarbeitern auf jener Ebene getroffen, zu der sie ihrer Aufgabe und Zielsetzung nach gehören.
- Jeder Mitarbeiter hat einen fest zugewiesenen Aufgabenbereich mit bestimmten, fixierten Kompetenzen. Innerhalb des definierten Aufgabenbereichs handeln und entscheiden die Mitarbeiter selbständig.
- Ein Teil der Verantwortung der Leitungsgremien wird an die Mitarbeiter delegiert. Die Leitungsgremien werden nur bei Kompetenzüberschreitungen des Mitarbeiters aktiv.
- Das Unternehmen wird „von unten nach oben" aufgebaut, d. h. ein übergeordnete Instanz vollzieht jeweils nur jene Entscheidungen, die die untergeordnete Instanz nicht funktions- und sachgerecht vollziehen kann.

Für die Realisierung dieser Führungsprinzipien werden im Rahmen des Harzburger Modells folgende Mittel eingesetzt:
- **Stellenbeschreibung** und
- **Allgemeine Führungsanweisung.**

Inhalt der Stellenbeschreibung: Durch die Stellenbeschreibung wird jedem **Mitarbeiter** sein Platz und seine Aufgabe innerhalb der Organisation fest **zugeordnet.** Sie ist zugleich eine Abgrenzung gegenüber gleichgeordneten Mitarbeitern und über- oder untergeordneten Stelleninhabern. Die Stellenbeschreibung ist ein **Handlungsrahmen,** der die Befugnisse und Aufgaben des Mitarbeiters regelt. „Vorgesetzte wie Mitarbeiter finden vorgegebene Stellen vor. Ihre eigene Initiative sowie ihr selbständiges Denken und Handeln müssen sich in diesem festgelegten Rahmen entwickeln."[24] Sie bildet zugleich die Grundlage für die **Delegation.** Inhaltlich werden folgende Tatbestände geregelt:

- Stellenbezeichnung, wobei eine Unterscheidung in Linien-, Stabs- und Dienstleistungsfunktion vorgenommen wird.
- Titel oder Amtsbezeichnung des Stelleninhabers.
- Hierarchische Einordnung des Stelleninhabers: Über- und Unterstellungsverhältnis und damit die Festlegung der Berichts- und Weisungswege.
- Zielsetzung der Stelle (Aufgaben).
- Festlegung der Stellvertretung.
- Beschreibung der Teilaufgaben je Mitarbeiter innerhalb der Stelle.
- Kennzeichnung der Kompetenzen.

Die Rechte und Pflichten der Mitarbeiter werden dementsprechend katalogisiert, die Verpflichtung des Mitarbeiters zum selbständigen Handeln innerhalb der Stellenbeschreibung hervorgehoben (Recht auf Widerspruch bei konträren Dienstanweisungen).

Inhalt der Allgemeinen Führungsanweisung: Die Führungsanweisung regelt das Verhältnis zwischen **Vorgesetzten und Mitarbeitern** und definiert den **Umfang der Delegation.** Das Prinzip der Delegation spielt hierbei eine dominierende Rolle. Die Allgemeine Führungsanweisung beinhaltet:

- Darstellung der Führungsprinzipien nach dem Harzburger Modell.
- Beschreibung der Pflichten des Vorgesetzten und der Mitarbeiter.
- Verantwortungsbereiche bei der Führung im Mitarbeiterverhältnis.
- Kennzeichnung der Delegation von Verantwortung.
- Festlegung von Mitarbeitergespräch und Mitarbeiterbesprechung.
- Dienstgespräch und Dienstbesprechung.
- Funktion der Dienstaufsicht und Kontrolle.
- Kritik und Anerkennung.
- Grundsätze der Information.
- Anregungen für den Vorgesetzten.
- Richtlinien für die Wahrnehmung der Führungsaufgabe.
- Stab-Linienverhältnis und Abgrenzungen.
- Regeln und Hinweise für Teamarbeit.
- Stellvertretung.
- Dienst- und Beschwerdewege.
- Fach- und Disziplinarvorgesetzte.

Die Allgemeine Führungsanweisung wird zum dominierenden, einheitlichen **Führungsinstrument** durch die Unternehmensleitung und im Zuge einer **Dienstan-**

weisung eingeführt. Es wird damit eine Norm für das Führen im Mitarbeiterverhältnis geschaffen, die für alle Mitglieder der Organisation verbindlichen Charakter hat. „Mit der Allgemeinen Führungsanweisung ist bestimmt, wie sich jeder Vorgesetzte im Rahmen einer Führung im Mitarbeiterverhältnis gegenüber seinen Mitarbeitern und umgekehrt jeder Mitarbeiter gegenüber seinem Vorgesetzten zu verhalten hat."[25] Die Allgemeine Führungsanweisung zielt damit auf eine eindeutige, **normierte Verhaltensregulation** ab.

Kritische Würdigung:

a) **Positive Aspekte:** Durch die schriftliche Fixierung der Aufgaben und Kompetenzen der Mitarbeiter und Vorgesetzten wird ein hohes Maß an **Transparenz** in den Aufgaben und in den Führungsprozessen erzielt. Kompetenzüberschreitungen werden weitgehend ausgeschlossen. Die Mitarbeiter haben fixierte **Rechte und Pflichten** – jedem ist bekannt, wozu seine Arbeit dient (Ziele), in welcher Funktion er sich befindet und welche Leistungen von ihm erwartet werden. Ein – wenn auch bescheidener – Handlungsspielraum für eigenständiges Arbeiten wird zugebilligt **(Delegationsprinzip),** die Informations- und Dienstwege sind eindeutig definiert, Ränge und Ranghierarchien bekannt. Durch die Allgemeine Führungsanweisung sind Amtsanmaßung und autoritäres Führungsverhalten eingeschränkt.

b) **Negative Aspekte:** Gegen das Harzburger Modell sind eine ganze Reihe negativer Kritiken geäußert worden.[26] Als wesentliche Kritikpunkte seien aufgeführt:

• Starker Formalismus, der zu einer Bürokratisierung führt: **Bürokratie-Kritik.** [27] Das Harzburger Modell besteht beispielsweise aus insgesamt 315 Organisationsregeln.

• **Unechte Delegation:** Die Hervorhebung der Delegation von Verantwortung kann zur unechten Delegation führen, da dem Mitarbeiter keine explizite Verfügungsgewalt über die Einsatzfaktoren gegeben ist.

• **Autoritäre Grundhaltung:** Die Dogmatik der Stellenbeschreibung beschränkt die Kreativität der Mitarbeiter.

• Tendenz zur **Verwaltungsstarre:** Der Dynamik unternehmerischer und betrieblicher Aufgaben kann durch den starren Formalismus der Stellenhierarchie mit ihren fest zugewiesenen Aufgaben und Kompetenzen nicht entsprochen werden.

• Hoher **Verwaltungsaufwand:** Bei notwendigen Veränderungen der Organisation als Folge veränderter Markt- und Produktsituationen muß ein Großteil aller Beschreibungen und die entsprechenden Stellen neu definiert und beschrieben werden. Die Konzeption der Stellenbeschreibung und Führungsanweisung birgt die Gefahr der organisatorischen Zementierung in sich.

• **Verhaltensweisen**, persönliche Ziele, individuelle Neigungen, Qualifikation und Weiterbildung der Mitarbeiter und der Führungskräfte werden nicht ausreichend berücksichtigt.

• Die Ausprägung des Führungsverhaltens wird auf zwei **polare Verhaltensweisen** projiziert: Autoritäre Führung und Führung im Mitarbeiterverhältnis. Das

Verhaltensgitter und die Führungsrolle von Likert weisen jedoch darauf hin, daß es eine ganze Reihe von Verhaltensweisen in der Führung gibt, die je nach Situation und Problem wechseln können.

Zusammenfassend kann gesagt werden, daß mit dem Harzburger Modell zwar versucht wird, von der autoritären Führung wegzukommen, daß aber der eingeschlagene Weg der Bürokratisierung einer weitgehenden Modifikation bedarf, um als Führungsstil mit optimaler Leistung sowohl im persönlichen als auch im leistungsorientierten Bereich gelten zu können.

5.5.2 Das St. Gallener Führungsmodell

An der Hochschule von St. Gallen entstand Anfang der 70er Jahre unter der Leitung von Prof. Dr. H. Ulrich ein Management-Modell, das durch eine Reihe von Seminaren und Kursen sei 1973 angeboten und geschult wird. Es handelt sich um ein **systemorientiertes Management-Modell,** das mehrere Komponenten in sich vereinigt. Besonderer Wert wird auf die Erkenntnis gelegt, daß das Unternehmen ein „produktives sozio-technisches System" ist. Dementsprechend steht das Systemdenken in komplexen Zusammenhängen im Vordergrund des vermittelten Wissens.[28]

Das St. Gallener Management-Modell konzentriert sich auf vier Unternehmensbereiche:

- **Unternehmung:** Umwelt und Unternehmung, Märkte und Marktleistung, Funktionsbereiche, Gestaltungsebenen, repetitive und innovative Aufgaben.
- **Unternehmensführung:** Führungsstile, Führungsphasen, Führungsfunktionen.
- **Unternehmensorganisation:** Organisationsstrukturen, Organisationsanalyse, Verhaltensweisen von Vorgesetzten in komplexen Organisationen.
- **Führungsbereich** des Chefs: Entscheidungsmethoden und Grundlagen der Menschenführung.

Das Zusammenspiel dieser Unternehmensbereiche erfordert eine **Systemanalyse,** die folgende Stufen umfaßt:

1. Umweltanalyse und Systemanpassung.
2. Untersuchung der Zwecke, Ziele und Randbedingungen des Systems.
3. Analyse der systeminternen Beziehungen und Prozesse.
4. Analyse der Systemelemente.
5. Integrierte Betrachtung des Systemverhaltens.

Für das **Systemdenken** gelten im Rahmen des Modells folgende Hypothesen:

- Systemdenken bedeutet **mehrdimensionales** (ganzheitliches) Betrachten komplexer Phänomene.
- Systemdenken bedeutet **dynamisches** Analysieren der Prozesse. Zeit und Information spielen eine bedeutende Rolle.

- Aktions- und **problembezogenes Wissen** steht im Vordergrund. Das bedeutet, daß es nicht um den Aufbau und die Dominanz eines speziellen Fachbereich-Wissens geht, sondern um eine methodische Ausrichtung für die Lösung von Problemen.
- **Pragmatische Lösungen** wird der Vorzug gegeben (pragmatisches Handeln trotz unvollkommener Information wird akzeptiert).
- **Analytisches** und **synthetisches** Denken wird von den Entscheidern verlangt: Keine isolierte Betrachtung von Aktionen und Problemen, sondern stets Bezugnahme auf das Gesamtsystem.

Kritische Würdigung:

a) **Positive Aspekte:** Die Darstellung und methodische Durchdringung der komplexen Zusammenhänge innerhalb des Führungs- und Organisationssystems eines Unternehmens ist für die Schulung des Denkens und für die Befreiung von fixierten, singulären Erfahrungen und Informationsständen außerordentlich nützlich. Ebenso ist hervorzuheben, daß durch die vermittelten Kurse Ansätze zu einer **ganzheitlichen Betrachtung** des Unternehmens und seiner Innen- und Außenkontakte gegeben werden. Die **Systemanalyse** als Voraussetzung zur **Erkenntnisgewinnung** hat hierbei eine besondere Bedeutung: Nicht der blinde Symptom-Aktionismus, sondern die analytische und synthetische Betrachtung eines Problems steht im Vordergrund. Es handelt sich um ein Modell mit einem hohen didaktischen Wert.

b) **Negative Aspekte:** Eine unmittelbare Umsetzung in die Praxis scheint nicht möglich (und wahrscheinlich auch nicht beabsichtigt). Die Schaffung von kognitiven Fähigkeiten der Problemlösung und des Systemdenkens scheint ausreichend zu sein, um pragmatisches Handeln im Sinne einer systemorientierten Unternehmensführung zu bewirken. Es besteht die Gefahr, daß die Anwendung in der Praxis an den intellektuellen Fähigkeiten des heutigen Managements scheitert. Individualpsychologische und verhaltensorientierte Betrachtungen sind unterrepräsentiert.

5.5.3 Situative Führungskonzeptionen

Die Diskussion um neue Führungskonzeptionen hat bereits eine gewisse historische Entwicklung. Ende der 50er Jahre entwickelte D. McGregor (Lit. 29) die „**Theorie X**", die sich primär mit **Hypothesen über das menschliche Verhalten** in komplexen Organisationen befaßte. McGregors Grundthese formuliert zunächst, daß der Durchschnittsmensch eine generelle Abneigung gegen Arbeit habe und daher versucht, sie zu vermeiden, wann und wo immer es möglich ist. Daher muß er getrieben oder gar mit Sanktionen bzw. in Aussicht gestellte Belohnungen „zur Arbeit gezwungen" werden. Diesem Menschenbild stellte McGregor die „**Theorie Y**" entgegen: Arbeitsscheue sei dem Menschen **nicht** angeboren und die Flucht vor Verantwortung und Mangel an Ehrgeiz seien das Resultat schlechter

Erfahrungen. Analog zu McGregor kam auch Chris Argyris (Lit. 30) zu dem Ergebnis, daß passives Verhalten die Folge bürokratischer Dressate seien und er stellte der Theorie Y eine **humanistisch-demokratische Unternehmensorganisation** - „Muster B" genannt – gegenüber. Likert (Lit. 31) versuchte, diesen Ansätzen konkreten Praxisbezug zu geben und schlug als geeignete Organisationsform sich **überlappende Gruppen** vor: Jedes ranghohe Mitglied einer Gruppe fungiert zugleich als rangniedriges Mitglied einer hierarchisch höheren Gruppe. Damit würde der Informations-, Kommunikations- und Entscheidungsprozeß transparenter und von einer größeren Mehrheit getragen (Demokratisierung).

Neben der Entwicklung derartiger organisationaler Strukturen entwickelte sich fast parallel eine Theorie **situativer Führungslehre.** Ihre Grundprinzipien sind eine **Entbürokratisierung,** der **Team-Gedanke** (Manager und Mitarbeiter agieren als geschlossene Gruppe) und die starke Bezugnahme auf personale, **kreative Situationsleistungen** („effectiveness"), (Lit. 32). Bekannt geworden ist die situative Führungslehre von W. Reddin (Lit. 33), der ein dreidimensionales Führungsverhalten mit den Dimensionen „Beziehungsorientierung", „Aufgabenorientierung" und „Effektivität" postulierte.

Noch stärkeren Praxisbezug suchte V. H. Vroom (Lit. 34), der Modelle entwickelte, die dem Manager rezeptual vorschrieben, wie er sich in einzelnen Situationen zu verhalten habe.

Den situativen Aspekt betont auch H. Dreyer (Lit. 35), aber er fügt den drei Dimensionen Person, Aufgabe, Situation noch eine vierte Dimension – den **Zukunftsbezug** – zu. Zukunftsorientierte Unternehmensführung bedeutet für ihn Gestaltung der Zukunft. Das bedeutet: Die Optimierung (oder gar Maximierung) einer jetzigen Situation muß nicht zwangsläufig auch ein Optimum für die Zukunft bedeuten, oder: zugunsten zukünftiger Optima muß u. U. ein gegenwärtiges Minimum (im Sinne eines Suboptimums) entschieden werden. Damit wird der Zusammenhang zwischen **Führungslehre** und **gesamtgesellschaftlicher Verantwortung** hergestellt: Die „New-Age-Bewegung" (Lit. 36) fordert intensiv, daß ökologische Überlegungen, Friedenssicherung (z. B. durch Unterlassung von Waffenexporten), Schutzmaßnahmen (z. B. Immissionsschutz) und Lebenssicherung (z. B. Entgiftung von Lebensmitteln) in den Entscheidungen der Unternehmensführer berücksichtigt werden, und zwar nicht als ein „notwendiges Übel" zur Einhaltung gesetzlicher Minimalvorschriften, sondern als **bewußte** und durch die Organisation **realisierte Zielgröße.** Der Wandel soll sich von der introvertierten (und organisations-egoistischen) Einstellung zur extrovertierten **Gesamtverantwortung** vollziehen. Die Erkenntnisse der Theorie Y und der Gruppenorganisation lassen den Schluß zu, daß über die interne Reform der bürokratischen Machtverhältnisse eine Hinwendung zur **Akzeptanz gesamtgesellschaftlicher Aufgaben** möglich ist – vorausgesetzt, daß das Verhalten geändert werden kann und eine richtige Einschätzung gegebener Situationen im Hinblick auf zukünftige Auswirkungen vollzogen wird.

Kritische Würdigung:

a) **Positive Aspekte:** Die Entwicklung gruppenorientierter Organisationsformen kann bezüglich ihrer Effizienz auf zwei Ebenen beurteilt werden:

• **Rationalökonomische Wertmaßstäbe:** Die Ergebnisse der praktizierten Beispiele zeigen günstigere Relationen für die Kosten, Fehlzeiten der Mitarbeiter und der Qualität auf. Ebenso positiv zu beurteilen ist die Reduzierung des Kommunikationsaufwandes (Reduzierung der Berichtswege) und die hohe Mobilität des Personals. Durch die Schulungs- und Trainingsprogramme erhalten die Mitarbeiter ein höheres Know-how, auch über gesamtbetriebliche Aufgabenstellungen.

• **Humane und verhaltensorientierte Beurteilung:** Der hohe Grad an Selbstverwaltung führt zu einer analog hohen Bereitschaft zur Übernahme von Verantwortung. Formen des Mißmanagements und willkürliche Einzelentscheidungen sind weitgehend eliminiert. Dadurch ändert sich auch die Einstellung zur Arbeit (vergleiche „Theorie Y"), eine generelle **Akzeptanz** betrieblicher Notwendigkeiten (z. B. temporäre Überzeit) wird erreicht. Die Polarisierung zwischen Unternehmensführung und Belegschaft verliert an Bedeutung, womit ein generell „beruhigtes" Betriebsklima geschaffen wird.

Die Erweiterung des Entscheidungs- und Verhaltensrahmens durch die Miteinbeziehung zukünftiger, gesamtgesellschaftlicher Entwicklungen ist eo ipso als positiv zu bewerten, sofern es gelingt, durch entsprechende Planungen und Entscheidungen das Wirtschaftssystem als Ganzes zu sichern.

b) **Negative Aspekte:** Auch hier ist eine Zweiteilung der Beurteilung möglich:

• **Rationalökonomische Wertmaßstäbe:** Die Umgestaltung der Fertigungsprozesse und die geänderten räumlichen Anforderungen bedingen hohe Anfangsinvestitionen. Die Einführung von Koordinationsteams kann zu Verzögerungen im innerbetrieblichen Informationsfluß führen. Problematisch ist die Vertretung nach außen, insbesondere wenn es um Repräsentationsaufgaben des Unternehmens (Verbände, Tagungen, Konferenzen) geht.

• **Humane und verhaltensorientierte Beurteilung:** Die den Gruppen innewohnende Dynamik kann zur Ausbildung neuer dominanter Führungspersönlichkeiten (Gruppenleiter, Gruppenvertreter nach außen) führen, womit die ursprüngliche Zielsetzung der Homogenität der Gruppe unterlaufen würde. Ebenso kann es zu Absicherungen und Isolierungsbestrebungen (Solidarisierungseffekt) einzelner Gruppen kommen, wodurch die Gesamtorganisation in ihrer Effizienz gestört wäre.

Bezüglich der Erweiterungen des Entscheidungsverhaltens („vierte Dimension") sind als kritische Punkte zu beachten:

• Ein System ökologischer und gesamtgesellschaftlicher Unternehmensstrategien setzt die Kooperation vieler Einzelunternehmen (in der Regel der Branche) voraus. Ein Einzelunternehmen unterläge nach den heutigen marktwirtschaftlichen Regeln einem gefährlichen Verdrängungswettbewerb.

• Die Realisierung der New-Age-Grundideen setzt auch voraus, daß die Gesellschaft insgesamt – also auch der Konsument – als Teil seiner Gesamtverantwortung zu Konsumverzichten bereit ist (z. B. Verzicht auf umweltschädliche Produkte).

Inzwischen sind branchenorientierte Umweltmaßnahmen Gegenstand politischer Programme geworden. In der Regierungserklärung der Rot-Grünen Koalition von 1998 wurde beispielsweise festgelegt, daß ein kurzfristiger „Ausstieg aus der Atomenergie" realisiert werden soll. Die sich bezüglich der Verwirklichung dieser Zielsetzung anschließenden Kontroversen zwischen Industrie und Regierung verdeutlichen, wie kompliziert ein gesellschaftlicher Konsens in diesen Handlungsfeldern gelagert ist. Sie demonstriert aber auch zugleich, wie begrenzt die Entscheidungsalternativen einer Volkswirtschaft im Rahmen internationaler Verträge und Vereinbarungen sind.

Zusammenfassung

Aus der Darstellung der Determinanten des Führungsverhaltens und der Ausprägung der Führungsstile wird ersichtlich, daß das jeweils praktizierte Führungsverhalten wesentlich vom Selbstverständnis und den zugewiesenen bzw. angemaßten Rollen der Manager innerhalb der Organisation beeinflußt wird. Hinzu tritt ein weiteres Kriterium: Die eigene individuelle Motivstruktur des Managers. Für deren Analyse wäre es erforderlich, eine **Typologie des Managements** zu entwerfen, um ausgehend von den persönlichen Strebungen und Motivationen der Führungskräfte deren Führungsqualitäten und Effizienz zu analysieren. Eine Führungskraft, deren primäre Zielsetzung in der Karriere besteht (d. h. im Streben nach größtmöglicher Macht), wird eine andere Verhaltensweise und damit einen anderen Führungsstil praktizieren, als eine Führungskraft, die in patriarchalischer Selbstgefälligkeit auf die Absicherung einer vereinnahmten Position aus ist. Spannungen und Konflikte zwischen Mitarbeitern und Führungskräften sowie Rivalitätskämpfe zwischen den Managern treten immer dann auf, wenn egozentrische Manager Personalführungsaufgaben vernachlässigen und die Leistungen untergeordneter Personen und Instanzen benutzen, um den eigenen Status aufzuwerten. Bei allen Diskussionen um eine „optimale Führung" darf daher die Person des Führenden und seine **individuelle Motivstruktur** (die letztlich seinen Charakter prägt) nicht außer acht gelassen werden. die Berücksichtigung der individualpsychologischen Faktoren wird von Morris und Seeman hervorgehoben.[38] Sie unterscheiden folgende Faktoren für die **Ausprägung des Führungsstils:**
- Group factors
- Individual factors
- Leadership behavior
- Definition of leader (formale Positionierung).

Als Rückwirkung auf das Führungsverhalten nennen die Autoren:
- **Gruppenleistung** (group efficiency, morale, integration. goal achievement

und survival).

• **Persönliche, individuelle Leistungen** der Mitarbeiter (personal success, votes for leader, merit ratings, job satisfaction, changes initiated).

Faßt man alle Faktoren des Führungsverhaltens zusammen, dann ergibt sich das in Abb. 14 dargestellte Schema. Es verdeutlicht, daß eine einseitige Überbetonung bestimmter Techniken und Methoden nicht gerechtfertigt ist, da dies jeweils nur Instrumente sind, die für die Realisierung eines bestimmten Führungsverhaltens eingesetzt werden.

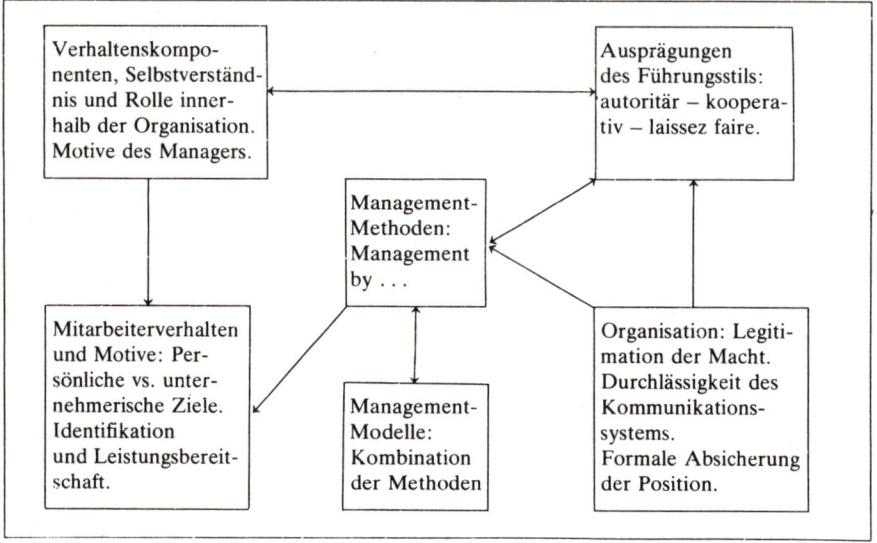

Abb. 14 Einflußfaktoren auf das Führungsverhalten

5.6 Management und Hierarchie

5.6.1 Kritik am Hierarchie-Modell

Die zunehmende **Liberalisierung** in vielen Lebensbereichen unserer Gesellschaft hat dazu geführt, daß die praktizierten Führungsstile in Frage gestellt werden. Unter dem Begriff „New Age" werden ebenso Utopien einer veränderten Unternehmensführung als auch Systemkritiken genannt, die sich auf radikale Änderungen der marktwirtschaftlichen Wettbewerbswirtschaft beziehen.

Die **Kritik** an den Management-Modellen und an den praktizierten Führungsstilen bezieht sich auf eine ganze Reihe von Ausprägungen, die mehr oder minder deutlich artikuliert werden. Grundsätzlich lassen sich folgende Kritikbereiche unterscheiden:

- **„Historischer Kritizismus":** Seit Sanherib (704 – 681 v. Chr.), Cäsar (100 - 44 v. Chr.), Konstantin d. Gr. (280 – 337) über Napoleon bis zu den Diktatoren der heutigen Zeit hat sich an der Methodik der Machtorganisation nichts Grundsätzliches geändert: Strenge **Befehlshierarchien** mit überhöhten Ansprüchen eines wie immer gearteten „Gemeinwohls" nahmen kaum Rücksicht auf individuelle Defizite in der Lebensgestaltung des einzelnen. Dieses Führungsprinzip dient zwar der relativen Stabilisierung einer Gemeinschaft oder Gesellschaft, zwingt jedoch das Individuum in Verzichtpositonen. Der politische Führungsstil wurde als Unternehmensstil kopiert und heutige Hierarchien sind in ihrer Befehlsstruktur trotz „sozialer Zugeständnisse" im Grunde antiquiert: Ein kultureller Fortschritt sei bei der Führung einer sozialen Einheit nicht erkennbar.
- **Personale Ausprägung:** Erfolg und Mißerfolg sind zu stark abhängig von den Entscheidungen einer relativ kleinen Gruppe von Managern. Sie partizipieren über das Einkommen zu einem Großteil am Erfolg, während sie der Mißerfolg kaum berührt, da die gesetzlichen Regelungen (z. B. der Aktiengesellschaft) nur eine bescheidene Haftungsmöglichkeit bieten. Demgegenüber kann aber der Verlust des Arbeitsplatzes trotz sog. Sozialpläne existenzbedrohend für eine Vielzahl Abhängiger werden. Die **personale Ausprägung** führt darüber hinaus auch dazu, daß die individuelle Persönlichkeitsstruktur eines Top-Managers zwangsläufig auf die Angestellten und Arbeiter wirkt und damit Stil und Klima eines Unternehmens bestimmen.
- **Machtmißbrauch:** Die Legitimation des Top Managers resultiert vorwiegend aus **materiellen Besitzansprüchen.** Er hat damit durch die Verfügungsgewalt eine größere Dispositionsgewalt, die oftmals durch Beeinflussung des gesellschaftlichen Umfeldes zur Erreichung persönlicher Vorteile mißbraucht wird (z. B. durch Spenden an politische Vereinigungen).
- **Kommunikation und Information:** Die Mitarbeiter eines Unternehmens sind über die Ziele, die Zweckmäßigkeit, die optimale Nutzung der Ressourcen und über die Geschäftspolitik nur mangelhaft informiert. Dies kann zu Ineffizienz durch Desorientierung und Bürokratisierung führen.
- **Würde und Selbstbestimmung:** Die Entfaltungsmöglichkeiten individueller Fähigkeiten werden durch die bestehenden Machtstrukturen nicht gleichmäßig und entsprechend dem Wollen und Können der Mitarbeiter gefördert. Die bestehenden Systeme neigen eher dazu, daß nur bestimmte Charaktere mit relativ starker Robustheit sich durchzusetzen vermögen.

Die genannten Kritikbereiche sind bezüglich der Machthierarchien allerdings wie folgt zu modifizieren: Im Grunde geht es weniger um die Formen des Machtmißbrauchs als vielmehr um eine Systemkritik, deren Gegenstand die Form der Institutionalisierung von Macht und Befehlsstrukturen ist. Das **formale System** ist der **Aufbau** von **Hierarchien,** deren Zweckmäßigkeit unter

- rational-ökonomischen,

- sozialen und gesellschaftlich-humanen
Gesichtspunkten kritisch zu bewerten ist.

„Die Hierarchie ist also mit einer ganzen Reihe von Mängeln behaftet, mit Barrieren in der horizontalen und vertikalen Kommunikation, die teils durch die Struktur selbst vorgegeben sind, teils als Folge psychologischer Wechselwirkungen entstehen. Diese Mängel sind systembedingt. Sie lassen sich nicht dadurch beheben, daß das System perfektioniert wird."[39]

In der historischen Entwicklung sind grundsätzlich **drei Formen hierarchischer Institutionalisierung** zu unterscheiden: Ausgehend von patriarchalischen, **personalzentrierten** Organisationseinheiten wurden durch die zunehmende Technisierung und Arbeitsteilung (auch mentaler Prozesse) **bürokratische Systeme** mit spezifischen Verhaltensregeln und Normen („Spielregeln") entwickelt, die sich als ein Konglomerat aus Linien- und Stabsorganisation präsentieren. In einer weiteren Phase entwickeln sich **demokratische Hierarchien,** bei denen Rechte und Pflichten der Partner auf dem Hintergrund gesetzlicher Regelungen (Arbeitsrecht, Betriebsverfassung, Mitbestimmung) organisationsspezifisch ausgehandelt werden (z. B. die Entlohnung oder die Regelung von Überstunden).

5.6.2 Ansätze zur Gestaltung reduzierter Hierarchien

1. Methodische Grundlage
Um das **Risiko** individueller Einzelentscheidungen zu vermindern und um die Komplexität schwieriger Entscheidungsprozesse zu reduzieren, wird eine **multipersonale Entscheidungsverantwortung** definiert: Die Entscheidung wird an eine Gruppe sachkundiger Mitarbeiter delegiert, wobei implizit davon ausgegangen wird, daß sich extreme Beurteilungen ausgleichen und durch den **Gruppenkonsens** eine breite Basis für die Übernahme der Entscheidungsverantwortung gewährleistet ist.
Gruppenentscheidungen haben darüber hinaus zusätzliche Vorteile:

- Die Dauer des Entscheidungsprozesses wird verkürzt.
- Ein höheres Kreativitätspotential wird aktiviert.
- Die Motivation für die Realisierung der Entscheidung ist gesteigert (höheres Aktionspotential).
- Die Entscheidungsgrundlagen (Zielsystem, Hypothesen, Handlungsmaximen) sind für mehrere Mitglieder der Organisation transparent.
- Die Übernahme des Risikos wird verteilt und Fehlentscheidungen werden leichter akzeptiert.

Die Erkenntnisse der **Gruppendynamik** und deren Vorteile für komplexe Organisation führten – auch in tradierten Organisationsstrukturen – sehr frühzeitig (etwa Mitte der 60er Jahre) zur Übernahme derartiger Entscheidungsprozesse; allerdings nur für singuläre Situationen: Die Matrix – oder Projektorganisation wurde etabliert, wobei hier eine eindeutige Konzentration auf spezifische Aufgaben – Projekte oder Produkte (Produktmanagement) – erfolgte. Damit tritt in das hierarchische Gefüge einer Organisation zunächst ein Störfaktor ein: Die **Querverbindungen** einer Matrixorganisation „überlagern" die funktional-hierarchische Gliederung und schaffen damit zusätzliche Kommunikations- und Koordinationsaufgaben. Für deren Organisation und Kontrolle werden zusätzliche Instanzen etabliert: Decision Groups, Komitees oder sog. „Steering Centers", die fallweise die Kompetenz des Projekt- oder Produktmanagers überlagern. Damit aber ist das ursprüngliche Hierarchie-Prinzip in modifizierter Form wieder gewahrt: Der Projekt- oder Teamleiter berichtet an ein hierarchisch mächtigeres Gremium und wird von dessen Entscheidungen (z. B. bezüglich der Verfügbarkeit über betriebliche Ressourcen) abhängig. De facto erfolgt eine **Demokratisierung** nur als **temporäre Erscheinung** und mit dem zielorientierten Abschluß der Aufgabe wird die Rückführung der Teammitglieder in die ursprüngliche Organisation eingeleitet (Re-entry). Immerhin beweisen derartige Teamorganisationen, daß das strenge und einseitige Prinzip der Hierarchiebildung nicht geeignet ist. alle Aufgaben eines Unternehmens zu lösen: Wissenstransfer, Risikostreuung, Akzeptanz und Motivation sind eindeutige Kriterien, die – methodisch betrachtet – eine Auflokkerung hierarchischen Strukturen erzwingen.

2. Voraussetzungen autonomen Gruppenmanagements

Die autonome Gruppenführung kann nicht im Sinne eines autoritären Entscheidungsaktes „von oben nach unten" eingeführt werden. Vielmehr sind eine ganze Reihe von vorgelagerten Teilaufgaben zu lösen, um eine einheitliche bzw. mehrheitliche Akzeptanz zu erreichen. Folgende grundsätzliche Vorarbeiten sind zu leisten:

*   **Homogenität:** Effektive Gruppenarbeit setzt voraus, daß zumindest in Teilbereichen der zu lösenden Probleme ein gewisses Maß an Übereinstimmung vorliegen muß (Minimalkonsens), um zu verhindern, daß die Gruppe ihre **innere Stabilität** verliert. Das schließt nicht aus, daß konfliktäre Situationen entstehen, die durch die Gruppe bewältigt werden müssen. Gerade darin zeigt sich die **kreative Überlegenheit** der Gruppenarbeit gegenüber der Individualentscheidung. Die Homogenität kann auf verschiedene Weise herbeigeführt werden: Ausrichtung der Gruppenteilnehmer auf einheitliche Ziele, z. B. Gewinnbeteiligung, Qualitätsstandards, Sicherung eines hohen Freiheitsraumes in der Gestaltung.
*   **Loyalität:** Die Gruppen müssen ein hohes Maß an Loyalität gegenüber gesamtbetrieblichen Interessen aufweisen. Dies gilt sowohl im Innen- als auch im Außenverhältnis des Unternehmens. Besonders sensitiv ist das Verhältnis zu den Kapitaleignern (Inhaber, Aktionäre). Für diese Regelung sind spezielle Betriebsvereinbarungen und arbeitsrechtliche Grundlagen zu definieren.
*   **Ausbildung und Schulung:** Durch die Entspezialisierung tritt für jeden Mitarbeiter ein z. T. völlig neues Spektrum an zusätzlichen Aufgaben auf: Neben den erlernten Fähigkeiten müssen auch die Grundlagen der betriebswirtschaftlichen Verwaltung und Steuerung der Ressourcen bekannt sein, ebenso die Grundzüge

der logistischen Zusammenhänge. Daraus resultieren umfangreiche Initialschulungen und permanente Weiterbildungsaktivitäten.

• **Gruppenstabilität:** Jede Gruppe kann durch von außen in sie getragene Konflikte in ihrer Stabilität gefährdet werden. Um zu verhindern, daß egoistische Gruppeninteressen miteinander konkurrieren, sind daher **demokratische Organe** (Ausschüsse, „Betriebsparlament") zu schaffen, die gesamtwirtschaftliche Fragen lösen und Gruppenkonflikte regeln. Insofern ist eine **gesamtorganisatorische Anwendung** des Prinzips der autonomen Gruppe erforderlich.

3. Organisatorische Regelungen

Die Realisierung hierarchiearmer Strukturen erfordert spezielle organisatorische Regelungen. Dabei herrscht der Grundsatz vor, daß nach wie vor bestimmte Hierarchien – sog. **Gruppenhierarchien** – bestehen, die sich jedoch demokratischer Spielregeln bedienen, um gemeinsame Ziele zu vereinbaren und um den **Interessenausgleich** zwischen den Gruppen herbeizuführen. Als wesentliche organisatorische Regeln gelten:

• **Formalisierung der Ziel- und Willensbildung:** Für die Erarbeitung der Unternehmensziele ist ein zweiseitiger Prozeß erforderlich: Die Gruppe, die für gesamtbetriebliche Entwicklungen die Verantwortung trägt, formuliert das Zielbündel bzw. definiert die Rahmenbedingungen des strategischen Plans. Dieses vorläufige Rahmenkonzept wird dem gewählten Gremium (Ausschuß) der Betriebsangehörigen zur Diskussion vorgelegt. Da es sich dabei in der Regel um unterschiedliche Zielvorstellungen handelt, muß ein **Konsens** herbeigeführt werden: Entweder durch Kompromißbildung oder durch Überzeugung für bzw. gegen eine Alternative. Der organisatorische Rahmen für diesen Willensprozeß darf allerdings nicht in die Polarisierung zweier Gruppen münden. Ist ein Kompromiß oder Minimalkonsens nicht erreichbar, ist ein eigens für die **Konfliktschlichtung** zuständiger Ausschuß zu benennen, dessen Entscheidung akzeptiert wird. Das procedere erinnert in gewisser Weise an **Schlichtungsverhandlungen** bei Tarifauseinandersetzungen, unterscheidet sich jedoch in einem wesentlichen Punkt von diesen: Die Gremien haben – auch bei divergierenden Meinungen – einheitliche Zielvorstellungen (z. B. Sicherung des Unternehmens, Stabilität der Beschäftigung, Erzielung eines Gewinns etc.). Die Auseinandersetzung konzentriert sich weniger auf das Generalziel als vielmehr auf die besten Strategien zur Erreichung des Zieles. Die Organisation erweist sich in ihrem Aufbau als ein System von Entscheidungskomitees und Fachausschüssen mit wechselnder Besetzung.

• **Koordination und Kommunikation:** Die Koordination erweist sich in Gruppenorganisationen als problematisch: Sie hat prinzipiell die Daueraufgabe, Isolationsbestrebungen („Betrieb im Betrieb") entgegenzuwirken. Die Vielfalt der Koordinationsaufgaben (siehe Kap. 4.5) wird – analog dem Hierarchiesystem – zur Bildung von **Koordinations-Teams** führen, die in engem Kontakt mit den Gruppen stehen. Dabei gilt der Grundsatz, daß innerhalb der Gruppe ein großer Freiraum der Gestaltung gegeben ist, daß aber die Beziehungen zwischen den Gruppen zeitlich, sachlich und personell „geregelt", d. h. formalisiert werden müssen. Diese **Formalisierung des Informationsaustausches** zwischen den

Gruppen ist eine Aufgabe der Koordinationsteams. Eine ähnliche problematische Situation ergibt sich im Bereich der Kommunikation, insbesondere im Außenverhältnis des Unternehmens. Als Außenbeziehungen gelten die Kontakte zu Lieferanten, Kunden, Banken, Verbänden und öffentlichen Institutionen. Auch hier sind – analog der Koordination – bestimmte Repräsentanten zu wählen, die die Interessen des Unternehmens nach außen wahrnehmen. Deren Rückinformationen sind für die Gruppen wiederum Auslöser für Teil- und Gesamtentscheidungen.

• **Vermögens- und Gewinnbeteiligung:** Zahlreiche Modelle zur Verbesserung der Arbeitsorganisation stellen die Gewinnbeteiligung in den Vordergrund. Damit ergibt sich die Notwendigkeit eines Bewertungs- und Erfolgsmaßstabes, um unterschiedliche Leistungen zu honorieren, sofern man von pauschalen Zuweisungen absieht. Derartige Gewinnbeteiligungen sind jedoch nur eine erste Stufe: Eine „De-facto-Partizipation" kommt erst dann zustande, wenn die Arbeitnehmer (resp. das von ihnen gewählte Gremium) auch die Entscheidungsbefugnis bzw. Mitsprache über die **Gewinnverwendung** besitzen. Damit wird über Investitionen, Rücklagen, Selbstbeteiligung, Risikosicherung und Gewinnausschüttung entschieden, d. h. die Interessen des Gesamtunternehmens werden ebenso berücksichtigt wie jene der Mitarbeiter und Eigner.

5.7 Miß-Management

Unter Miß-Management verstehen wir die **Vernachlässigung** oder die **bewußte Fehlsteuerung** von Personal- und/oder Sachaufgaben mit der Absicht, **persönliche Vorteile** durch die Organisation und ihre Mitglieder zu erzielen. Miß-Management ist die Vernachlässigung von Führungsaufgaben im personellen Bereich und die **Verletzung des Prinzips der Wirtschaftlichkeit** als Folge nicht sachgerechter Entscheidungen. Das Miß-Management hat seine Ursachen in **mangelhafter Reife** und in **unterentwickelter Persönlichkeit** des Führenden bzw. in einer **Fehlorientierung des Charakters.** Dadurch kommt es zur Verfolgung einseitiger Interessen anstelle ausgewogener Gesamtentscheidungen sowie zu einer dramatischen Vernachlässigung der Verantwortung gegenüber Mitarbeitern und Einsatzfaktoren des Unternehmens. Der „Miß-Manager" ist als Vorgesetzter nicht geeignet, aber er entwickelt in der Regel eine „politische Intelligenz", die es ihm ermöglicht, Positionen zu erringen und zu festigen und sich gegenüber anderen Bewerbern und Rivalen durchzusetzen. Er wirkt **konflikterzeugend** und schafft sich seine Legitimation durch die formale Stellung in der Organisation und durch eine „Anhängerschaft" (Lobby), die ihm folgt, weil sie sich von seinem Durchsetzungsvermögen die Erfüllung persönlicher (egoistischer) Ziele erhofft. Es entstehen so **Cliquen** und **Koalitionen** innerhalb der Organisation, die sich zu Machtblöcken ausweiten mit der Folge, daß in die Personal- und Sachentscheidungen stets Gruppen- und Hierarchie-Interessen eingebettet sind. Das Vorhandensein derartiger Machtblöcke erschwert die Durchlässigkeit der Organisation, und zwar in zweierlei Hinsicht:

a) **Informationsblockaden** und **–manipulation**

b) **Blockierung** fähiger **Manager,** die als „gefährliche" Rivalen von den etablierten Koalitionen nicht gefördert werden (und daher in der Regel das Unternehmen verlassen).

Das Miß-Management hat viele Indikatoren, so daß es relativ leicht ist, Miß-Management zu erkennen. Zwei Erscheinungsformen des Miß-Managers treten – wenn auch mit graduellen Unterschieden – sehr häufig auf: das cäsaristische und das infantile Verhalten von Führungskräften.

a) **Cäsarismus:** Mit Cäsarismus umschreiben wir ein **machtbesessenes Verhalten,** das heißt die Dominanz des Macht- und Herrschaftsmotivs eines Menschen. In der Motivstruktur des Cäsaristen spielt das Streben nach Macht eine so bedeutende Rolle, daß alle anderen Motive und Strebungen zurückgedrängt werden und sich nicht entfalten können.

In der betrieblichen Praxis spricht man auch von „Karrieristen", d. h. von Menschen, deren Handlungen und Entscheidungen primär darauf ausgerichtet sind, ihre persönlichen Machtbefugnisse dadurch auszuweiten, daß sie in der Machtpyramide „höher klettern". So entstand auch der Ausdruck des „Pyramidenkletterers". Die Pyramidenkletterer zeigen eine Vielfalt von Symptomen für ihr gestörtes Machtstreben[40]:

* **Egoismus,** Rechthaberei und Intoleranz gegenüber unterstellten Mitarbeitern, autoritäres Führungsgehabe und ein ausgeprägtes Mißtrauen.
* **Risikoscheue:** Sie sind unfähig und unwillig, Entscheidungen zu treffen, die mit Risiken verbunden sind: Eine Fehlentscheidung könnte ja den persönlichen Erfolg in Frage stellen. Sie konzentrieren sich daher intensiv auf die strukturierten Entscheidungen innerhalb der Organisation, d. h. es kommt bei ihnen zu einer starken Überbetonung technokratischer Bürokratismen, die auch der bei ihnen üblicherweise vorhandenen mittelmäßigen Intelligenz entsprechen. Ihre mangelnde Sachkompetenz überdecken sie mit der strengen Beachtung von Formalitäten, z. B. der Einhaltung von Terminen, der eine höhere Wertschätzung entgegengebracht wird als dem sachlichen Inhalt der Aufgaben.
* Da der Karrierist ständig mit der **Angst** lebt, „es doch nicht zu schaffen" (nämlich das begehrte Ziel der Omnipotenz innerhalb der Organisation), lebt er auch ständig mit der Angst, daß es „andere" vor ihm „schaffen könnten" (Rivalitätsangst). Er scheut daher den Eingang von Vertrauensverhältnissen und legt ein betont emotionsloses Verhalten zutage. Er gibt sich korrekt, „cool" und hält Distanz. Gegenüber potentiellen Förderern und hierarchisch höher gestellten Personen pflegt er dagegen ein geradezu unterwürfiges Untertanengehabe, schleicht sich in ihre Gunst ein und versucht, sich nützlich und unentbehrlich zu machen. Selbst Kleidermoden und Hobby-Betätigungen werden nachgeahmt, um die Treue gegenüber dem Mächtigen zu demonstrieren.
* Hat der Karrierist die ersehnte Sprosse in der Hierarchieleiter erklommen, wirkt er **herrschsüchtig** und diktatorisch gegenüber den Unterstellten, offenbart seine Rücksichtslosigkeit („manchmal müssen auch Köpfe rollen") und praktiziert gegenüber potentiellen Rivalen eine konzentrierte „Vernichtungsstrategie".

• Analog allen anderen Herrschern in anderen Gesellschaftsbereichen schafft er sich eine **Clique abhängiger und höriger Untertanen,** die seine Befehle ausführen, da sie sich davon ebenfalls Macht und Einfluß erhoffen.

Wird seine persönliche Schwäche durchschaut, oder muß er befürchten, bisherige Förderer und Gönner zu verlieren, wechselt er unmittelbar Stellung und Unternehmen (**„job hopping"**), um anderweitig noch „ohne Skandal" erneut „einzusteigen".

Im **Psychogramm** des Karrieristen **fehlen** nicht selten **emotionale Fähigkeiten** wie Liebe, Zuwendung und Vertrauen und häufig haben sie an schwerwiegenden familiären Konflikten zu leiden. Oft werden derartige **Verkümmerungen von Gemütswerten** durch ein missionarisches Sendungsbewußtsein übertüncht, etwa in dem Sinne, daß die „Organisation" als überhöhter, quasi mystischer Mittelpunkt des Daseins zu gelten habe, für den auch Opfer zu bringen sind. Auch Produkte können den rang eines **mystifizierten Mittelpunktes** einnehmen, um den sich nach Meinung des Cäsaristen alles zu drehen hat und von dem er zugleich seine Legitimation für sein Handeln ableitet. „Der Mann der Spitze wird vermutlich mehr als nur ein wenig selbstgefällig sein. Wie der primitive Häuptling glaubt er, jedes von ihm unternommene Vorhaben sei von erhabener Wichtigkeit."[41]

b) **Infantilismus:** „Spitzenmanager laben sich an dem Gedanken, sie gehörten zu einer exklusiven Schicht, und sie lieben entsprechende äußere Zeichen – wie etwa die Limousine mit livriertem Chauffeur -, die die Welt wissen lassen, wer sie sind."[42] Neben dem Cäsarismus begegnen uns in komplexen Organisationen auch ausgeprägte infantile Charaktere bei den Führungskräften. Es handelt sich ebenfalls um **Menschen mit verkümmerten Gemütswerten,** sie weisen nur eben **andere Symptome** in ihrem Verhalten auf, wie z. B.:
• **Ausgeprägtes Imponiergehabe,** das sich in einer Vielzahl äußerer Symbole offenbart: Kleidung, bevorzugte Automarken, besondere Ausstattungen des Büros etc. **Symbole** spielen bei solchen Menschen eine wichtige Rolle (und seien es nur Belobigungen, die sie beispielsweise anläßlich eines Vertreterwettbewerbes erhielten und die nun in Leder gerahmt den Schreibtisch zieren.
• **Überhöhte Statusansprüche:** Der Infantile fordert ständig nach Ehrerbietungen und sichtbaren Beweisen des Untertanentums (Gessler-Syndrom). Beliebte „Kampfplätze" um Statusansprüche sind Dienstwagen (inkl. Chauffeur) und bevorzugte Parkplätze sowie die Anzahl der Sekretärinnen und die Größe und Anzahl der Büros.
• Der infantile Typ zeichnet sich auch dadurch aus, daß er für jede Fehlleistung zugleich die **Schuldigen kennt und benennt,** d. h. er sucht für sein Versagen stets andere, da er zu eigener Persönlichkeitsanalyse nicht fähig ist. Die Einsicht in die Möglichkeit eigenen Versagens ist ihm verwehrt.
• Seine Legitimation leitet er aus einer **starken Bürokratie- und Technologiegläubigkeit** ab. Wachstumsraten und Erfolgsziffern sind dominierende Leitideen des Verhaltens; über den Sinn derartiger Handlungen kann er nicht reflektieren.

Folgen des Miß-Managements

Bei den skizzierten Formen des Miß-Managements entsteht **kein Vertrauensverhältnis** zwischen Führungskraft und Mitarbeitern. Die Akzeptanz des Vorgesetzten ist nicht erfüllt, das Herrschaftsverhältnis funktioniert nur kraft formeller Organisation und kraft gesetzlicher Vereinbarung („Dienstanweisung"). Es entwikkeln sich **desorientierte Mitarbeiter** ohne persönliches Engagement, die die Interessenkoalitionen und Cliquen in der Führungsschicht schnell durchschauen und sich damit nicht identifizieren können. Fähige Mitarbeiter und Führungskräfte verlassen das Unternehmen, das mit einer **Führungskrise** rechnen muß und auch in der Regel den Weg in die **Mittelmäßigkeit der Bürokratie** antritt. Es entsteht auf allen Ebenen der Organisation ein ausgeprägtes Absicherungsstreben mit der Folge, daß keine innovativen Entscheidungen gefällt werden („Dienst nach Vorschrift"). Würde man vom „Leben" einer Organisation sprechen, so wäre dies die Phase des Alterns und Vergehens. Denn mit dem Verlust des Engagements der Mitarbeiter und mit der zunehmenden Verbürokratisierung einhergeht der Verlust der Profitabilität – der **Führungskrise** folgt sehr bald die **Unternehmungskrise:** Entweder Auflösung (Liquidation) oder Übernahme (Fusion) durch eine mächtige Muttergesellschaft – deren erste Aktion stets im Austausch des bisherigen Managements besteht, wie es zahlreiche Beispiele aus der Praxis beweisen.

Zusammenfassung:

Die zwei dargestellten Formen des Miß-Managements sind selbstverständlich nicht die einzigen Ausprägungen desorientierter Führungskräfte. So zahlreich wie die menschlichen Charaktere, so zahlreich können auch die **Ausprägungen für Fehlleitungen** sein. Immer dann, wenn eine extreme Diskrepanz zwischen Sach- und Personalaufgaben einerseits, zwischen persönlichen (egoistischen) und Organisationszielen auftritt, liegt bereits ein **Symptom für Miß-Management** vor. Eine Management-Ausbildung im Sinne einer humanen und organisationsgerechten Führung würde sich auf die Entwicklung eines intakten Führungsverhaltens beziehen, das eine Ausgewogenheit zwischen Aufgaben und Zielen beinhaltet.

Die Ursachen für Miß-Management sind zweifellos im **individual-psychologischen** Bereich zu suchen. Sicherlich sind gestörte Entwicklungen in den Gemütswerten und unbewältigte Konflikte Ursachen für extreme Machtansprüche und Aggressionen. Darüber hinaus spielen auch gesellschaftlich vermittelte Wertbilder eine Rolle, zum Beispiel die Überbewertung des Erfolgs („Leistungsgesellschaft") oder der Berufskarriere, aber auch die von den Bildungsinstitutionen nicht vermittelte Fähigkeit zur sozialen Integration. Die kognitive Dissonanz, die zur „Arroganz des Nichtwissers" führt (analog zur „Arroganz des Satten", von der Galbraith im Verhalten zu den unterentwickelten Ländern spricht), wirkt verhängnisvoll, da Lernblockaden und Lernunfähigkeiten aufgebaut werden: Die soziale Kommunikation ist gestört, der einzelne ist unfähig, von festgefahrenen Vorurteilen und inneren Modellen abzurücken, um neue Erfahrungen und Erlebnisbereiche zu entdecken. All dies wirkt in die Organisationen unserer Gesellschaft hinein, und **letzten Endes offenbart sich in der Organisation eines Unternehmens das Verhalten des Menschen in seiner Zeit und mit seinen jeweiligen Werten** - wenn auch unter besonderen Bedingungen, die durch die Ziele, die Verrichtungen, die Legitimationen, die Produkte und durch die Motive der handelnden und entscheidenden Menschen festgelegt sind.

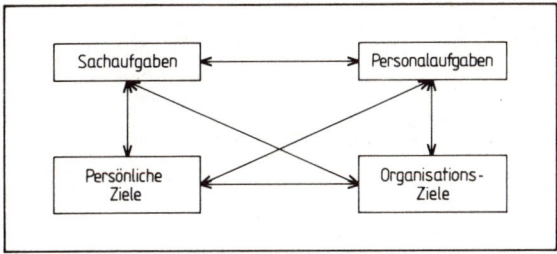

Abb. 15 Ausgewogenheit von Zielen und Aufgaben als Kennzeichen eines intakten Managements

Die Aufgabe für ein intaktes Management besteht in einer Ausgewogenheit von persönlichen und organisationsbezogenen Zielen. Dies schließt nicht aus, daß wechselnde Schwerpunkte zwischen Sach- und Personalaufgaben entstehen können, je nach der gerade vorherrschenden Situation, in der sich das Unternehmen befindet („Management according to Task"). Das wichtigste Stabilitätskriterium des intakten Managements bleibt jedoch in allen Situationen dessen soziale Kompetenz.

6. Kapitel:
Management und Problemlösung

6.1 Risikomanagement

6.1.1 Risiko und Chance

Allgemein bedeutet Risiko die potentielle – mit einer gewissen Wahrscheinlichkeit eintretende – Möglichkeit einer partiellen oder totalen Fehlentwicklung getroffener Entscheidungen. Risiken entstehen durch eine zeitliche Auseinanderentwicklung von erwarteten (geplanten) und tatsächlichen Ereignissen. Die Ursache für die Divergenz zwischen der Erwartungsstruktur des Entscheiders und dem realen Geschehen liegt in der **Unsicherheit** zukünftiger Entwicklungen und im **Informationsmangel** begründet.

Damit ist das Risiko-Management ein zentraler Bestandteil unternehmerischer Entscheidungen und Planungen. Durch statistische Methoden (Prognosemodelle, Regressionsanalysen, Szenario-Techniken, Hypothesenbildung) wird in der Praxis versucht, Risiken meßbar zu machen, um von da aus eine Abdeckung des potentiellen Schadens zu erreichen (z. B. durch eine Versicherung). Mit jedem Risiko ist grundsätzlich ein potentieller materieller oder immaterieller Schaden verbunden. Bezogen auf die Entscheidungssituation der Führungskraft unterscheidet man:

a) Entscheidungen unter Sicherheit: Eine Abweichung zwischen Ziel (resp. Plan) und tatsächlicher Entwicklung ist unwahrscheinlich.
b) Entscheidung unter Risiko: Eine Entscheidung kann zu mehreren Ergebnissen führen; es besteht jedoch eine Eintrittswahrscheinlichkeit über die alternativen Ergebnisse.
c) Entscheidungen unter Unsicherheit: Die Eintrittswahrscheinlichkeiten der Ergebnisse sind unbekannt. Dieser Fall tritt in der Praxis immer dann ein, wenn Entscheidungen situativ und spontan getroffen werden müssen, ohne daß genaue Recherchen und Informationsanalysen möglich sind (z. B. bei Warenterminbörsen).

Entscheidungen unter Risiko bedeuten demnach, daß bezüglich des Ergebnisses diskrete Wahrscheinlichkeiten vorliegen. Damit wird das Risiko meßbar, d. h. der potentielle Schaden ist kalkulierbar und kann damit Gegenstand einer Versicherung (als Risikoträger) werden (z. B. die Versicherung von Währungsgleitklauseln bei Exportgeschäften).

Oftmals wird das Risiko als Gegensatz zur Chance gesehen, insbesondere bei spieltheoretischen Modellen. Ein Geschäftsabschluß mit 60%igem Risiko ist gleichbedeutend mit einer 40%igen Chance. Der Zusammenhang ist in Abb. 16

verdeutlicht, wobei der Wert 1 gleichbedeutend mit 100 % gesetzt wird.

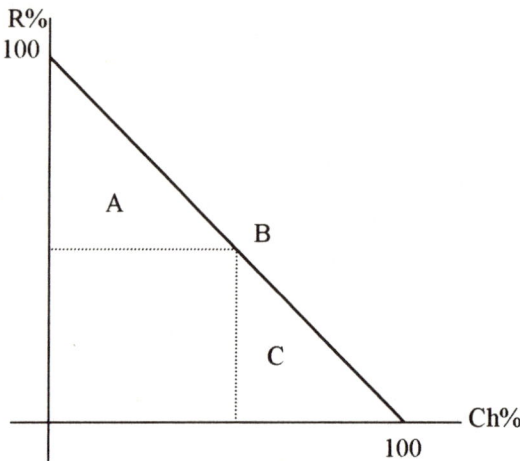

Abb. 16 Risiko und Chance (Es bedeuten: R = Risiko, Ch = Chance)

Obige Abbildung ist wie folgt zu interpretieren:

Im Feld A besteht die Relation R>C, d. h. alle Entscheidungen haben einen Risikofaktor von größer 50 %. Alle Entscheidungen sind riskant.
Punkt B bedeutet eine gleichwertige Entscheidung zwischen Risiko und Chance („Fifty-Fifty-Entscheidung"): Die Entscheidung ist nicht eindeutig definiert, die subjektive Einstellung des Entscheiders bildet den Ausschlag.
Im Feld C sind Entscheidungen angesiedelt, deren Chancen größer als das Risiko sind, d. h. es handelt sich um chancenreiche Entscheidungen.

6.1.2 Risikofelder

Risiken treten in nahezu allen Geschäftsprozessen eines Unternehmens auf. Üblicherweise werden im Unternehmen vorwiegend **Finanzrisiken** einer besonderen Planung, Steuerung und Überwachung unterzogen, doch sind daneben noch zahlreiche zusätzliche Risikoquellen erkennbar, die oftmals unterschätzt werden. Die Aufgabe eines Risiko-Managements besteht u. a. darin, alle möglichen Risikoquellen zu identifizieren, bezüglich ihrer Eintrittswahrscheinlichkeiten zu bewerten und eine systematische Abdeckung (Sicherung) der potentiellen Schäden einzuleiten (Risikoprävention). Dazu ist es erforderlich, daß zunächst die **Risikofelder** - das sind Geschäftsprozesse, betriebliche Funktionen und Handlungsobjekte - systematisiert werden. Eine **Risikofeldanalyse** kann beispielsweise nach folgendem Schema erstellt werden:

1.   Materielle Risiken

1.1   Risiken innerhalb der betrieblichen Primärfunktionen (Exemplarische Beispiele):

- Produktionsrisiken, z. B. der Ausfall wichtiger Produktionsanlagen, Steuerungsaggregate oder der Datenverarbeitungsanlage.
- Forschungs- und Entwicklungsrisiken, z. B. Fehlentwicklung von Produkten, ausbleibende Lizenzierungen.
- Beschaffungsrisiken, z. B. Abhängigkeiten von wichtigen Lieferanten.
- Vertriebsrisiken, z. B. das typische Umsatzrisiko, das durch Fehleinschätzungen des Konsumentenverhaltens entstehen kann.
- Finanzrisiken, z. B. durch Vorfinanzierungen von Projekten, Währungsrisiken oder Liquiditätsrisiken.

1.2   Risiken der Geschäftsprozesse
Hierbei werden die sensitiven Geschäftsprozesse – das sind die erfolgswirksamen Prozesse – einer genauen Analyse bezüglich möglicher Risiken unterzogen. Als Beispiele seien aufgeführt:

- Kundenprozesse, insbesondere die Analyse des Zahlungsverhaltens (Bonitätsprüfungen),
- Beschaffungsprozesse, z. B. die Analyse von Gewährleistungsansprüchen bei mangelhafter Qualität oder verspäteter Lieferung (Konventionalstrafen),
- Entwicklungsprozesse, z. B. im Rahmen des Projektmanagements, bei dem es um die exakte Einhaltung von Terminen für die Reorganisation betrieblicher Aufgaben geht,
- Qualitätsprozesse, die sich auf die exakte Prüfung (Zertifizierung) von Standards und Normen beziehen.

Neben diesen beispielhaft skizzierten materiellen Risiken treten jedoch in jedem Unternehmen auch **immaterielle Risiken** auf, wobei sich ein immaterieller Schaden (d. i. Eintritt des Risikofalles) regelmäßig im zeitlichen Ablauf in einen materiellen Schaden wandelt. Daher sind immaterielle Risiken, obwohl schwer identifizierbar, ebenfalls in die Aufgaben des Risikomanagements einzugliedern.

2.   Immaterielle Risiken

2.1   Risiken durch **Imageschädigungen,** z. B. durch eine rigide Personalpolitik, durch überhöhte Zinsforderungen, durch mangelhafte Serviceleistungen.

2.2   Risiken durch **Verhaltensfehler** beim öffentlichen Auftreten von Repräsentanten des Unternehmens (Presseberichte, Vorträge).

2.3   Risiken durch **Mißmanagement,** z. B. durch Verstrickung in Korruptionsaffären, Steuerhinterziehung oder Steuerflucht.

2.4   Risiken durch **Mißachtung gesellschaftlicher Wertvorstellungen,** z. B. Verstöße gegen Umweltbestimmungen.

Die immateriellen Risiken stehen in einer unmittelbaren Wechselwirkung zu den materiellen Risiken: Oftmals führt ein risikoreiches Verhalten – z. B. Vertragsverhandlungen – zu einem materiellen Schaden, wenn beispielsweise der Vertragspartner nicht mehr bereit ist, die Konditionen zu akzeptieren und die Geschäftsbeziehungen abbricht bzw. durch Minderqualität versucht, die überhöhten Forderungen der Gegenseite auszugleichen.

6.1.3 Risikoanalyse

Träger des innerbetrieblichen Risikos sind alle Führungskräfte und Mitarbeiter des Unternehmens. Ihre Aufgabe besteht in der **Risikoprävention.** In bürokratisch organisierten Unternehmen wird die Risikokontrolle dem Bereich der Innenrevision zugeordnet, die durch externe Betriebsprüfer (Wirtschaftsprüfungsgesellschaften sowie die Finanz- und Steuerprüfung) unterstützt wird. Daneben tritt im postbürokratischen Unternehmen eine systematische Delegation der Risikokontrolle auf alle Mitarbeiter (Selbstverantwortung gegenüber betrieblichen Ressourcen). Die **Risikoprävention** orientiert sich jeweils am potentiellen Schaden, der durch Entscheidungen und Handlungsweisen entstehen kann.

Als **Parameter** für die Risikoprävention gelten: Die **Eintrittswahrscheinlichkeit,** die potentielle **Schadenshöhe** und die **Wahrnehmungs-Intensität** des Risikos. Bezüglich der Wahrnehmungs-Intensität besteht das **Paradoxon des Risikomanagements:** Kleine Risiken – beispielsweise geringwertige Diebstähle von Büromaterial durch Mitarbeiter oder Arbeitszeitbetrug – werden mit hoher Aufmerksamkeit verfolgt und kontrolliert, während große Risiken (z. B. Geschäftsabschlüsse mit Lieferanten) kaum einer Risikoanalyse unterzogen werden.

Durch die Kombination der Risikoparameter lassen sich bestimmte Verhaltensweisen für das Risikomanagement ableiten, z. B. durch die Gegenüberstellung von potentiellem Schaden und der Eintrittswahrscheinlichkeit des Risikos (Abb. 17):

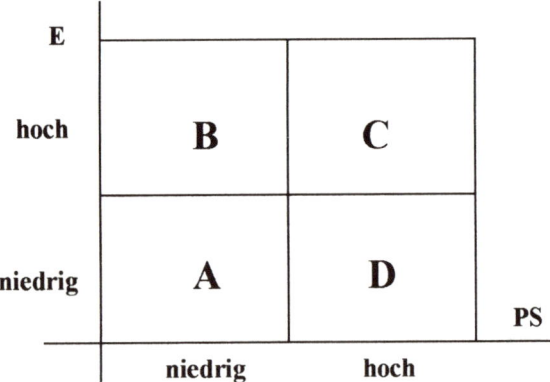

Abb. 17 Schadensanalyse von Risiken in Abhängigkeit von der Eintrittswahrscheinlichkeit

In Abbildung 17 bedeuten: **E** = Eintrittswahrscheinlichkeit,
PS = Potentieller Schaden.

Es lassen sich verschiedene **Risikostrategien** ableiten:

1. Vereinbarungen und Verpflichtungen zwischen Führungskräften und Mitarbeitern zur systematischen und permanenten Beobachtung und Analyse: Risikogabe (Delegation des Risikos) und Risikonahme (als Bestandteil der operativen und dispositiven Tätigkeiten) und regelmäßige Feedback-Sitzungen, um Risikofelder und evtl. eingetretene Risiken zu bewerten (Diese Strategie ist besonders für das **Feld A** von Bedeutung).
2. Innerbetriebliche Maßnahmen zur Prävention, z. B. umfangreiche Datensicherungsmaßnahmen und Auslagerung sensitiver Datenbestände, um im Falle eines Computerausfalls sog. Recovery-Maßnahmen einleiten zu können: Dieser Fall ist für das **Feld D** typisch.
3. Übertragung des Risikos auf einen externen Dienstleister (eine Versicherung) durch entsprechende vertragliche Vereinbarungen, z. B. Versicherung gegen Transport- und Umweltschäden. Auch dieser Risikofall wird in das **Feld D** einzugliedern sein bzw. in Abhängigkeit von der potentiellen Schadenshöhe in das **Feld C.**
4. Absicherung des Risikos durch Risikoaufschläge, z. B. das Insolvenzrisiko bei Ratengeschäften oder durch die Vereinbarung von Konventionalstrafen bei Termingeschäften.
5. Risikostreuung, d. i. die Verteilung von Geschäftsprozessen auf sichere, unsichere und riskante Geschäfte, wobei mit Hilfe von Portfolio-Analysen eine optimale Verteilung erzielt werden kann.
6. Kombination der genannten Strategien.

Entscheidend für die Auswahl der Risikostrategie ist der **Vermeidungsaufwand,** d. h. die Kosten für die Risikoprävention. Als Faustregel gilt dabei: Je höher der potentielle Schaden und die Eintrittswahrscheinlichkeit, desto höher ist der zu leistende Vermeidungsaufwand. Die Tatsache, daß für die Absicherung von Risiken Kosten entstehen, verdeutlicht die Notwendigkeit eines gezielten und systematischen Risikomanagements unter Einbeziehung aller Beteiligten einer Organisation.

Zusammenfassung:

Risikomanagement umfaßt alle Maßnahmen, die darauf abzielen, potentielle Schäden durch präventive Methoden zu reduzieren. Als Risikostrategien gelten:
- Unterteilung der unternehmerischen Entscheidungen in sichere, unsichere und risikobehaftete Entscheidungen, wobei letztere durch statistische Methoden der Prognosebildung bezüglich ihrer Eintrittswahrscheinlichkeit bewertet werden.
- Risikofeldanalysen, die auf die Systematisierung und Eingrenzung typischer

funktionaler Risikoquellen abzielen.
- Bewertung der sensitiven Geschäftsprozesse nach Maßgabe ihrer Risiken und den daraus resultierenden potentiellen Schäden.
- Analyse der Interdependenzen zwischen materiellen und immateriellen Risiken.
- Systematisierung betrieblicher Risikostrategien mit dem Ziel, Früherkennung und Prävention zu gewährleisten.
- Analyse der typischen Parameter: Eintrittswahrscheinlichkeit, potentielle Schadenshöhe, Vermeidungsaufwand und Erkennbarkeit (Wahrnehmungs-Intensität).
- Einbindung aller Mitarbeiter und Führungskräfte des Unternehmens, soweit sie in mit Risiken behafteten Geschäftsprozessen tätig sind.

6.2 Krisenmanagement

6.2.1 Definitorische Abgrenzung

Der Begriff „Krise" hängt sehr eng mit dem der **Gefährdung und Existenzbe-drohung** zusammen. In der Psychologie spricht man von Krisen, wenn die steuernde und ausgleichende Ich-Instanz des Bewußtseins seine Aufgaben nicht mehr wahrnehmen kann und sich ein innerer Verfall der Persönlichkeit abzeichnet. Übertragen auf die Betriebswirtschaft läßt sich definieren: Krisen sind Prozesse, die das Unternehmen in seiner Existenz gefährden.[43] Für das Auslösen einer Krise können demnach viele unterschiedliche Prozesse verantwortlich sein, z. B. Finanzierung (zu hoher Anteil an Fremdkapital), Beschaffung (Verlust von Zulieferfirmen), Produktion (veraltete Produktionstechniken), Forschung und Entwicklung (keine eigene Patente, Abhängigkeit von Lizenzen), Führungsprozeß (inflexibles Management) und Organisation (starre Hierarchie ohne Anpassungsfähigkeit, Bürokratie), Personal (mangelhaftes Engagement der Mitarbeiter, hohe Fluktuation, mangelnde Mobilität).

Wir unterscheiden:
- **Externe Prozesse,** die zu einer Krise führen können, z. B.: Ölkrise, internationaler Währungsverfall (Weltwirtschaftskrise), Kriege und Verlust von Absatzmärkten.
- **Interne Prozesse,** die zu einer Krise führen können, z. B. die Vernachlässigung von Forschung und Entwicklung und damit von technischer Innovation, falsche Liquiditätsplanung, falsche Prognose bezüglich des Konsumenten- und Konkurrenzverhaltens usw.

Darüber hinaus sind diese Prozesse zu bewerten im Hinblick auf ihre **Wirkungsintensität** und die **Dauer:**
- **Konjunkturelle** (kurzfristig, einmalig wirkende) Gefährdungsprozesse.
- **Strukturelle** (langfristig wirkende) Gefährdungsprozesse, z. B. starre Managementprozesse (Führungskrisen), Energieverknappung, verfehlte Personalpolitik, Abhängigkeit von Fremdkapital (z. B. in der AG über Sperrminoritä-

ten), falsche Produktpolitik, Verfall eines Marktes (z. B. der deutsche Photo-gerätemarkt, der nahezu vollkommen an japanische Hersteller überging).

Unter Krisenmanagement verstehen wir drei Aktivitätenbereiche des Führungska-ders:

- **Krisenwahrnehmung**
- **Analyse und Problemlösung**
- **Aktionsplanung und Bewältigung der Krise.**

6.2.2 Krisenwahrnehmung

Im „Leben" eines Unternehmens treten eine Vielzahl von Krisen auf. Wichtig ist die **Krisenerkennung,** d. h. die rechtzeitige Wahrnehmung einer Krisensituation durch das Management. Hierbei spielen die **Sensitivität** des Managements und die **Zielrichtung** des Unternehmens eine bedeutende Rolle. Ein Unternehmen, das beispielsweise einseitig auf Vertriebserfolge ausgerichtet ist, wird aufgrund der Fixierung seiner Ziele und der entsprechenden Konzentration seiner Aktivitäten eine Krise im Bereich der Forschung und Entwicklung zu spät wahrnehmen. Um-gekehrt wird ein planungs- und kontrollintensives Management Krisen im Perso-nalbereich (Fluktuation, Verlust von Fachkräften und fähigen Managern) ignorie-ren oder zu spät wahrnehmen. Eine Sensitivität gegenüber Krisensituationen ist erforderlich, um rechtzeitig richtige Anpassungsentscheidungen (Krisenaktionen) ergreifen zu können. Wir unterscheiden:

- **Präventives Krisenmanagement:** Hierbei handelt es sich quasi um **Poten-tialanalysen** von Krisen. Das Unternehmen wird durch ständige **Beobachtungen der Umweltdaten** (z. B. internationale Patente, welche die eigenen Produkte betreffen) potentiell gefährdende Einflüsse auf die internen Prozesse analysieren müssen, um negative Überraschungen vermeiden zu können. Präventives Krisen-management bezieht sich jedoch nicht nur auf die **ständige Analyse** der entspre-chenden Umweltdaten, sondern auch auf die **Planung und die Bereitstellung von „Aktionsreserven".** Darunter verstehen wir die Summe der Maßnahmen, die für einen „Ernstfall" ergriffen werden können, zum Beispiel die Beantwortung fol-gender Fragen:

Welche Maßnahmen ergreift das Unternehmen im Falle der Verstaatlichung von ausländischen Tochtergesellschaften?
Welche Aktionen können eingesetzt werden, sofern ein wichtiger Absatzmarkt durch politische Unruhen und Umwälzungen gefährdet sein sollte?
Wie schnell kann das Unternehmen reagieren, wenn ein Konkurrent kürzere Lie-ferzeiten für das gleiche Produkt anbietet?
Wo und wann sind neue Unterlieferanten zu finden, sofern ein bisheriger Ver-tragspartner Konkurs anmeldet?
Wie verhält sich das Unternehmen gegenüber dem Strukturwandel auf dem Ar-beitsmarkt?

Zum präventiven Krisenmanagement gehören darüber hinaus auch:

Die **Schaffung von Reserven,** z. B.: Wie groß ist der „Innovationszyklus" eines Unternehmens, um im Falle eines Konkursproduktes mindestens das gleichwertige Produkt auf den Markt zu bringen und welche finanziellen und personellen Reserven sind hierfür erforderlich?

Schwachstellenanalyse: Welches sind die „gefährlichen" Abhängigkeiten eines Unternehmens? Beispiele: Exportabhängigkeit, Abhängigkeit von speziellen Qualifikationen der Mitarbeiter, Zulieferer-Abhängigkeiten, finanzielle Abhängigkeiten (Liquidität).

Die Beantwortung derartiger Fragen, die sich immer auf einen „Eventualfall" beziehen, erfordert ein eigenes

• **Krisensystem:** Das Krisensystem bezieht sich auf ein **Informationssystem,** das alle relevanten Daten der Umwelt sammelt, bewertet, verdichtet und in Form von **Kennzahlen** zur Verfügung stellt. Mit Hilfe von Datenbanken ist es beispielsweise möglich, alle Patente, die für das Unternehmen von Bedeutung sein können, zu erfassen und auszuwerten, um laufend über den Stand des technischen Fortschritts informiert zu sein (Patentdatenbanken). Analoge Systeme sind denkbar für: politische und wirtschaftliche Daten über Exportmärkte, Statistiken über das Konsumentenverhalten (Panel-Erhebungen des Konsumverhaltens), Arbeitsgerichtsurteile, Umweltschutzgesetze und –verordnungen.

Für die internen Krisensymptome wurden sogenannte **„Early Warning-Systeme"** diskutiert. Sie beziehen sich auf die frühzeitige Bereitstellung von Informationen in Form von Kennziffern und Trends über betriebliche Prozesse wie zum Beispiel: Fluktuation, Ausschußquoten, Absatzzahlen, Liquiditätsziffern, Forderungen und Verbindlichkeiten. Derartige Informationen sind allerdings nur dann aussagefähig im Sinne eines Krisenmanagements, wenn sie zu prognostischen Informationen (etwa in Form von Reihen und Trendanalysen) aufbereitet sind. Die Handhabung eines Krisensystems und dessen systematische Auswertung (z. B. Fortschreibung) setzt eine

• **Krisenorganisation** voraus. Hierfür ist eine eigene, unabhängige **Stabsabteilung** denkbar, die sich mit dem präventiven Krisenmanagement und mit dem Krisensystem hauptamtlich beschäftigt. Sie ist der Geschäftsleitung direkt unterstellt und hat einen so hohen Stellenwert in der Verbindlichkeit ihrer Aussagen, daß sie auch das Recht und die Pflicht hat, auf interne Führungskrisen (Managementkrisen) hinzuweisen. In der Praxis scheitert der Aufbau einer Krisenorganisation oftmals daran, daß die im Tagesgeschäft engagierten Manager eine **Ignoranz gegenüber potentiellen Krisen** aufweisen.[44]

Präventives Krisenmanagement, Krisensystem und –organisation bilden die Voraussetzungen für die Steuerung und Handhabung aktueller Krisen.

6.2.3 Krisensteuerung

Krisensteuerung ist die Summe der Maßnahmen, die von den Führungskräften ergriffen werden, um eine aktuelle Krisensituation zu beheben. Dabei spielt folgende, psychologisch begründete Haltung der Manager eine bedeutsame Rolle: Bei aktuellen Krisen fühlt sich das Top Management unmittelbar selbst betroffen (es liegt ja quasi ein „Versagen" in der Führung vor), so daß es als **Krisenmanager** nicht geeignet ist (wir wissen aus der Psychologie, daß die Selbstdiagnose nur geringe Aussichten auf Erfolg hat). Oder: Ist das Top Management eines Unternehmens mit einer Krise konfrontiert, versagt es in aller Regel. Dieses „Versagen" äußert sich sehr oft in Versuchen des **Zeitgewinns** und in **Verzögerungs- und Verschleierungsbemühungen** (z. B. zu späte Information des Betriebsrats und der Geldgeber) mit der Folge, daß die Krise umso dramatischer und „hoffnungsloser" abläuft. Beispiele aus der Praxis zeigen, daß externe Top Manager oftmals die geeignetsten Krisenmanager sind. Für das Krisenmanagement hat Gabele[45] den in Abbildung 18 dargestellten **Prozeßrahmen** vorgeschlagen.

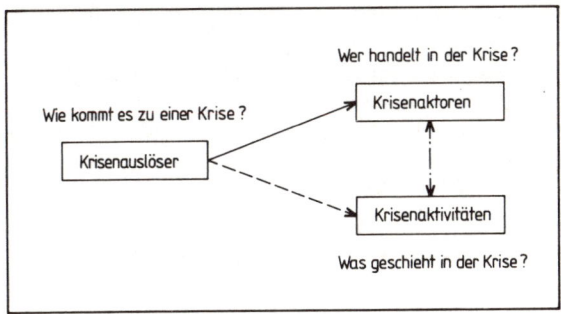

Abb. 18 Prozeßrahmen des Krisenmanagements[45]

Dieser Prozeßrahmen läßt sich auf folgende analytischen Schritte konzentrieren:

a) **Analyse** der **aktuellen** und **potentiellen Krisen:** Kausalitäten und Schwachstellen.

b) **Auswahl** und **Bewertung** der Aktionen: Welche Maßnahmen stehen zur Verfügung und welche Reserven besitzt das Unternehmen für die Überwindung der Krise (z. B. finanzielle Reserven).

c) **Management-Analyse:** Welches sind die geeigneten Verantwortlichen, die eine Krise steuern können?

Nicht selten kommt es im Falle einer Krise zu einer **Führungs-Reorganisation.** Dies wird immer dann der Fall sein müssen, wenn tradierte Management-Methoden eine Ignoranz gegenüber potentiellen und aktuellen Konflikt- und Krisensituationen erzeugen. Ein verantwortliches Management allerdings wird sich dem Risiko einer Unternehmenskrise nicht blind ausliefern, sondern rechtzeitig durch Schulung, Informationssystem und Krisenorganisation präventive Maßnahmen gegen eine Krise aufbauen. „Zu einem guten Krisenmanagement gehören neben ,Feuerwehreinsätzen' zur Löschung von Bränden ebenso ,Spähtrupps' zur rechtzeitigen Warnung vor sich abzeichnenden Gefahren."[46]

6.3 Konfliktmanagement

6.3.1 Konfliktentstehung

Ein Konflikt liegt dann vor, wenn sich ein Individuum zwischen **unvereinbaren,** sich **gegenseitig ausschließenden Alternativen** entscheiden muß (subjektivistische Konfliktdefinition). Ein wesentliches Merkmal des **subjektiven Konflikterlebens** ist der Entscheidungszwang bzw. der Entscheidungswunsch. Man unterscheidet:

a) **Appetenzkonflikte:** Ein Subjekt steht vor der Wahl von an sich gleichwertigen (oder als gleichwertig bewerteten) wünschenswerten Alternativen, von denen jedoch nur eine realisierbar ist. Unabhängig, wie sich das Individuum entscheidet, es bleibt stets das Empfinden eines **Verzichts** erhalten.

Beispiel: Ein Mitarbeiter steht vor der Wahl, seinen bereits gebuchten Urlaub zu verschieben, um sich einer betrieblichen Sonderaufgabe mit der Aussicht auf Anerkennung und besondere Förderung zu widmen. Zwei wünschenswerte Ziele – Urlaub und Beförderung – konkurrieren im Bewußtsein des Mitarbeiters.

b) **Aversionskonflikte:** Ein Individuum steht vor der Notwendigkeit, zwischen zwei als **unangenehm empfundenen** Alternativen entscheiden zu müssen.

Beispiel: Ein Abteilungsleiter steht kraft Anweisung der Personalabteilung vor der Situation, einen Mitarbeiter entlassen zu müssen. Die Ausführung dieser Anweisung ist für ihn eine unangenehme, mit inneren Skrupeln verbundene Aufgabe, während die Unterlassung oder Verzögerung ihm berufliche Nachteile (unter Umständen den Verlust seiner Position) einbringt.

c) **Appetenz-Aversionskonflikte:** Ein Individuum strebt ein **positiv bewertetes** Ziel an, dessen Realisierung aber mit **negativen Begleitumständen,** unter Umständen mit Sanktionen, verbunden ist (Normenkonflikt).

Beispiel: Ein Mitarbeiter oder Manager schädigt durch sein Verhalten Kollegen, um das von ihm begehrte Ziel der Karriere zu verwirklichen.

Die aufgezeigten Konflikte treten sehr oft in Mischformen auf. Bedeutsam ist der Tatbestand des negativen Unlusterlebens (**Konflikterleiden**), das durch die jeweilige Entscheidung im Individuum auftritt.

Das subjektive Konflikterleben läßt sich auf soziale Beziehungen und Verhaltensweisen projizieren: Es entstehen so **soziale Konflikte** zwischen Gruppen.

Beispiel: Auseinandersetzungen zwischen Betriebsrat und Unternehmensleitung oder widerstrebende Ziele zwischen Linien- und Stabsmanagement.

Konflikte entstehen immer dann, wenn Personen oder Gruppen aufgrund ihrer Präferenz- und Informationsstruktur über persönliche und/oder sachliche Ziele und Probleme unterschiedliche Bewertungen, Lösungsstrategien und Mittel (Maßnahmen) verfügen und damit als Kontrahenten auftreten.

6.3.2 Betriebliche Konfliktfelder

Im Unternehmen entstehen aufgrund der Organisations- und Arbeitsbeziehungen spezifische Konfliktfelder. Man unterscheidet: (Abb. 19)

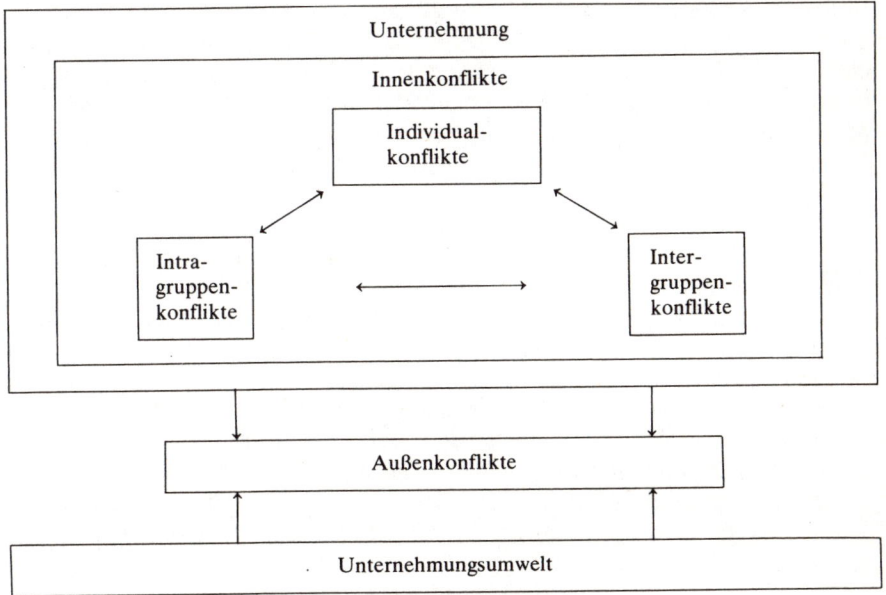

Abb. 19 Betriebliche Konfliktfelder[47]

a) **Innenkonflikte:** Sie entstehen innerhalb des Unternehmens und werden in der Regel auch innerhalb der geltenden Normen und Vereinbarungen (den sogenannten "Spielregeln") ausgetragen. Sie sind wie folgt zu differenzieren:

• **Individualkonflikte:** Es handelt sich hier um "**Auseinandersetzungen**" zwischen Individuen, z. B. der Konflikt zwischen **Führungskraft** und **Mitarbeiter** bei der Zielvereinbarung, der Verantwortung, der Mittelzuwendung und der Arbeitsbelastung. Der Individualkonflikt hat seine Ursache in der Divergenz zwischen persönlichen (individuellen) Wertvorstellungen und Zielen, die mit den Anforderungen und Wertemustern der Organisation nicht vereinbar sind, z. B. das individuelle Streben nach Freiheit, Selbstverwirklichung und Kreativität im

Gegensatz zur bürokratischen Schablonisierung und direktiven Arbeitszuweisung.

• **Gruppenkonflikte:** Sie entstehen durch konkurrierende Gruppen (z. B. Teams, Abteilungen), die an einer gleichen Aufgabe arbeiten (z. B. Forschungs- und Entwicklungsteams) oder durch Gruppen, die zwar für die Verwirklichung einer gemeinsamen Aufgabe eingesetzt sind, aber **unterschiedliche Vorstellungen** von den Lösungsstrategien und Maßnahmen haben (z. B. die Gruppe der Anwender und die der Systementwickler bei der Realisierung von Informationssystemen mit Hilfe der EDV). Häufig entsteht dieser "intra-organisatorische" Konflikt zwischen Stabsfunktionen und Linienmanagement.

• **Intragruppenkonflikte** entstehen zwischen rivalisierenden Mitarbeitern einer Gruppe oder zwischen **rivalisierenden Managern,** die sich um begehrenswerte Positionen streiten (Hierarchie-Konflikte). Man spricht auch von heterogenen Gruppen oder Interessen, deren Mitglieder keine einheitliche Ausrichtung auf die Ziele und Vorgehensweisen der Organisation besitzen bzw. Individualstrategien im Verbund der Organisation durchsetzen wollen. Derartige heterogene Gruppen werden oftmals vorsätzlich gebildet, mit der Absicht, daß sich die "besseren Argumente" durchsetzen mögen oder daß durch die Rivalität der Gruppenmitglieder zusätzliche Energien und Leistungspotentiale freigesetzt werden.

b) **Außenkonflikte:** Sie resultieren aus den **externen Beziehungen,** die das Unternehmen mit Kunden (Märkten), Verbänden, Gewerkschaften, staatlichen Institutionen und Konkurrenten eingeht. Ein besonders eklatanter Konflikt ist der volkswirtschaftliche Verteilungskonflikt zwischen Unternehmerschaft und Gewerkschaften, der durch die Tarifverhandlungen seinen sichtbaren (öffentlichen) Modus erfährt. Ein analog bedeutsamer (weil gesellschaftlich wirkender) Konflikt ergibt sich aus der Auseinandersetzung zwischen gesellschaftlicher Verantwortung und Maximierung des Gewinns im Bereich des Umweltschutzes (man vergleiche hierzu das Bundeschemikalienschutzgesetz).

6.3.3 Konfliktursachen

Die häufigste Ursache für betriebliche Konflikte ist die **Antinomie der Wertvorstellungen.** Grundsätzlich handelt es sich um die Unvereinbarkeit von freiheitlicher, individueller Daseinsgestaltung und technischer Massenordnung.

Beispiele für diese Konfliktfelder sind in Abbildung 20 exemplarisch dargestellt.

Eine weitere Ursache für das Entstehen von Konflikten ist der **Konflikttransfer:** Werden in einem menschlichen Erfahrungsbereich "A" (z. B. Familie) positive Konfliktlösungmöglichkeiten versperrt, sucht sich das Individuum in einem anderen Erfahrungsbereich "B" (z. B. Beruf) Möglichkeiten der Konflikt-bewältigung. Das gleiche gilt auch für die Bestrebungen und Ziele: Wer in seinem privaten Bereich keine Anerkennung und Macht erringt, sucht diese im

Berufsleben zu exerzieren. Umgekehrt wirken Dressate des Berufslebens und Versperrungen der Entfaltung eigener Werte als Stimulans für Konflikte, die in die Familie und in die Gesellschaft transferiert werden.

Beruf (Ausbildung, Erfahrung)	↔	Job, Tätigkeit
Individuelle Ziele	↔	Unternehmensziele
Eigene soziale Verantwortung	↔	unternehmerische Verantwortung
Majorisierung	↔	Minorisierung
Überordnung	↔	Unterordnung
Dominanzstreben	↔	Subordination
Herrschaftsansprüche	↔	Knechtschaftsgefühle
Freiheit der Gestaltung	↔	Schablonisierung
Dynamik	↔	Bürokratie
Innovation	↔	Verwaltungsstarre
Kollegialität	↔	Rivalität
Beharrung	↔	Technischer Fortschritt
Kreativität	↔	Routine

Abb. 20 Schema für die Antinomie der Wertvorstellungen

6.3.4 Konfliktarten

Typische Konflikte innerhalb des Unternehmens sind:

a)   **Beurteilungskonflikt:** Er ist oftmals eine Folge mangelhafter Information und tritt besonders dann in Erscheinung, wenn zwei Kontrahenten zwar das gleiche Ziel verfolgen, aber unterschiedliche Bewertungen über die Strategie der Zielerreichung hegen.

b)   **Verteilungskonflikt:** Er entsteht durch die Aufteilung knapper Ressourcen auf konkurrierende Ziele, man nennt ihn auch Budgetkonflikt.

c)   **Zielkonflikt:** Er entsteht dann, wenn unterschiedliche Parteien divergierende Ziele verfolgen, die sich gegenseitig ausschließen. Zum Beispiel schließt das Ziel "kurzfristige Erreichung einer Maximalleistung" das Ziel "geringstmöglicher Mittel- und Personaleinsatz" aus.

d)   **Kompetenzkonflikt:** Ein Kompetenzkonflikt ist dann gegeben, wenn ein Mißverständnis zwischen Verantwortung und Entscheidungskompetenz vorliegt.

Diese Konfliktarten können sich in verschiedenen Dimensionen äußern:

a)   **sachlich-intellektuelle Dimension:** Rational definierbare Divergenzen, z. B. Konflikte über Ziele, Mittel und Fakten.

b)   **Sozio-emotionelle Dimension:** Menschliche Triebe, die im Widerstand mit den "Fakten" und "Normen" liegen, wie z. B. Haß, Abneigung, Antipathie, Aggressionen, Neid und Mißtrauen.

c) **Wertmäßig-kulturelle Dimension:** Antinomie in den Wertvorstellungen von Gruppen, gesellschaftliche Konflikte zwischen Verantwortung und industrialisierter Profitabilität.

6.3.5 Konfliktregelung

Mit **Konfliktregelung** bezeichnet man eine besondere Fähigkeit (resp. Anforderung) des Managements, **Konflikte** zu **erkennen,** zu **steuern** und zu **lösen.** Wir unterscheiden die Konfliktwahrnehmung, die Konfliktsteuerung und die Konfliktlösung.

a) **Konflikthandhabung:** Nicht gelöste Konflikte führen beim Individuum zu einem **Konfliktstau** und zu schweren psychischen Spannungen und Belastungen. Daher ist es eine Aufgabe der Organisation und ihrer Führungskräfte, Methoden der Konflikthandhabung zu trainieren, um derartige "Spannungen" (die sich in Aggression, Desinteresse, Somatisierung und Egoismen zu äußern vermögen) zu reduzieren. Das Konfliktmanagement zielt auf die Fähigkeit des Managers ab, Konflikte innerhalb des Verantwortungsbereiches zu erkennen und zu handhaben. Eine wichtige Voraussetzung ist die **Konfliktwahrnehmung.** Mit ihr soll erreicht werden, daß zwischen objektivem Vorhandensein eines Konfliktes und der subjektiven Wahrnehmung eine weitgehende Identität besteht. Ist diese Identität nicht gegeben, entstehen:

• **Scheinkonflikte:** Starke subjektive Sensibilisierung, obwohl faktisch keine oder nur geringe Konflikte vorliegen.

• **Konfliktlücken:** Keine Wahrnehmung trotz des Vorhandenseins von Konflikten (Ignoranz des Konfliktmanagers).

Der Zusammenhang ist in Abbildung 21 dargestellt:

Subjektive Wahrnehmung / Faktisches Vorhandensein	Keine Wahrneh- mung	Schwache Wahrneh- mung	Starke Wahrneh- mung
Kein Konflikt	Überein- stimmung	Scheinkonflikte	
Schwacher Konflikt	Konflikt- lücke	Über- einstimmung	Konflikt- überschätzung
Starker Konflikt		Konflikt- unterschätzung	Überein- stimmung

Abb. 21 Scheinkonflikte und Konfliktlücken[48]

b) **Konfliktsteuerung und –lösung:** Die richtige Wahrnehmung führt zum Bemühen um die Konfliktlösung bzw. um die Konfliktsteuerung (d. i. Vermeidung extremer Reaktionen). Dabei spielt der praktizierte Führungsstil eine bedeutsame Rolle. Nach Fittkau-Garthe kann folgende Systematik des Konfliktverhaltens in Abhängigkeit vom Führungsstil definiert werden[49]:

- **Autoritäre Konfliktregelung:**

Lösung des Konflikts durch Machtentscheidung.

Die Mitarbeiter haben sich der Entscheidung zu fügen.

Zweifel an der Entscheidung werden nicht geduldet.

Bei eigenen Konflikten versucht der Konfliktmanager, um jeden Preis zu siegen ("Der Stärkere hat recht").

Konflikte werden als menschliche Schwächen gedeutet.

Die Konfliktregelung wird von den Interessen der Organisation bestimmt; im Zweifel müssen auch "Köpfe rollen".

Vorteile: Zeitersparnis bei – in der Meinung des Konfliktmanagers – organisationsschädigenden persönlichen Problemen.

Nachteile: Keine Konfliktlösung, nur eine Verdrängung, die zum Konfliktstau führt mit der Gefahr eines erneuten, massiven Ausbruchs des Konflikts.

- **Kooperative Konfliktregelung:**

Interaktion und Kommunikation mit den Konfliktpartnern.

Kompromißbereitschaft (Vermittlerrolle).

Aufnahme der Argumente des Kontrahenten.

Beteiligung der Betroffenen an der Entscheidungsfindung.

Ausgleichsstreben zwischen menschlichen und organisatorischen Bedürfnissen.

Konflikte werden als natürliche Erscheinungen im Zusammenarbeiten von Organisationsmitgliedern betrachtet.

Vorteile: Vermeidung des Konfliktstaus, tragbare Entscheidungen für alle Beteiligten, hohes Vertrauen in die Führungsfähigkeiten des Managers durch die Mitarbeiter.

Nachteile: Nicht erkennbar, da selbst der erforderliche Zeitaufwand sich als nützlich für den Menschen und für die Organisation erweist.

Als Strategien der (positiven) Konfliktlösung geben March und Simon an:

- **Problemlösung** (problemsolving): Versuche, die einigenden Merkmale eines Streitfalles zu definieren und von da aus die Lösung zu suchen.
- **Überzeugung** (persuasion): Der Konfliktmanager versucht, seine Führerrolle und Legitimation gegen die Interessen des Kontrahenten durchzusetzen.
- **Aushandeln** (bargaining): Hierbei werden trotz der Unvereinbarkeit der Ziele und Standpunkte Zustimmung und Überzeugung angestrebt. Sehr oft mündet das Aushandeln in einen Kompromiß und damit in die Mittelmäßigkeit des Verhandelns. Das "volle Maß" wird weder von der einen noch von der anderen Seite erreicht, die Schalheit der vermeintlichen Lösung wird zum Ausgangspunkt neuer Konflikte. Als Mittel setzen beide Konfliktpartner das Taktieren (gamemanship) ein.
- **Politik** (politics): Analog dem Aushandeln wird hier ebenfalls nach einer

"befriedigenden" Lösung gesucht. Als Mittel dient jedoch die Kooperation mit geeigneten Interessenparteien (Koalitionsbildungen). Ein beliebter Koalitionspartner des Managements ist die Unternehmensleitung, während Mitarbeiter sehr oft Betriebsräte oder Kollegen als Koalitionspartner wählen. Je nach Verhandlungsverlauf können derartige Koalitionen wechseln.

Alle vier Konfliktlösungsstrategien sind in der Praxis gleichzeitig anzutreffen. Als besonders konfliktanfällig erweist sich das **mittlere Management:** Sie sind Führer und Geführte zugleich und damit ständig Konfiktsituationen ausgesetzt. Bei ihnen trifft man daher häufig die Koalitionsbildung an, allerdings mit wechselnden Partnern ohne tiefergreifende Vertrauensbasis.

7. Kapitel:
Management und Zielkonzeption

7.1   Management und Strategie

7.1.1   Zielsetzung und Aufgaben

Die strategische Unternehmensführung befaßt sich mit der **Planung und Realisierung** der zukünftigen **Erfolgsfaktoren** des Unternehmens. Unter dem Eindruck der Erfolge global operierender Unternehmungen auf zahlreichen Märkten mit strategischen Produkten hat die Frage nach der "richtigen" Unternehmensstrategie insbesondere bei europäischen Firmen in den letzten Jahren große Bedeutung erlangt. Strategische Unternehmensführung bedeutet dabei mehr als die Entwicklung eines langfristigen Unternehmensplanes: Sie bezieht alle Elemente der betrieblichen und unternehmerischen Erfolgsfaktoren mit ein, also auch das Führungssystem, die Organisationform, die Forschungs- und Entwicklungstätigkeiten sowie die äußere Erscheinungsform des Unternehmens, die auch als Unternehmenskultur oder Corporate Identity bezeichnet wird. **Unternehmensstrategie** ist weitgehend **pragmatisch** orientiert, das heißt im Vordergrund stehen die realen Fakten und Potentiale (Ressouce Management), die das Unternehmen einsetzen kann, um die Zukunft mit seinen Produkten auf seinen bestehenden bzw. auf neu zu schaffenden Märkten zu sichern.

Das strategische Szenario wird durch die ökonomischen und durch die gesellschaftlichen Rahmenbedingungen beeinflußt:

a)   Globalisierung: Auswirkungen auf den Führungsstil und auf das strategische Verhalten (Risikomanagement).
b)   Gesellschaftliche Herausforderung: Sensibilität auf Umwelt, Markt und Image, Korrekturen der Einsatzfaktoren und der Produktionsfunktionen.
c)   Technologische Herausforderung: Produktinnovation, Marktinnovation und Schaffung neuer Marktpotentiale.

Umwelt, Konkurrenz und Technologie sind der Rahmen, innerhalb dessen sich die strategischen Ziele und Handlungen bewegen. Für die Definition der strategischen Ziele eignen sich kritische Fragen:

1.   Die strategische Frage:
Mit welchen Produkten soll das Unternehmen mittel- und langfristig auf welchen Märkten unter Beachtung potentieller gesellschaftlicher (umweltbedingter) Restriktionen aktiv werden?

2.   Die methodische Frage:
Mit welchem Führungsstil, im Rahmen welcher Organisationform und mit

welchen Mitarbeitern (qualitatives Niveau) sind die Potentiale des Unternehmens und der Märkte aktivierbar?

3.   Die pragmatische Frage:
Mit welchen Einsatzmitteln, welchen Plänen und welchen operativen Zielen sind die Erfolgsfaktoren des Unternehmens zu quantifizieren, zu steuern und zu kontrollieren?

Derlei kritische Fragen sind jedoch im Rahmen einer systematischen Unternehmensstrategie nicht das Resultat eines drohenden Gewinn- oder Marktverlustes (in diesem Fall ist es für das Unternehmen meist zu spät, um die drohende Krise abwenden zu können) – sie sind vielmehr ein wesentlicher Bestandteil einer permanent betriebenen Unternehmenspolitik.

Strategische, methodische und pragmatische Fragen lasesn nicht unmittelbar sichere und plausible Antworten zu – sie sind als ein **didaktisches Mittel** zu betrachten, die dazu dienen, Denk- und Handlungsweisen bei den Trägern der Organisation zu stimulieren. Sie sind notwendig, um Bürokratie, Überheblichkeit und falsches Sicherheitsdenken im Unternehmen zu verhindern.

Die strategischen Ziele sind in der Regel nicht quantifiziert. Sie stellen Absichtserklärungen dar, die im Rahmen der Unternehmenskonzeption definiert werden und aus denen sich dann das formale Zielsystem des Unternehmens ableitet. Oft werden die strategischen Ziele als sogenannte "**Geschäfts-grundsätze**" definiert, z. B.:
"Hoher technologischer Standard"
"Branchenadäquates Wachstum"
"Hohe Produktqualität"
"Unabhängigkeit in der Finanzierung"
"Hoher Ausbildungsstand des Personals" etc.

• Die Umsetzung derartiger Grundsätze bestimmen das Zielsystem des unternehmens, entsprechend Abbildung 22. Im Rahmen des strategischen Szenarios werden neben den strategischen Fragen und den Zielen auch die **Erfolgsfaktoren** des Unternehmens definiert. Dabei ist zu unterscheiden in:

• Externe Erfolgsfaktoren: Produkte, Märkte, Kunden, Lieferanten, Patente und Lizenzen.
• Interne Erfolgsfaktoren: Know-how, Finanzierung, Ressourcen, Mitarbeiter, technischer Entwicklungsstand.

Zwischen den Zielen und den Erfolgsfaktoren müssen konkrete Beziehungen hergestellt werden. Die Aufgabe lautet: Mit welchen Erfolgsfaktoren des Unternehmens sind die Ziele zu erreichen? Dabei spielt die Planung und die Bewertung der Erfolgsfaktoren eine entscheidende Rolle. Die Bewertung kann nach **Chancen** oder nach **Risiken** erfolgen, die Abgrenzung ist wie folgt durchzuführen: Chancenmanagement bedeutet die **Stimulation für Opportunitäten** (man spricht auch vom Innovationsmanagement) und gehört mithin zum Bereich der strategischen Unternehmensführung, während die Risikobewertung und –analyse zum operativen Management gerechnet werden muß.

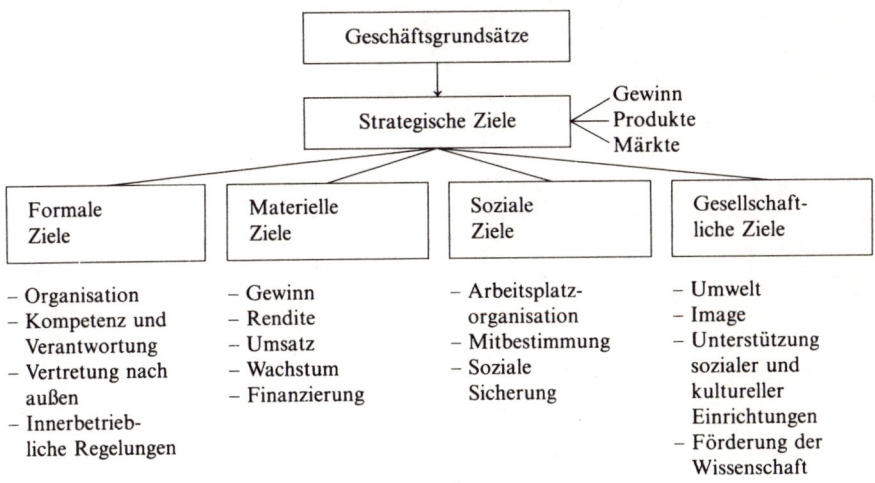

Abb. 22 Beispiel einer Zielhierarchie für strategische Orientierung

Für die Definition eines Rahmenmodells des strategischen Verhaltens eignet sich ein sogenanntes **Strategiefeld,** dessen wesentliche Elemente die Produkte, die Märkte und die Profitabilität des Unternehmens sind. Dieses Strategiefeld kann im Zuge einer dynamischen Analyse verfeinert werden, etwa durch: Klassifikation, Segmentierung und Hierarchiebildung (siehe Abbildung 23). Die Anwendung derartiger Szenarien bildet den Gegenstand der Organisation der strategischen Entscheidungsprozesse. Diese befassen sich mit der konkreten Bewertung und Analyse der einzelnen Strategiefelder, z. B.:

- Bestehende Produkte, neue Produkte, Konkurrenzprodukte, Zukunftsprodukte
- Maximaler Profit, kostendeckender Profit, branchenüblicher Profit
- Marktsegmente: Binnenmarkt, Außenmarkt, Konkurrenzmarkt.

Das strategische Szenario ist ein Hilfsmittel für das Top Management des Unternehmens, um den Prozeß des strategischen Denkens und Handelns in der Organisation zu etablieren. Es handelt sich um die Institutionalisierung der Dynamik (Change Management), d. h. um das Initiieren und Steuern von Änderungen im Hinblick auf die Erfolgsfaktoren des Unternehmens.

Die Erfolgsfaktoren stehen in unmittelbarer Beziehung mit den **Kernfunktionen** des Unternehmens, deren erfolgsorientierte Realisierung nur durch die Entwicklung spezifischer **Kernkompetenzen** möglich ist. Kernfunktionsorientierung und die systematische Entwicklung und Ausbildung der Kernkompetenzen bilden die zentrale Aufgabe eines zukunftsorientierten Managements.

Strategiekonzept	Strategiefeld		
	Produkte	Märkte	Profitabilität
Unternehmenskonzeption und Zielsystem			
Strategische Frage: ● Produkt ● Methode ● Pragmatik			
Erfolgsfaktoren			
Chancen und Risiken			

Abb. 23 Strategisches Szenario

7.1.2   Erfolgsfaktoren des Unternehmens

Im System der unternehmerischen Erkfolgsfaktoren sind fünf Kategorien unterscheidbar, die in gegenseitiger Beeinflussung stehen: Die Produkte des Unternehmens, seine Märkte (inklusive der Kundenstrukturen) und – als Ergebnis von Produkt und Markt – sein Gewinn. Diese drei grundsätzlichen Erfolgsfaktoren werden bezüglich ihrer Effektivität von der Leistung des Führungs- und Personalsystems beeinflußt:

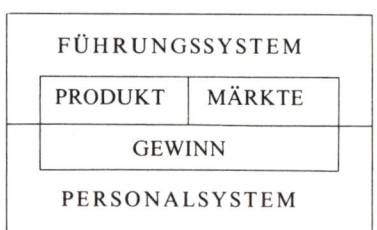

Abb. 24 Erfolgsfaktoren des Unternehmens

Sowohl in der betrieblichen Praxis als auch in der Fachliteratur treten sehr oft einseitige Betrachtungen auf: Entweder stehen die Produkte – z. B. die einseitige Konzentration auf Zukunftstechnologien - und das strategische Portfolio-Management in Bezug auf den Gewinn im Vordergrund oder die Marketingstrategien.

Derartig einseitig betriebene "Strategien" eignen sich jedoch nicht für gesamt-unternehmerische Erfolgsplanungen. Vielmehr müssen alle Ebenen und alle Entscheidungsprozesse des Unternehmens in die Strategiekonzepte eingebunden werden, was nicht selten gravierende Änderungen in den bisherigen organisatorischen Strukturen erfordert. Strategisches Denken bedeutet **mehrdimensionales Denken,** d. h. das Bewerten mehrerer sich gegenseitig beeinflussender Funktionen und Prozesse sowie das Umsetzen in pragmatische Handlungsanleitungen.

7.1.3   Strategisches Produktmanagement

Für das **Produktmanagement** lautet die "**strategische Frage**": Mit welchen Produkten wird das Unternehmen in Zukunft den erforderlichen Gewinn erwirtschaften und seine Marktposition sichern?

Hinter dieser Frage verbirgt sich das grundsätzliche Mißtrauen gegenüber den augenblicklichen Produkten des Unternehmens selbst dann, wenn es sich um ausgesprochen "gut gehende" Produkte handeln sollte. Wie schnell ein Unternehmen oder gar eine ganze Branche seine sog. "gut gehenden" Produkte verlieren kann, zeigt das Beispiel der Uhrenindustrie: Die Firmen ASUAG, Timex, SSIH, Junghans und Mauthe waren im Jahre 1950 die fünf größten Uhrenhersteller. Dreißig Jahre später zeigt die Spitzenposition des Uhrenmarktes ein verändertes Bild: Sie wird angeführt von neuen Namen wie Citizen und Seiko und auf dem Weltmarkt haben sich die Uhrenhersteller aus Hongkong etabliert. Das Produkt – Uhren – ist funktionell das gleiche geblieben, was sich jedoch änderte war eine neue Technologie.

Produkt und Technologie sind also untrennbar miteinander verbunden und bei der Analyse zukünftiger Produktstrategien sind alle die ein Produkt bestimmenden Parameter zu berücksichtigen. Sie können grundsätzlich in drei Bereiche eingeteilt werden: Akzeptanz, Material und Technologie:

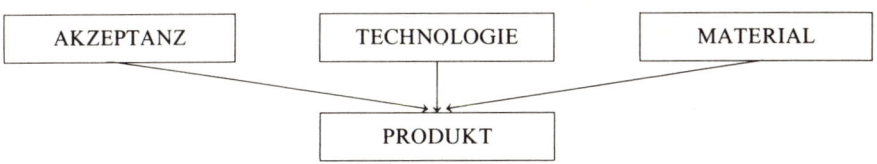

Abb. 25 Produktspektrum

Die einzelnen Parameter sind in eine Vielzahl spezifischer Kriterien unterteilbar:
Akzeptanz: Sie ist die Summe derjenigen Kriterien, die einen Käufer veranlassen,

ein Produkt zu kaufen. Ob eine Ware einen Markt findet (eine positive Nachfrage), ist nicht – wie oft fälschlicherweise angenommen wird – eine Funktion des
Preises, sondern eine Funktion der Akzeptanzkriterien. Je nach Art des Produktes
sind einzelne Akzeptanzkriterien bezüglich der Nachfrage dominierend. Als
Beispiele für Akzeptanzkriterien seien aufgeführt:

- Qualität, Zweckmäßigkeit, Funktionalität und Lebensdauer.
- Design, Mode, Attraktivität und Exklusivität.
- Funktionsspektrum, z. B. Zusatzfunktionen, Möglichkeiten von Anschluß-
  funktionen (Ausbaumöglichkeiten).
- Preis für das Produkt und für die Wartung.
- Garantieleistungen, Rücknahmeverpflichtungen, Service.

Der Preis stellt den Engpaßfaktor dar. Bei gegebenen (d. h. nicht beeinflußbaren)
Marktpreisen sind alle anderen Akzeptanzkriterien zu optimieren. Müssen beispielsweise die Qualität und die Funktionalität verbessert werden, dann sind bei
gleichen Marktpreisen die Einsatzfaktoren (Herstellkosten) zu reduzieren –
möglicherweise durch neue Materialien, neue Fertigungsprozesse oder preisgün-
stigere Bezugsquellen.

In der ersten Phase des strategischen Produktmanagements sind allerdings
derartige Optimierungen sekundärer Natur. Zunächst geht es darum, jene Kriterien
aufzuspüren, bei denen zukünftig mit Änderungen zu rechnen ist bzw. die
modifiziert werden können, um Änderungen am Produkt herbeizuführen. Die
neuere Methode der strategischen Produktplanung orientiert sich am sogenannten
"Target Pricing", d. h. ausgehend von einem als durchsetzbar geltenden Markt-
preis werden alle Komponenten des Produkts geplant.

Technologie: Für die strategische Bewertung der Produktentwicklung sind drei
Technologiebereiche relevant[50]:

- Produkttechnologien: Sie bestimmen die technischen Prinzipien des Produkts,
  wie sie im Arbeitsplan und in der Stückliste definiert sind. Die Produkt-
  technologie bestimmt alle Bauelemente und die Systemtechnik der Konstruktion.
- Prozeßtechnologie: Sie umfaßt alle Fertigungs- und Montagemethoden (d. h.
  die Logistik) für die Erstellung des Produkts einschließlich aller Prüftechniken
  bis zur Verpackungs-, Sicherungs- und Transportlogistik.
- Periphere Technologien: Diese beziehen sich auf die Überwachungs- und
  Steuerungstechnologie der Herstellungsverfahren, z. B. der Einsatz computer-
  gesteuerter Fertigungsstraßen, rechnergestützte Konstruktion und Design,
  (CAD, CAM) und Robotik.

Material: Der Bereich Material umfaßt die Summe der Inputfaktoren, die für die
Produktion von Gütern erforderlich sind, also: Rohstoffe, Hilfsstoffe und Energie.

Von besonderer Bedeutung sind in der neueren Fertigungslogistik die Bestrebungen nach einer Reduzierung der Fertigungstiefe mit der Folge, daß zahlreiche Teilfertigungsprozesse auf Lieferanten verlagert werden (Übergang vom Singlesourcing zum Component- und Systemsourcing).

Neben der Analyse der Faktoren und Kriterien des Produktsprektrums muß im Rahmen strategischer Planung eine zweite Analyse erfolgen: Die Analyse der **Relevanz** des Produkts. Dabei wird überprüft, ob die Produkte des Unternehmens mittel- und langfristig in bestehender und/oder in veränderter Form überhaupt eine **marktwirtschaftliche Nachfrage** besitzen. Für die Relevanzanalyse ist es notwendig, die Produktpalette des Unternehmens in drei Kategorien zu unterteilen:

- **Basisprodukte:** Das sind jene Produkte, die im wesentlichen zur Deckung der Fixkosten beitragen (positiver Deckungsbeitrag).
- **Schlüsselprodukte** sind alle Produkte, die geeignet sind, um die Marktposition des Unternehmens zu sichern bzw. neue Marktpotentiale zu erobern und die darüber hinaus einen positiven Beitrag zum Gewinn leisten.
- **Zukunftsprodukte** sind jene Produkte, die sich im Entwicklungsstadium befinden bzw. jene, von denen das Unternehmen weiß, daß sich potentielle oder aktuelle Konkurrenten damit befassen.

Strategisches Produktmanagement bedeutet somit zweierlei: Zum einen die Analyse derjenigen Komponenten und Kriterien des Produktspektrums, bei denen Veränderungen erwartet werden (adaptive Strategie) oder bei denen Veränderungen initiiert werden können bzw. müssen (aktive Strategie); zum andern die Analyse bezüglich der zukünftigen marktwirtschaftlichen Relevanz der Produkte. Die Veränderungen eines Produktes resultieren aus:

- Dem Markt, wobei Markt hier sowohl die Nachfrageseite als auch die Konkurrenzaktivitäten bedeutet und
- Innovationen, die von eigenen Erfindungen (Patente) oder von fremden Erfindungen (Lizenzen) stammen.

Das Szenario des strategischen Produktmanagements läßt entsprechend Abb. 26 grundsätzlich folgende Erkenntnisse zu:

- Die **Veränderungsmatrix** verdeutlicht, welche Komponenten des Produkts in der Zukunft durch welche Einflüsse (Markt, Innovation) verändert werden können. Dabei ist leicht erkennbar, ob es sich um fremdvermittelte (Konkurrenz, Forschungsinstitute, Gesetzgeber) oder um selbstinduzierbare Veränderungen handelt.
- Das **Produktspektrum** verdeutlicht, wie sich die Intensität der Veränderungen auf die Relevanz der drei Produktkategorien auswirkt. So könnte daraus beispielsweise der Schluß gezogen werden, daß das heutige Schlüsselprodukt in fünf Jahren nur noch den Rang eines Basisprodukts einnimmt, weil

die Vielzahl der zu erwartenden Veränderungen einen so hohen Aufwand an Produktanpassung erfordert, daß sich der Deckungsbeitrag entscheidend reduziert.

Es ergibt sich folgendes strategisches Szenario für das Produktmanagement:

Pro-dukt-Kate-gorie	Produkt-spektrum (Strategische Plan-periode)	Heute	in 3 Jahren	in 5 Jahren	Märkte		Innovation	
					Verbrau-cher	Konkur-renz	eigen	fremd
B A S I S P R O D U K T	Akzeptanz: 　Preis 　Qualität 　Design 　Funktionalität Technologie: 　Produkttechnologie 　Prozeßtechnologie 　Periphere Technologie Material: 　Energie 　Rohstoffe 　Hilfsstoffe							
Schlüs-sel-pro-dukt	Akzeptanz: s.o. Technologie: s.o. Material: s.o.							
Zu-kunfts-pro-dukt	Akzeptanz: s.o. Technologie: s.o. Material: s.o.							

← Produktspektrum →｜← Veränderungsmatrix →

Abb. 26 Szenario des strategischen Produktmanagements

7.1.4   Strategisches Marktmanagement

Das strategische Marktmanagement stellt die Verbindung her zur zukünftigen Produktorientierung des Unternehmens. Dabei ist zu unterscheiden in strategische Beschaffungsmärkte und strategische Absatzmärkte. Für die Beschaffungsmärkte können beispielsweise folgende strategische Ziele definiert werden:

- Kostenreduzierung bei Fremdprodukten,
- Qualitätssicherung für Vorleistungsprodukte,
- Materialverringerung,
- Materialsubstitution,
- Energie- und Rohstoffreduzierung.

Es handelt sich mithin um eine Strategie der Optimierung der Einsatzfaktoren, wobei die Beziehungen zu den Lieferanten eine entscheidende Rolle spielen. Derartige Optimierungen sind noch weitgehend identisch mit einer konventionellen Unternehmensführung. Viel bedeutender für die strategische Planung ist die Frage, ob Änderungen in den mengen- und wertmäßigen Volumina bei den Einsatzfaktoren möglich sind und inwieweit sich diese Änderungen auf die Relevanz und Akzeptanz der Produkte auswirken. Unter dem Aspekt steigender Herstellkosten (und damit der Stückkosten) muß entschieden werden, ob nicht ein Teil der bisher selbsterstellen Produktkomponenten ausgelagert wird und als "fertiger" Rohstoff fremdbezogen wird. Statt Stoffe in Hongkong zu beziehen und sie anschließend mit teuren Herstellkosten in Deutschland weiterzuverarbeiten, kann auch das Fertigprodukt bezogen werden ("Make-or-buy-Entscheidung"). Die Auswirkungen auf Relevanz und Akzeptanz sind dabei allerdings genau zu analysieren. Für den Beschaffungsmarkt lauten die zwei grundsätzlichen Fragen:

- Gleiche oder geringere **wert- und mengenmäßige Volumen** der Einsatzfaktoren für die zukünftigen Produkte oder
- **Umwandlung** von Herstellkosten in Beschaffungskosten, d. h. Verringerung der Fertigungstiefe?

Als Parameter einer solchen Entscheidung gelten: Die Entwicklung der Herstellkosten, die Substitution von menschlicher Arbeitskraft durch Maschinen (Automatisierung), die Versorgungskapazitäten externer Beschaffungsmärkte, die Qualität und Akzeptanz der zu beschaffenden Waren sowie die Kalkulation der damit zusammenhängenden Risiken.

Für den **Absatzmarkt** ergeben sich dagegen für das strategische Management wesentlich kompliziertere Entscheidungssituationen. Zunächst gilt es, den Markt in seinen verschiedenen Dimensionen und im Hinblick auf die Produkte und Dienstleistungen des Unternehmens zu segmentieren. Markt bedeutet dabei nicht nur das Verhalten der Verbraucher, sondern auch das der Konkurrenz. Drei Kriterien bestimmen grundsätzlich die Segmentierung:

- **Regionale Gliederungen,** z. B. Binnen- und Exportmärkte,
- **Demographische Gliederungen,** z. B. die Frage, wer die Verbraucher der nächsten Dekade sind?
- **Kaufkraftgliederungen:** Wie entwickelt sich die Kaufkraft auf den verschiedenen Märkten bei den verschiedenen Käufergruppen entsprechend der demographischen Struktrur?

Das strategische Marktmanagement befaßt sich mit Basismärkten und neuen Märkten. Basismärkte sind die konventionellen (bestehenden) Marktsegmente, die aufgrund von Nachfrageverschiebungen, Konkurrenzaktivitäten und Innovationen Änderungen unterliegen. Neue Märkte sind entweder neue Käufergruppen oder neue regionale Märkte, die beispielsweise im Zuge der Globalisierungsbestrebungen gewonnen werden. Auf beiden Märkten kann mit "alten" Produkten (Basisprodukte, bestehendes Angebot) und/oder neuen Produkten (Innovations-produkte) operiert werden. Daraus resultiert der strategische Markteintritt.

PRODUKT/MARKT	NEUER MARKT	BASISMÄRKTE
NEUE PRODUKTE	A	B
BASISPRODUKTE	C	D

Abb. 27 Markt- und Produktsegmente

Gemäß Abbildung 27 sind drei Strategien ableitbar:

A   Bei dieser Strategie wird versucht mit einem neuen Produkt einen neuen Markt zu erobern. Es ist dies eine gemischte Strategie des Markt- und Produkteintritts. Sie ist sehr oft mit hohen Risiken verbunden und wird vorwiegend bei der Einführung von Hochtechnologie-Produkten angewandt (vgl. hierzu die Telekommunikations-Branche).

B   Diese Strategie zielt darauf ab, neue Produkte in einen bestehenden Markt einzuführen.Die Realisierung dieser Strategie setzt voraus, daß eine Änderung des Käuferverhaltens herbeigeführt werden kann. Daraus leiten sich eine Reihe markt- und produktspezifischer Sekundärstrategien ab.

C   Bei dieser Strategie versucht das Unternehmen, seine bestehenden Produkte auf neuen Märkten einzuführen. Sehr oft sind hierfür umfangreiche Investitionen auf den neuen Märkten erforderlich, die z. T. durch staatliche Unterstützungen in Form von Vorleistungen gewährt werden (z. B. Investitionen in den sogenannten Schwellenländern).

D   Die Präsenz mit Basisprodukten auf Basismärkten kann nicht als Strategie im Sinne einer Zukunftssicherung des Unternehmens verstanden werden.

Die Realisierung einer A-, B- oder C-Strategie hängt von einer Vielzahl limitierender Faktoren ab:

•   Investitionsbereitschaft und Kapitalbeschaffungsmöglichkeiten (z. B. im Rahmen eines Joint-Venture-Vertrags).

- Kenntnis des neuen Marktes und seiner marktwirtschaftlichen Bedingungen.
- Kenntnis der neuen Produkte und ihrer Akzeptanz auf den neuen Märkten.
- Vertriebswege und Vertriebsmethoden.
- Multikulturelles Management, um unter neuen Bedingungen auf neuen Märkten operieren zu können.
- Motivation des Personals (Mobilität und Flexibilität).
- Abschätzung politischer Risiken.

Für den Eintritt in einen neuen Markt können nach Roberts und Berry sieben Formen unterschieden werden[51].

Eintrittsstrategie	Vorteile	Nachteile
Interne Entwicklung neuer Produkte	Nutzung bestehender Ressourcen	Lange Entwicklungszeiten
Erwerb eines kleineren innovativen Unternehmens	Sofortiger Markteintritt	Anpassungsschwierigkeiten und Organisations- probleme des überneh- menden Unternehmens.
Lizenznahme	Reduzierte finanzielle Vorleistung. Schneller Zugang zu fertiger Tech- nologie	Mangelnde interne techni- sche Kompetenz. Abhän- gigkeit vom Lizenzgeber.
Interne Umstrukturierung (Reorganisation)	Nutzung bestehender Ressourcen	Interne Kommunikations- und Organisationsprobleme.
Allianzgründung	Verteiltes Risiko, Er- höhung des Marketing- Potentials und der Tech- nologie-Kompetenz	Konfliktpotentiale zwi- schen den Partnern, u. U. rechtliche Probleme.
Kapitalbeteiligung	"Window-Technology": Teilnahme am technischen Fortschritt ohne hohes Risiko.	Verzögerung im Aufbau eigener Kompetenz für Produkt und Markt.
Skill-Transfer	Initialzündung innerhalb der eigenen Organisation	Risiko, daß die transfe- rierten Spezialisten das Unternehmen verlassen.

Abb. 28 Markteintrittsstrategien

Roberts und Berry weisen bei ihren Untersuchungen der Markteintrittsstrategien auf ein weiteres Kriterium hin: Das der **Vertrautheit** (Familiarity) mit dem Produkt und dem Markt. Die Vertrautheit läßt sich differenzieren in:

- Technische Vertrautheit: Kenntnis der Produkteigenschaften, seiner Wartung, seiner Produktionsverfahren, der Normung, Verpackung und Sicherung.
- Markt-Vertrautheit: Kenntnisse der Käufergewohnheiten, der Werbung, der Finanzierung, der Import-Export-Vorschriften, der Deklarationen, des internationalen Zahlungsverkehrs, steuerliche Vorschriften, Patent- und Lizenzrechte.

Erweitert man das Tableau der Markteintrittsstrategien um die Vertrautheit mit den Produkten bzw. Märkten, dann ergibt sich eine eindeutige Zuordnung von Strategien:

Neu und nicht vertraut	Allianzbildung Gemeinsame Neugründungen	Investitionen, Übernahme von Personal	
Neu vertraut	Interne Veränderung des Marketingverhaltens: Neue Vertriebswege und -methoden.	Lizenznahme, Übernahme kleinerer Firmen, Eigenentwicklung	
Basis	Keine Änderung der Strategie	Diversifikation, Divisionalisierung, Produktmanagement, Lizenznahme.	„New Style": Neue Management- und Marketingmethoden Allianzbildung, Joint Ventures
	Basis	Neu/Vertraut	Neu/nicht vertraut

→ Produktfaktoren

Abb. 29 Markteintrittsstrategien nach Maßgabe der Vertrautheit

Zusammenfassend ergeben sich folgende Grundsätze für die Markteintrittsstrategien:

1. Marktsegementierung: Eigene Präsenz, Konkurrenzpräsenz, Marktentwicklung.
2. Produktzuordnung: Welche Produkte werden in Zukunft auf welchen Märkten angeboten?
3. Strategieauswahl in Abhängigkeit von den Produkt- und Marktfaktoren.

Ergänzt werden alle zukunftsorientierten Strategien durch besondere Datenerhebungsmethoden, z. B.: Prognosemodelle, Regressionsanalysen, repräsentative statistische Erhebungen und Portfolio-Analysen.

7.1.5 Strategisches Gewinnmanagement

Der Gewinn eines Unternehmens ist das Resultat der unternehmerischen Aktivitäten. Man kann auch sagen, daß der Gewinn die resultierende Variable vieler Einzelentscheidungen ist. Strategisches Gewinnmanagement bedeutet:

a) Gewinn-Verteilungsstrategie und
b) Gewinn-Erwartungsstrategie.

Die Gewinn-Verteilungsstrategie bezieht sich auf die Planung der Investitionen für zukünftige Produkte und Märkte. Die Gewinnverteilung ist mithin ein limitierender Faktor für die Realisierung bestimmter Strategien. Ein Unternehmen, dessen Investitionsbudget eine interne Umstrukturierung für die Entwicklung neuer Produkte nicht zuläßt, wird beispielsweise gezwungen sein, Lizenzen zu nehmen oder Beteiligungen zu planen.

Bei den Gewinnerwartungsstrategien hat dagegen der Gewinn den Charakter einer **Zielgröße** und stellt einen Entscheidungsparameter dar. Nach dem klassischen Modell der Gewinnmaximierung wäre jeweils jene Strategie zu wählen, die bei gleichen Einsatzfaktoren die höchste Rendite erwarten läßt. Bei strategischen Entscheidungen spielen jedoch zusätzliche Überlegungen eine Rolle:

- **Marktpräsenz:** Sicherung eines Marktes durch eigene Produkte, die sich langfristig verändern oder durch neue ersetzt werden.
- **Konkurrenzverhalten:** Das Unternehmen gerät durch das Verhalten neuer Anbieter in einen "Zugzwang", d. h. es entstehen marktwirtschaftliche Notwendigkeiten dem technischen Fortschritt zu folgen, auch wenn dies weder zeitlich noch finanziell mit der bisherigen Unternehmensplanung in Übereinstimmung steht.
- **Investitionsbudget:** Mittelfristige Strategien können am Investitionsbudget scheitern (was nicht selten eine Folge des Mangels an früheren Strategien ist). In diesem Fall wird sich das Unternehmen durch Beteiligungen (Joint-Venture) oder durch Window-Beteiligungen strategische Vorteile suchen müssen.
- **Risikobereitschaft:** Die Risiken für neue Produkte und neue Märkte können teilweise durch staatliche Unterstützungen reduziert werden. Daraus resultiert für das Unternehmen die Notwendigkeit, seine zunächst individuellen Ziele und Egoismen in einen breiteren volkswirtschaftlichen Rahmen zu stellen, um sich die Zusicherung der Unterstützung durch staatliche Institutionen zu sichern (z. B. Kreditsicherung durch die Hermes-Bank).

Ordnet man der Produktpalette die neuen und alten Märkte sowie die jeweilige Gewinnerwartung zu, dann ergibt sich die auf Seite 126 dargestellte Gewinnerwartungsmatrix. Sie macht deutlich, daß hier keine "besonderen" Gewinnerwartungen für die neuen Märkte in den Planperioden (3, 5, 7 Jahre) vorliegen. Das mag damit zusammenhängen, daß zu wenig Kenntnisse (Vertrautheit) mit den neuen Märkten vorhanden sind. Die Gewinnerwartungsmatrix ist zunächst als ein **didaktisches Mittel** für die strategische Planung aufzufassen. Zunächst wird festgestellt, mit welchen Produkten auf welchen Märkten nach Meinung des Planers in den einzelnen Planperioden Gewinne erwirtschaftet werden können. Im zweiten Schritt wird die Matrix in Frage gestellt: Warum auf neuen Märkten wenig Gewinnaussichten, wie ist die Situation der Konkurrenz, welche Rolle spielen Schlüsselprodukte auf neuen Märkten usw.? In einem dritten Schritt ist es erforderlich, alle Fakten über Produkte und Märkte zu sammeln und anschließend eine neue Matrix entsprechend dem Grade der Vertrautheit zu erstellen. Hierfür werden die erwähnten Datenerhebungsmethoden intensiv eingesetzt.

Produkt	Markt	Gewinnerwartung/Periode		
		3	5	7
Basis	Neu	-	0	0
	Alt	0	-	-
Schlüssel	Neu	-	-	0
	Alt	+	+	0
Zukunft	Neu	-	-	0
	Alt	-	0	+

Abb. 30   Gewinnerwartungsmatrix (Es bedeuten: +: hoch, 0: mittel, -: niedrig)

7.1.6 Strategisches Verhalten

Das strategische Verhalten einer Organisation ist nur bedingt formalisierbar, z. B. bezüglich der zum Einsatz gelangenden Techniken und Methoden. Im Idealfall mündet das strategische Verhalten in eine **Unternehmenskonzeption,** in der mehrere Elemente zusammenwirken:

- Kreativität und gelenkte Innovation,
- Planungs- und Entscheidungsprozesse,
- Organisations-Entwicklung,
- Mitarbeiter-Development und Führungsstil.

Im Mittelpunkt des strategischen Verhaltens steht die Konzentration der unternehmerischen **Potentiale** im Hinblick auf die Erfolgsfaktoren des Unternehmens. Das McKinsey-Konzept (auch "7-S-Modell" genannt), das auf Untersuchungen von Peters und Waterman über erfolgreich geführte Unternehmungen basiert, nennt sieben Teilbereiche der strategischen Unternehmensführung, auf denen sich jeweils bestimmte Verhaltensweisen nachweisen lassen: Jedes der genannten Kriterien erfordert je nach Situation des Unternehmens und Branchenzugehörigkeit spezifische Techniken, Verhaltensweisen und Methoden.

1. Strategy (Strategische Orientierung)
2. Superordinate Goal (übergeordnete Unternehmensleitsätze)
3. Systems (EDV-technische Infrastruktur)
4. Staff (Stabsunterstützung)
5. Skills (Fähigkeiten, Ausbildungsstand)
6. Structure (Organisationsstruktur)
7. Style (Führungsstil)

Strategisches Verhalten ist keine linear und prozessual verlaufende Methodik, sondern ist weitgehend problemorientiert. Die jeweilige Situation des Unternehmens, seine Potentiale, seine Stellung am Markt und die Fähigkeit seiner Organisationsleistung bestimmen die Priotität der einzelnen Kriterien. Nach Scheuss[52] und Drucker[53] können fünf strategische Verhaltensweisen in Bezug auf die Erfolgsfaktoren des Unternehmens abgeleitet werden:

1.   **Überlegenheitsstrategie:** Dieses Verhalten zielt darauf ab, von Beginn der Nutzung einer Innovation eine absolute und permanente **Führungsposition auf dem Markt** und gegenüber den Konkurrenten zu erzielen (Streben nach Monopolisierung). Diese Verhaltensweise tritt insbesondere bei sogenannten zweiseitigen Innovationen (neues Produkt und neuer Markt) auf. Ein Beispiel ist der Aufstieg der Firma E. I. Du Pont Nemours & Company im Bereich der Kunstfasern: Mitte der zwanziger Jahre übertrug diese Firma die Leitung ihres Forschungslabors dem Chemiker Professor W. H. Carothers mit der Aufgabe, die polymere Chemie bezüglich ihrer industriellen Nutzungsmöglichkeiten zu untersuchen. Nach 12 Jahren Forschungstätigkeit gelang es Carothers, das Polykondensat aus Hexamethylendiamin und Adipinsäure zu entwickeln, das als Nylon seinen Siegeszug auf den Weltmärkten begann. Das Top Management von Du Pont konzentrierte alle Kräfte ihres Unternehmens und alle internen und externen Potentiale, um das neue Produkt auf den neuen Märkten zu etablieren. Ähnliche Überlegenheitsstrategien sind auch aus der pharmazeutischen Industrie bekannt: Hoffmann la Roche eroberte den Weltmarkt für Vitamine und Librium und die Fa. Bayer AG den des Aspirins.

Ein **Überlegenheitsverhalten** bedingt in der Regel massive **Investitionen** und finanzielle Vorleistungen im Bereich der Forschung und Entwicklung. Dadurch wird ersichtlich, daß es vorwiegend von bereits im Markt etablierten Großfirmen realisiert werden kann. Die Überlegenheitsstrategie bedingt **Diversifikation** mit allen Folgen für die Organisationsstrukturen des Unternehmens.

Die Überlegenheitsstrategie ist eine „Alles-oder-Nichts-Strategie": Wird das Ziel nicht erreicht (kommt beispielsweise ein Konkurrenzprodukt schneller auf den Markt), bedeutet dies hohe Unternehmensverluste und – in der historischen Rückschau betrachtet – waren es oftmals günstige politische und wirtschaftliche Konstellationen, die den Erfolg herbeiführten. Du Pont's Erfolge mit den Kunstfasern waren dadurch möglich geworden, daß durch den Ausbruch des zweiten Weltkrieges die bis dahin führende japanische Seide von den USA nicht mehr importiert wurde: Das Substitut Kunstfaser (speziell Nylon) hatte sein Konkurrenzprodukt verloren und konnte zu einem selbständigen Produkt umgestaltet werden.

2.   **Partizipatives Verhalten:** Man könnte dieses Verhalten auch eine Strategie des „Parvenus" nennen, denn bei diesem Konzept des strategischen Verhaltens versucht ein „Newcomer" in einen bereits existierenden Markt einzudringen. Die Innovation des Parvenus besteht darin, in der Produktpalette und in den Märkten des Marktführers sogenannte Marktnischen zu entdecken. Als Beispiel möge zitiert sein: Die deutschen Sach- und Lebensversicherer versuchen zur Zeit, vom traditionellen Kreditmarkt einen Teil zu gewinnen, während umgekehrt die Geschäftsbanken versuchen, einen Teil des traditionellen Versicherungsgeschäftes zu erobern.

3.   **Vernichtungsstrategien:** Hierbei werden alle Instrumente der Unternehmensführung (Preis-, Produkt-, Marketing- und Finanzierungspolitik) eingesetzt, um einen Konkurrenten (der ein Parvenu sein kann) zu vernichten. Die eleganteste Art ist dabei die Übernahme des gefürchteten Konkurrenten. Bei neuen Märkten (z. B. auf dem Kommunikations- und Medienmarkt) muß allerdings der Marktführer damit rechnen, daß viele kleinere Konkurrenten Marktanteile erobern. Der Markt der Personal Computer zeigt deutlich, wie sehr ein Markt durch Anbieter überschwemmt werden kann, so daß insgesamt die Wachstumsraten schrumpfen, da durch die Verunsicherung der Käufer Kaufzurückhaltungen auftreten.

4.   **Imitationsverhalten:** Sie ist das am weitesten verbreitete Verhalten im Bereich des strategischen Managements: Wird ein neues Produkt mit einem neuen Marktpotential entdeckt, so bezeichnet man die ersten 2,5 % aller potentiellen Verwender als Innovatoren, den Rest der Verwender als Imitatoren. Die Imitation kann sich auf vielen Gebieten zeigen: Imitation des Produkts, des Führungsstils, der Ausbildungsmethoden, der Organisation, der Finanzierung usw. Die Imitation ist nicht wie oftmals fälschlich angenommen wird, eine simple Kopie eines bereits existierenden Produkts (ein Produkt allein macht noch keinen Markt), dies kann allenfalls zu Beginn unternehmerischer Aktivitäten der Fall sein: Der erste funktionsfähige Großcomputer war beispielsweise keine Innovation der Firma IBM – der ENIAC der Universität Pennsylvania existierte bereits. Aber die Firma IBM verstand es, die nachgefertigte „Kopie" funktional zu modifizieren, auf ein spezielles Markt- und Anwendungspotential auszurichten und die entsprechenden Marketingaktivitäten durchzusetzen und damit wurde der IBM-Computer zum Mainframe-Computer. „**Kreative Imitation**" ist also mehr als kopieren: Es ist die Wahrnehmung von Chancen, die ein neues Produkt auf neuen Märkten bietet, wie es der Aufstieg der japanischen Wirtschaft Ende der 80er Jahre verdeutlichte.

5.   **Kollektives Verhalten:** Kollektive Strategien entstehen meist durch äußere Zwänge. Gesetzesvorlagen zum Schutz der Umwelt drängen beispielsweise die Chemie-Unternehmen in kollektive Handlungsweisen, der japanischen Herausfor-

derungen versucht man durch kollektive Abwehrstrategien (EWG-Sanktionen) zu begegnen. Die Zielsetzung kollektiver Strategien wird bestimmt von der Absicht, zumindest für einen gewissen Zeitraum einen status quo zu halten; entweder um die bestehenden Produktionsverfahren und Technologien umzustellen oder aber um neue Innovationen zur Marktreife zu führen. Den organisatorischen Rahmen für kollektive Strategien bilden die Verbände und Wirtschaftsvereinigungen und nicht selten bestimmen die kollektiven Verhaltensweisen die Wirtschaftspolitik eines Landes.

Die dargestellten fünf grundsätzlichen Verhaltensweisen lassen noch eine Reihe von Mischformen zu und in der Praxis kommt es oft zu Übergängen von einer Verhaltenweise auf die andere. Es lassen sich daher zwei polare Verhaltenskonzeptionen definieren: Die **anarchistische** und die **systematische Unternehmenskonzeption** und eine der Aufgaben eines fortschrittlichen Managements besteht darin, den Übergang von der anarchistischen zur systematischen Unternehmensführung zu vollziehen.

In Abbildung 31 sind die Merkmale der beiden Konzeptionen gegenübergestellt.

Konzeption\nMerkmal	anarchistisch	systematisch
Strategisches Verhalten	Partizipation und Imitation	Kreativität und gelenkte Innovation
Problembewußtsein	Wahrnehmung durch Störungen und Verluste	Suche nach Schwachstellen zur Verbesserung
Problemlösung	Akzeptanz der „erstbesten" Idee	Analytische Problemlösungsprozesse
Führungsstil	Management by Breakthrough	Zielorientierte Führung kreativer Teams
Planung	Operative Planung, Anpassung und Kurzfristplanung	Strategische Planungsdominanz, Langfristplanung
Organisation	Funktionale Delegation	Produktorientiert, Divisionalisierung
Marketing	Aggressives Marketing ohne Kundenpflege	Neue Vertriebswege und Marketingkonzeptionen
Forschung und Entwicklung	Verbesserung und Anpassung	Exklusive Laboratorien für systematische Innovationen

Abb. 31 Anarchistische und systematische Unternehmensstrategien

7.1.7 Strategische Instrumente

Für die Durchsetzung bestimmter Strategien sind grundsätzlich alle Instrumente des Unternehmens einsetzbar, wenn auch unter veränderten Bedingungen und Prioritäten. Die wichtigste Rolle spielt dabei die **gelenkte Innovation.** Im Unterschied zur Invention, die die Erfindung neuer Problemlösungspotentiale und Produkte bedeutet, umfaßt die Innovation auch die neuartige oder gänzlich neue Verwendung und Nutzung derartiger Potentiale. Schumpeter betrachtete gerade den Aspekt der „Durchsetzung neuer Kombinationen" als Kernpunkt unternehmerischer Leistungen. Innovation ist nach ihm „Doing of new things or the doing of things that are already being done in a new way." Die geniale Imitation gehört dabei ebenso zur strategischen Innovation wie die Entdeckung bisher vernachlässigter Patente und Linzenzen, die als „tote Möglichkeiten" aktiviert werden können. Derartige „tote Möglichkeiten" sind auch das Know-how der Experten und Mitarbeiter eines Unternehmens, sofern es nicht genutzt wird. Stellt man **Verwendung** und **Problemlösungspotential** gegenüber, dann ergibt sich eine sogenannte **Innovationsmatrix,** aus der bestimmte strategische Konsequenzen abgeleitet werden können:

An- und Verwendung \ Problemlösungspotential	konventionell	neu
konventionell	①	Problemlösungs-Innovation ②
neu	Anwendungs-Innovation ③	zweiseitige Innovation ④

Abb. 32 Innovationsmatrix

①: Dieser Bereich charakterisiert einen innovationslosen Zustand des Unternehmens. Das Unternehmen stagniert bezüglich der neuen Produkte und ihrer Anwendungsmöglichkeiten.

②: Eine bestehende Anwendung wird mit Hilfe neuer Problemlösungspotentiale „modernisiert". Beispiele hierfür sind die Anwendungen der Computertechnologie und ihrer Software auf bisherige Abläufe und Verfahren.

③: Bei der Anwendungs-Innovation werden neue Märkte erschlossen und neue Bedürfnisse für die Produkte des Unternehmens geweckt.

④: Bei der zweiseitigen Innovation werden für neue Produkte auch zugleich neue Märkte und Bedürfnisse geschaffen. Dieser Prozeß vollzieht sich zur Zeit auf dem Markt der neuen Medien.

Neben der Aktivierung der gelenkten Innovation sind zusätzliche Instrumente für die Durchsetzung strategischer Konzeptionen erforderlich:

- **Planungssystem:** Hierbei handelt es sich primär um die Extrapolation von wirtschaftlichen Faktoren auf strategische Planungszeiträume.

- **Informationssystem:** Das Informationssystem stellt die Verbindung her zwischen externen und internen Daten. Seine Hauptaufgabe besteht in der Bereitstellung verdichteter und aktueller Informationen für strategische Entscheidungen.

- **Unternehmensbild:** (Corporate Identity): Aufbau eines geschlossenen und abgestimmten Erscheinungsbildes des Unternehmens gegenüber Kunden, Lieferanten und gesellschaftlichen Institutionen.

- **Führungsstil:** Ausprägung eines problembewußten Managements, das durch Deregulierung und Entbürokratisierung Freiräume für Kreativität schafft und diese bewußt lenkt.

- **Organisation:** Aufbau flexibler Organisationsstrukturen.

- **Personalführung:** Motivation der Mitarbeiter, an der Durchsetzung neuer Ideen mitzuarbeiten und ein hohes Maß an Mobilität bereitzustellen.

- **Forschung und Entwicklung:** Konzentration der innovativen Kräfte auf konkrete Produkte und Anwendungen.

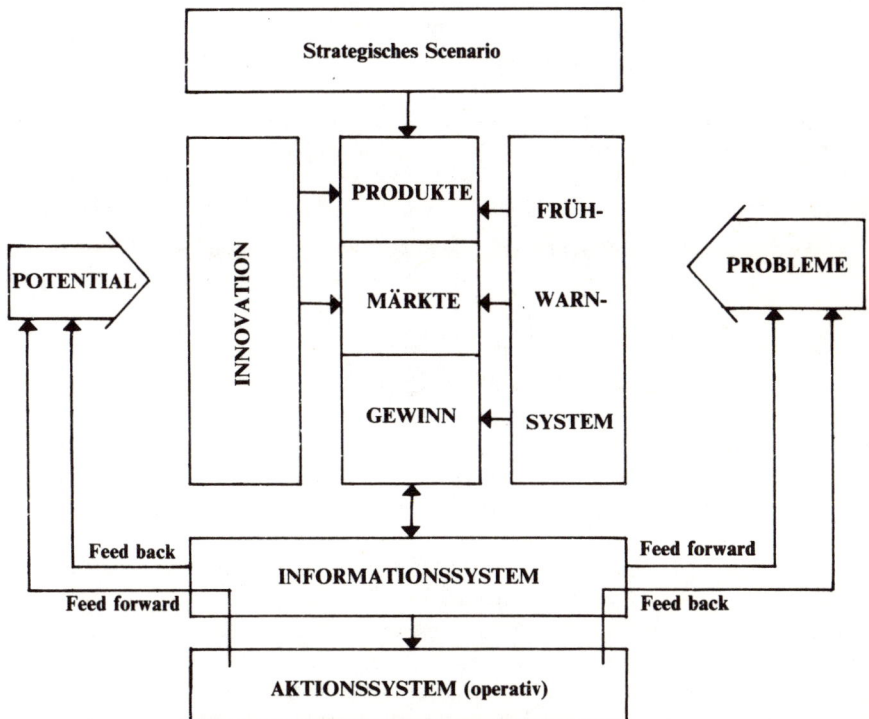

Abb. 33 Komponenten einer strategischen Konzeption

Strategisches Management bedeutet demnach die Aktivierung aller Potentiale des Unternehmens, um die Erfolgsfaktoren für die Zukunft zu sichern. Das Zusammenspiel vieler Komponenten im strategischen Bereich ist in Abbildung 33 schematisch dargestellt.

7.1.8 Zusammenfassung

Strategisches Management bedeutet die Planung der zukünftigen Erfolgsfaktoren des Unternehmens. Als solche gelten grundsätzlich:

- Die Produkte,
- die Märkte und
- die Profitabilität des Unternehmens.

Strategisches Management ist ein permanenter Prozeß, der durch den ständigen Vergleich zwischen betrieblichen Potentialen und externen Chancen gesteuert wird.

Entsprechend den Erfolgsfaktoren ergeben sich für das strategische Management drei Hauptaufgaben:

- Strategisches Produktmanagement: Mit welchen Produkten wird das Unternehmen in Zukunft den erforderlichen Gewinn erwirtschaften?

- Strategisches Marktmanagement: Auf welchen Märkten (intern – extern, Basismärkte – neue Märkte) muß das Unternehmen in Zukunft seine Präsenz sichern?

  Als Instrument des strategischen Managements können eingesetzt werden:

- Potentialanalysen
- Gelenkte Innovation und Kreditivitätstechniken
- Organisations- und Personalführungskonzepte
- Planungssysteme
- Informationssysteme
- Entwicklung eines Unternehmensbildes
- Intensivierung der Forschung und Entwicklung

Für den zukünftigen Eintritt in neue Märkte mit neuen und/oder bestehenden Produkten sind mehrere Teilstrategien möglich, die im wesentlichen von der Vertrautheit mit dem Produkt und den Marktfaktoren abhängig sind. Das strategische Management konzentriert sich auf die Aktivierung aller Potentiale eines Unternehmens, um den Bestand und das Wachstum des Unternehmens unter sich ändernden wirtschaftlichen und technischen Bedingungen zu sichern.

7.2 Management und Zielsetzung

Die Festlegung der Unternehmensziele in ihren unterschiedlichen Ausprägungen (persönliche Ziele, Produktions-, Finanz-, Produktziele usw.) gilt neben der Entscheidung als ein herausragendes Aufgabengebiet des Managements. Gleichzeitig ist damit eine außergewöhnliche Leistung verbunden, die alle bekannten Managementtechniken erfordert. Die Interdependenz des Zielsystems und die Tatsache, daß Ziele stets zukunftsorientierte Absichtserklärungen beinhalten (Prognosen), verlangt ein ständiges Engagement der Führungskräfte im Zielfindungs-, Zielkorrektur- und Entscheidungsprozeß.

7.2.1 Begriffsklärung

Unter einem Ziel versteht man allgemein das Streben nach Erreichen eines bestimmten Ergebnisses. Eine differenzierte Betrachtung führt zu folgenden Abgrenzungen:

a) **Der behavioristische Ansatz:** Ein Individuum versucht, aufgrund von Erfahrungen und individuellen Präferenzen einen bestimmten **Nutzen** zu erzielen, indem es von ihm erwartete Ergebnisse zu erreichen versucht. Beispiel: Ein Mitarbeiter unterzieht sich einer zusätzlichen Ausbildung, um über diese Qualifizierung die Möglichkeit einer Beförderung und damit Einkommensverbesserungen zu erreichen.

b) **Der Ansatz des homo oeconomicus:** Ein Individuum setzt die ihm zur Verfügung stehenden Mittel, Fähigkeiten und Informationen so ein, daß ein Maximum an Ergebnissen für ihn erzielt wird. Man spricht auch von der **Mittel-Zweck-Relation,** das ein Ausfluß des **Rationalsprinzips** darstellt.

c) **Der wirtschaftsspolitische Ansatz:** Eine Regierung definiert ordnungspolitische Rahmenbedingungen, innerhalb derer sich das wirtschaftliche Handeln einer Volkswirtschaft vollzieht. Ein Beispiel hierfür ist das sogenannte **magische Viereck** der sozialen Marktwirtschaft: Stabiles Preisniveau, Vollbeschäftigung, außenwirtschaftliches Gleichgewicht und stetiges Wirtschaftswachstum. In der BRD wird dieses **Zielsystem** überprüft durch den Sachverständigenrat, der laut Gesetz von 1963 jährlich einen Bericht über die wirtschaftliche Situation verfaßt.

d) **Der gesellschaftspolitische Ansatz:** Die Gesellschaft als Ganzes hegt bestimmte Erwartungen und Wertvorstellungen über die Gestaltung ihrer Sicherheit und ihrer Lebensqualität, z. B. das Ziel „Erhaltung der natürlichen Umwelt" entsprechend der Erklärung des Rates der evangelischen Kirchen und der Deutschen Bischofskonferenz von 1985.

e) **Der organisationssoziologische Ansatz:** Eine Organisation (Unternehmen, Betrieb, Behörde, Dienstleistungszentrum) strebt mit ihren Ressourcen Ergebnisse an, die

- ihre Existenz langfristig oder für die geplante Lebensdauer sichern,
- den Eigentümern ein ausreichendes, quantitatives Ergebnis zubilligt (z. B. Verzinsung des eingesetzten Kapitals),
- den an der Ergebniserzielung beteiligten Mitarbeitern ein „gerechtes Entgelt" zukommen läßt sowie ein gesellschaftlich akzeptiertes Wohlbefinden („Lebensstandard") und eine langfristige Sicherheit der Beschäftigung garantiert,
- sich an den gesellschaftlichen Wertvorstellungen und an den ordnungspolitischen Rahmenbedingungen orientieren (d. i. die Konformitätsbedingung des Rationalprinzips).

Eine isolierte Betrachtung der fünf Zielbereiche ist nicht möglich: Jeder Zielbereich beeinflußt den anderen und je nach wirtschaftlicher Situation können einzelne Bereiche mehr oder weniger stark dominant sein.

7.2.2 Zielfindungsprozeß

Die Zielfindung im Unternehmen folgt dem **Rationalprinzip** unter Beachtung der **Restriktionen** aus allen anderen Zielbereichen. Die **Ziel-Mittel-Relation** führt zu folgenden Problemstellungen:

a) Was wollen wir erreichen? Hierbei geht es um die Entwicklung eines machbaren (realistischen) **Zielbündels** (d. s. mehrere Ziele der Zielbereiche), d. h. um die Festlegung erreichbarer Ziele innerhalb definierter Zeiträume als verbindliche Regelungen für alle Beteiligten einer Organisation.

b) Was müssen wir erreichen? Berücksichtigung der Vorgaben, Forderungen und evtl. der Gesetze von „Externen": Banken, Versicherungen, Kapitaleigner, Gesetzgeber, öffentliche Institutionen.

c) Was können wir erreichen? Das ist die Bewertung der verfügbaren Ressourcen, die für die Zielerreichung eingesetzt werden können. Der Zielfindungsprozeß ist nicht frei gestaltbar: Die vorhandenen Ressourcen (Mitarbeiter, Know-how, Patente, Lizenzen, Kunden- und Lieferantenbeziehungen) engen den Zielfindungsprozeß ein.

Der Zielfindungsprozeß ist keine einmalige Aktion, sondern eine Daueraufgabe des Managements.

Als globale, langfristig gültige Ziele strebt das Unternehmen folgendes Zielbündel an:
- **Ausreichender Kapitalertrag:** Hierbei geht es um die Verzinsung des eingesetzten Kapitals, um Dividendenausschüttungen und Unternehmerlohn.

- **Substanzerhaltung:** Sicherung und technologische Anpassung des Unternehmensvermögens, ausgedrückt in Rücklagen und Rückstellungen sowie um die Gewährleistung der Ersatz- und Modernisierungsinvestitionen.
- **Sicherung der Marktposition:** Die Marktposition drückt sich in einem (mindestens) branchenüblichen Wachstum aus.
- **Sicherung der Wettbewerbsfähigkeit:** Sie wird charakterisiert durch Innovationen, Kundenerhaltung und Markteroberungsstrategien.
- **Sicherung der Liquidität:** Das Unternehmen muß durch entsprechende Einnahmen-Ausgaben-Rechnungen jederzeit berechtigte Zahlungsansprüche erfüllen können (man spricht auch vom „K.O.-Kriterium": Illiquidität bedeutet die Aufgabe des Unternehmens durch Konkurs bzw. Vergleich).
- **Sicherung der Wirtschaftlichkeit:** Hier spielt das ökonomische Prinzip eine bedeutende Rolle: Das Verhältnis von Aufwand und Ertrag soll maximiert werden (d. i.: Mit gegebenem Aufwand einen größtmöglichen Ertrag erzielen oder: Einen geplanten Ertrag mit minimalem Aufwand erreichen).
- **Minimierung der persönlichen Haftung:** Reduzierung aller Risiken, die zu Haftungsansprüchen oder zur Nichteinhaltung der o. g. Ziele führen können.

Die Zielprozesse des Unternehmens werden durch **Interessennahmen** beeinflußt: Dahinter verbergen sich **Machtansprüche** und **Einflußnahme** von Banken auf die Geschäftsstrategien des Unternehmens (vergl. den Einfluß der Deutschen Bank bei der Daimler Benz AG: über die Positionierung von Entscheidungskompetenzen in Gremien, z. B. Aufsichtsrat, werden Ziele und Entscheidungen beeinflußt). Es entwickelt sich ein mehrdimensionales **Zielbündel:**

1. Ziele der Banken:
   - Liquiditätssicherung
   - Rücklagenpolitik
   - Etragssicherung
   - Sicherheit und Vertrauen
   - Fonds- und Aktienpolitik

2. Ziele der Versicherungen:
   - Vorsorgemaßnahmen des Unternehmens (Risikoprävention)
   - Risikostreuung
   - Risikominimierung

3. Ziele der Eigentümer:
   - Reduzierung der persönlichen Haftung
   - Absicherung bei Verlust oder drohendem Konkurs

4. Ziele der Kapitaleigner (Aktionäre, Muttergesellschaft):
   - Größtmöglicher Ertrag (Gewinnmaximierung)
   - Wirtschaftlichkeit
   - Wachstum

- Substanzerhaltung
- Sicherung der Liquidität

5. Ziele der Mitarbeiter:
   - Sicherung der Beschäftigung
   - Ausreichender („gerechter") Lohn
   - Berufliche Weiterentwicklung
   - Soziale Absicherung
   - Anerkennung und Status
   - Ableitung persönlicher Werte aus dem Ansehen des Unternehmens

6. Ziele der Gewerkschaften bzw. der Arbeitnehmervertretung:
   - Mitbestimmung
   - Mitverantwortung

Die unterschiedlichen Einflußnahmen auf das Zielsystem des Unternehmens führen zu unterschiedlichen **Zielinterdependenzen.** Die wichtigsten sind:

1. **Identität:** Zwei oder mehr Ziele sind inhaltlich deckungsgleich. Beispiel: Die Erhöhung der Produktivität und die Verbesserung der Wirtschaftlichkeit sind deckungsgleich, weil sie gleichermaßen dem Ziel „Ertragssicherung" dienen.

2. **Harmonie:** Die Verfolgung eines Zieles „A" fördert zugleich auch das Ziel „B". Beispiel: Das Ziel „Umsatzsteigerung" fördert auch das Ziel „Sicherung der Marktposition".

3. **Neutralität:** Die Verfolgung eines Zieles „A" führt zu keiner Beziehung zum Ziel „B". Beispiel: Das Ziel „Verstärkung der Mitwirkung des Betriebsrats" ist völlig neutral gegenüber dem Ziel „Sicherung der Liquidität".

4. **Widerspruch (Konkurrenz):** Zwei oder mehr Ziele stehen in Konkurrenz zueinander und bilden daher einen **Zielkonflikt.** Beispiel: Das Ziel „Kosteneinsparungen" steht im Widerspruch zum Ziel „Mehr Kundenkontakte durch direkte Vertreterbesuche".

5. **Kontradiktion:** Ein Ziel „A" ist nicht verträglich mit einem Ziel „B": A schließt B aus. Beispiel: Das Ziel „Minimierung der Kosten" ist eine Kontradiktion zu allen anderen Zielen, da das Minimum von Kosten gleich Null ist, mithin keine Substanzerhaltung oder Wachstum zuläßt. (logische Kontradiktion) oder: Die Reduzierung von Kosten im Marketingbereich steht im Widerspruch mit den Zielen „Verbesserung der Kundenbeziehungen", „Erhöhung des Marketingpotentials". Das Zielsystem des Unternehmens muß daher stets eine ausgewogene, alle unternehmerischen Aktivitäten berücksichtigende, **harmonische** Zielsystematik aufweisen. Das bedeutet, daß die Führungskräfte verschiedener Bereiche bei der Zielsetzung .zusammenarbeiten.

7.2.3 Zielzerlegung

Die Zielzerlegung bedeutet die Unterteilung eines Generalziels in Teil- und Unterziele. Es entstehen dadurch Zielbäume oder Zielhierarchien. Aus dem Umsatzziel leiten sich beispielsweise die Ziele Werbemaßnahmen, Vertreterbesuche, Kundenveranstaltungen und Budgetbereitstellung ab. Eine weitere Auffächerung dieser Ziele kann zu besonderen Schulungsmaßnahmen der Mitarbeiter, zu organisatorischen Neugestaltungen (z. B. Aufbau eines Call Centers) führen.

Grundsätzlich sind folgende Methoden der Zielzerlegung möglich:

1. Zeitliche Zielzerlegung:
Hierbei spielt die Gültigkeitsdauer eines Zieles eine bedeutende Rolle, d. h. die zeitliche Konstanz des verfolgten Zieles. Man unterscheidet:

a) **Dauerzielsetzungen:** Es handelt sich um Ziele, die für die gesamte Lebensdauer einer Organisation Bestand haben. Die wichtigsten Dauerzielsetzungen sind: Sicherung der Liquidität und Substanzerhaltung.

b) **Langfristige Ziele:** Diese Ziele sind zumeist strategischer Natur und decken Zeiträume von ca. 3 bis 5 Jahren ab (durch die Verkürzung der Innovationszyklen ist der strategische Rahmen des Unternehmens entsprechend reduziert worden). Langfristige Ziele können sein:
  * Sicherung eines bestimmten Marktanteils,
  * Entwicklung neuer Produkte und Dienstleistungen,
  * Qualifizierung des Personals für neue Aufgaben,
  * Organisatorische Restrukturierung,
  * Eingang strategischer Allianzen und Kooperationen.

c) **Mittelfristige Ziele:** Sie decken einen Planungshorizont von i. d. R. zwei Jahren ab und sind daher in den Budgetvorgaben explizit quantifiziert. Solche Ziele können sein:
  * Ertrags- und Umsatzziele,
  * Kostenziele,
  * Qualitätsziele,
  * Mitarbeiterziele.

d) **Kurzfristige Ziele:** Sie umfassen als Planungshorizont üblicherweise das Geschäftsjahr. Es sind zumeist operative Teilziele, die sich auf die Verrichtungen und Aufgaben der Führungskräfte und Mitarbeiter konzentrieren.

2. Hierachische Zielzerlegung

Die hierarchische Zielzerlegung ist ein logischer Prozeß, der aus den Generalzielen des Unternehmens – z. B. Streben nach Gewinnmaximierung - unter Beachtung der verfügbaren Ressourcen operationale, d. s. meßbare und zeitlich fixierte **Teilziele** für alle Stufen der Management-Hierarchie ableitet. Es entstehen dadurch Zielhierarchien oder Zielbäume, die grundsätzlich in die Kategorien strategisch, taktisch und operativ gegliedert werden können. Das Beispiel eines Versicherungsunternehmens möge den Zusammenhang verdeutlichen:

ZIELSYSTEM eines Dienstleistungsunternehmens (Beispiele)

Strategische Ziele

Erhöhung der Kundenzufriedenheit, langfristige Kundenbindung, Übergang zum Direktvertrieb für Kfz- und Reiseversicherungen, Sicherung der Marktanteile und mindestens branchenübliches Wachstum, Konzentration auf langfristig wirksame Versicherungen (Lebens- und Rentenversicherungen)

Taktische Ziele (Bereichs- oder Spartenziele)

Aufbau eines Call Centers für direkte Kundenkontakte, Aufbau einer Datenbank für Textkonserven zur schnelleren Beantwortung von Kundenanfragen, Vereinheitlichung der Policierung, Schadensbearbeitung nach A-B-C-Konzept, Qualifizierung des Personals für kundenorientiertes Arbeiten.

Operative Ziele

Verkürzung der Durchlaufzeiten für Policierung und Schadensbearbeitung, Nutzung des Internet für Direkt-Marketing, Aufbau einer Home-Page für die Akquisitionsunterstützung, Bearbeitung von Kleinschäden unter 1.000 DM nur noch nach Plausibilitätsprüfung, systematisches Beschwerdemanagement, Direktkontakte mit Agenten und Kunden.

Ziele sind aufgrund ihrer Zukunftsorientierung nicht konstant: Interne und externe Einflußfaktoren verändern die Zielsetzungen (z. B. politische Umwälzungen in Exportländern, Währungsturbulenzen, Mitarbeiterfluktuationen). Es treten sogenannte **Engpaßfaktoren** auf, d. h. Teilziele erweisen sich als nicht erreichbar und wirken damit negativ auf andere Ziele. Beispiel: Der Engpaß "qualifizierte Ingenieure für Produktentwicklungen" wirkt unmittelbar auf die Zielsetzung „Kundenzufriedenheit durch moderne Produkte". Ein weiteres Beispiel sei der Engpaßfaktor „Hohe Kosten" und damit „hohe Preise". Kurzfristig müssen nunmehr alle Maßnahmen und Ziele darauf ausgerichtet werden, um diesen Engpaßfaktor zu beseitigen, auch unter Verletzung der Generalzielsetzungen (z. B. durch Verzicht auf Gewinnausschüttung oder Rückstellungen).

Man spricht vom **Ausgleichsgesetz der Zielsetzung und Planung:** Das Ausgleichsgesetz gilt jedoch nur **kurzfristig.** Es ist ein entscheidender Führungsfehler zahlreicher Unternehmen, daß der Engpaßfaktor – z. B. hohe Kosten – zum Globalziel erhoben wird mit der Folge, daß das Unternehmen mittelfristig notleidend wird. Die einseitige Verfolgung von Kostenreduzierungen führt dazu, daß die anderen Ziele – z. B. Qualifizierung von Personal – vernachlässigt werden. Das Unternehmen „spart sich in den Konkurs", Kostenziele werden zwar erreicht, aber Know-how, Qualität, Substanzerhaltung und Modernisierungsinvestitionen vernachlässigt.

7.3 Management und Entscheidung

Eine dominierende Management-Aufgabe ist das Treffen von Entscheidungen. Die Entscheidung stellt einen **Entschluß,** d. h. einen Willensakt dar, bestimmte Handlungen zu vollziehen oder eine geforderte Handlung zu unterlassen. Für das Management ergeben sich **drei Typen von Entscheidungen:**

- **Personalentscheidungen,**
  z. B.: Einstellung eines Mitarbeiters, Beauftragen eines Mitarbeiters mit einer bestimmten Tätigkeit, Beförderung eines Mitarbeiters.
- **Zielentscheidungen,**
  z. B.: Festlegung eines bestimmten Umsatzvolumens je Kunde und Vertreter. Festlegung eines Ergebnisses je Periode und Mitarbeiter.
- **Sachentscheidungen,**
  z. B.: Freigabe finanzieller Mittel für Marketingaktivitäten, Genehmigung eines besonderen Arbeitsplatzes, Zustimmung zu einer Budgetvorgabe.

Bei allen Entscheidungstypen können Routine- und Innovationsentscheidungen auftreten.

- **Routinentscheidungen:** Gleichartige, sich über einen längeren Zeitraum hinziehende und **wiederkehrende Entscheidungen,** z. B. die Genehmigung von Urlaub, die Inanspruchnahme von Spesenvorschüssen, die Entscheidung über Sonderschichten. Routineentscheidungen sind durch ein Netz von **Verwaltungsvorschriften geregelt,** man spricht daher auch von strukturierten Entscheidungen: Es besteht ein genau definierter Ablauf des Entscheidungsvollzugs. Dieser regelt beispielsweise: Die Zeichnungsberechtigung, die Mitverantwortung anderer Funktionen, die Kenntnisnahme durch andere Instanzen, die Zustimmungsverantwortung und die Beratungsverantwortung.

- **Innovationsentscheidungen:** Für sie liegt kein Programm vor, sie sind entsprechend den **kreativen Fähigkeiten** des Entscheiders zu lösen. Man spricht von unstrukturierten Entscheidungen oder auch von **Problemlösungsentscheidungen.** Sie sind oftmals Gegenstand teamorientierter Arbeit, bei der mit besonderen Methoden (z. B. Brainstorming) nach Lösungen gesucht wird.

Daneben sind auch teilstrukturierte Entscheidungen möglich, bei denen zwar eine Kenntnis der grundsätzlichen Entscheidungsparameter vorhanden ist, aber keine exakte Vorschrift für das Entscheidungsprogramm.

7.3.1 Positiv- und Negativfaktoren einer Entscheidung

Grundsätzlich läßt sich das Entscheidungsproblem auf folgende Faustformel reduzieren: „Entscheiden heißt: zwischen **Alternativen** zur Erreichung eines Zieles auswählen!" Dies bedeutet:

- Kenntnis des Zieles
- Kenntnis der Alternativen und der verfügbaren Mittel für die Zielerreichung
- Abschätzung der Folgen (Risiken) der Entscheidung
- Motivation der Durchführungsorgane der Entscheidung.

Gleichgültig, ob eine Routineentscheidung oder eine echte dispositive (innovative) Leistung im Entscheidungsprozeß erbracht werden muß, immer sind mindestens **zwei Alternativen** erkennbar: Unterlassen einer Handlung oder zweckorientiertes Handeln. Jede der möglichen Alternativen muß begründbar sein und mit den Zielen des Unternehmens übereinstimmen. Was erschwert die Entscheidung und welches sind die Ursachen für Fehlentscheidungen? In der Regel sind es die **Unsicherheiten** über die Situationsbewertung, die zum **Entscheidungsrisiko** führt, der **Informationsmangel** und die **unvollständigen Prognosen** und **Hypothesen** über den Verlauf der durch die Entscheidung beeinflußten realen Geschehnisse.

Fehlentscheidungen verursachen Kosten, erzeugen Konflikte und führen zu nachfolgenden Korrektur- und Anpassungsentscheidungen („Schneeball-Effekt": Eine Fehlentscheidung zieht eine oder mehrere unter Zeitdruck zu treffenden Entscheidungen nach sich, die ein hohes Risiko des Fehlschlags beinhalten usw.).

Die Prinzipien **rationaler Entscheidungsfindung** lassen sich in Form dreier aufeinander abgestimmter Aktivitätenblöcke – den sogenannten **Positivfaktoren** – zusammenfassen:

- Zergliederung des Entscheidungsvorgangs in mehrere **Prozeßstufen.**
- Systematische **Alternativenauswahl** und –bewertung.
- **Absicherung** der Entscheidung durch Teamarbeit.

Den Positivfaktoren wirken allerdings die **Negativfaktoren** der Entscheidungsfindung entgegen:

- Zeitdruck
- Methodenunsicherheit
- Mangelnde Qualifikation der Entscheider und Mit-Entscheider
- Informationsmangel
- Institutionelle Mängel der Ablauforganisation und Einfluß der Fremdentscheider (z. B. der Stabsfunktion).
- Verwaltungsregelung dort, wo Innovation erforderlich ist.

Die Negativfaktoren wirken umso intensiver, je mangelhafter das Bemühen um eine rationale Entscheidung ist. Oder: Je intensiver rationale Entscheidungsfindung betrieben wird, desto schwächer ist der Einfluß negativer Faktoren auf die Entscheidung.

7.3.2 Entscheidungsprozeß

Der Entscheidungsprozeß beschreibt eine **Phasenfolge** (Prozeßstufen) von Aktivitäten, die aufeinander abgestimmt von verschiedenen Personen mit unterschiedlichen Methoden organisatorisch unter der Leitung des Entscheidungsträgers (und damit des Verantwortlichen) realisiert werden. Grundsätzlich ist zu trennen in:

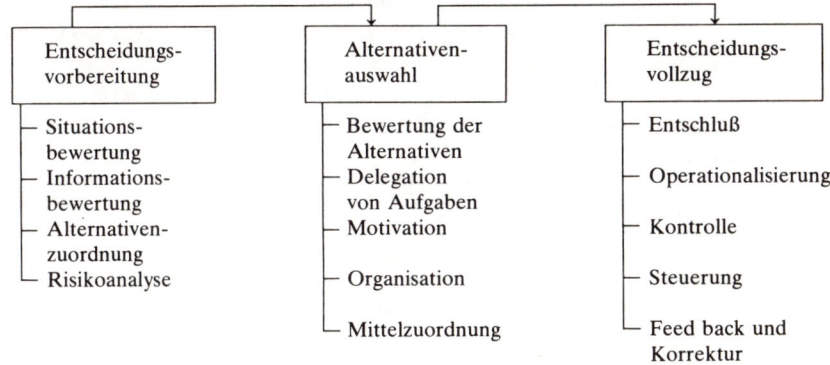

Abb. 34 Prozeßstufen der Entscheidung

In der Phase der **Entscheidungsvorbereitung** überwiegen die Fachpromotoren (Expertenwissen). Sie stellt eine typische Stabsarbeit dar, und das Ergebnis sollte ein transparentes, vollständiges Paket möglicher Alternativen für den Entscheider sen. Als Teilaufgaben für die Entscheidungsvorbereitung gelten:

Informationssuche und **Informationsbewertung** mit dem Ziel der Situationsbewertung; **Informationsaufbereitung** und –verarbeitung zu betriebswirtschaftlichen (problemrelevanten) Kennziffern; **Auswahl** der überhaupt möglichen Alternativen und deren Bewertung im Hinblick auf das **Risiko der Zielerreichung;** Abschätzung des **Aufwands** für die Entscheidungsrealisierung; **Dokumentation** der Ergebnisse und Information des Entscheiders.

Die **Auswahl** (d. i. der Wahlakt zwischen den Alternativen) wird vom Entscheider vorgenommen. Er übernimmt damit zugleich auch die Verantwortung für die aus der Entscheidung resultierenden Folgen. Seine Aufgabe ist es, nach Maßgabe seiner Erfahrung und Problemkenntnis als kompetenter Entscheider jene Alternative zu bestimmen, die die höchste Wahrscheinlichkeit der Zielerreichung besitzt. Mit der Entscheidung einher geht die Motivation der mit der Entscheidungsdurchführung beauftragten Personen.und Instanzen. Dies bedeutet Kommunikation und Information, d. h. Aufklärung über Sinn, Ziel, Anlaß, Zweck und Notwendigkeit der getroffenen Entscheidung.

Die Phase des **Entscheidungsvollzugs** bedeutet für den Entscheider Kontrolle. Nicht nur das Endergebnis ist Gegenstand der Kontrolle (dies führt unter Umständen zum „Management by Surprise"), sondern die **Zwischenergebnisse** und die sich im Verlauf des Vollzugs abzeichnenden Probleme. Dies erfordert steuernde Eingriffe und eventuelle nachfolgende Korrekturentscheidungen.

7.3.3 Alternativenwahl

Die Güte der Alternativen haben einen unmittelbaren Einfluß auf die Güte der Entscheidung und auf das Ergebnis. Um optimale Alternativen zu erkennen, sind oftmals die Methoden kreativen Denkens anzuwenden. Untersuchungen haben gezeigt, daß viele Manager eine sogenannte „**Einalternativen-Präferenz**" besitzen. Das bedeutet, daß an der zuerst und unmittelbar „eingefallenen" Alternative festgehalten wird und alle weiteren Aktivitäten – z. B. Informationssuche und – bewertung - dazu mißbraucht werden lediglich diese Alternative zu „beweisen" und zu stützen.

Die Alternativenauswahl muß daher **unvoreingenommen** durchgeführt werden. Mit ihr verbunden ist stets die Alternativenbewertung, d. h. die Berechnung von Eintrittswahrscheinlichkeiten eines gewünschten Erfolgs im Verhältnis zum Aufwand seiner Realisierung. Oftmals scheitert die Alternativenbewertung scheinbar an der Nichtmeßbarkeit bestimmter Faktoren – z. B. verschiedener Nutzenkategorien, wie die Bewertung besserer Information oder institutioneller Vorteile, die durch die Entscheidung bewirkt werden. Hier hilft die Methode der **Nutzwertanalyse.** Sie ist eine Methode der **mehrdimensionalen Bewertung** von Alternativen und basiert auf folgender Vorgehensweise:

1.   Aufstellen eines **Zielkatalogs.**
2.   **Bewertung** dieser Ziele: Dabei handelt es sich um eine relative (ordinale) Bewertung, indem die Summe der Zielwerte einen konstanten Betrag (z. B. 100) ergeben muß.
3.   **Auswahl** relevanter Alternativen.
4.   **Bewertung der Alternativen** nach Maßgabe der Zielerfüllung: Entweder in Form einer prozentualen **Zielerfüllungswahrscheinlichkeit** je Ziel oder als Vergleich aller Alternativen, wobei dann die Summe der Zielerfüllungsgrade jeweils einen konstanten Wert ergeben muß.
5.   **Messende Bewertung:** Zielwert, multipliziert mit dem Zielerfüllungsgrad, ergibt den Wert je Ziel, die Summe der Werte für alle Ziele den Wert der Alternative (siehe Abbildung 35). Er drückt zugleich die Präferenzordnung der einzelnen Alternativen aus und ist eine Maßzahl für den Entscheidungsprozeß. Die ordinale Bewertungsmatrix wird in der Praxis durch kardinale Berechnungen erweitert.

		Alternativen					
Ziele	**Ziel-wert**	**A₁**		**A₂**		**A₃**	
		Z.-Erf.	Wert	Z.-Erf.	Wert	Z.-Erf.	Wert
Sicherheit	20	20	400	10	200	40	800
Integration	10	30	300	40	400	10	100
Wirtschaftlichkeit	15	60	900	40	600	20	300
Vollständigkeit	5	20	100	50	250	30	150
Benutzungs-freundlichkeit	50	10	500	20	1000	30	1500
	100		2200		2450		2850

Ergebnis: $A_3 > A_2 > A_1$

Abb. 35   Schema einer Nutzwertanalyse (Z.-Erf. = Zielerfüllungsgrad in Prozent)

7.3.4 Entscheidungsverhalten

Im Entscheidungsprozeß spielt das persönliche **Verhalten** des Managers eine bedeutende Rolle. Neben der „Einalternativen-Präferenz" kommt auch die **kognitive Dissonanz** zum Tragen. Die Theorie der kognitiven Dissonanz wurde von Festinger[54] begründet. Sie besagt in Kurzfassung folgendes: Grundsätzlich strebt das in eine Entscheidungssituation gestellte Individuum nach **Beharrung und Stabilität.** Das „innere Modell" des Entscheiders von der Umwelt (d. i. die Summe der Erfahrungen, des Wissens und anerlernten Könnens) sträubt sich gegen die Einverleibung neuer Informationen, die durch neue Situationen und Probleme auftreten: Es tritt eine **Dissonanz** zwischen externer Wirklichkeit und innerem Abbild auf. Wird der Entscheider gezwungen, eine Entscheidung zu treffen, wird diese vorwiegend von seinem inneren Modell beeinflußt: Die externen Informationen werden solange manipuliert, umgedeutet, bewertet oder abgelehnt, bis eine weitgehende Identität mit den inneren Vorstellungen und Bewertungsmustern vorliegt. Erweist sich die getroffene Entscheidung als falsch, werden große Energien für die **Rechtfertigung** der in der Meinung des Entscheiders „an sich doch richtigen" Entscheidung aufgewandt. Die kognitive Dissonanz führt zu Lernblokkaden und damit zu einem tradierten Entscheidungsverhalten, das keine kreativen und innovativen Leistungen zuläßt.

In der Praxis zeigt sich die kognitive Dissonanz im **risikoscheuen, verzögernden,** nach **Identität** und **Parallelen suchenden Entscheidungsverhalten:** Der Entscheider verharrt bereits in der ersten Phase des Entscheidungsprozesses und wendet viel auf, um alle eventuellen Folgen der Entscheidung **abzusichern.** Vielfach führt dieses Verhalten zu Teilentscheidungen, d. h. der Entscheider tastet sich absichernd schrittweise in den Entscheidungsvollzug mit allen Folgen für die zeitliche Verzögerung und mangelhafte Transparenz im gesamten Entscheidungsprozeß.

Der andere Extremfall des Entscheidungsverhaltens ist der absolut **risikofreudige Entscheider,** der die Informationsarbeit venrachlässigt und nach Maßgabe individueller Einsicht und Intuition handelt und dabei das **Risiko des Fehlschlags** in Kauf nimmt. Es ergibt sich ein Kontinuum des Entscheidungsverhaltens wie folgt:

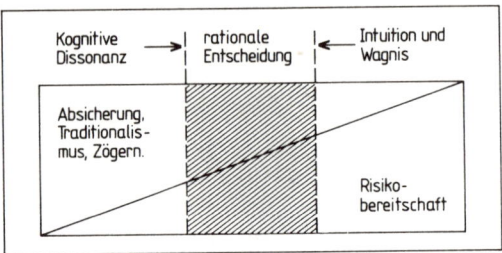

Abb. 36 Kontinuum des Entscheidungsverhaltens

Die **optimale Strategie** des Entscheidungsverhaltens wird in der Mitte des Kontinuums zu suchen sein: Der Entcheider nimmt ein bestimmtes Maß an Risiko an, versucht aber gleichzeitig, die Kontinuität des Entscheidungsverhaltens durch Erfahrungen und Identitäten zu bewahren. Der Entscheidungsprozeß wird informationell abgebildet und rational entsprechend den Prozeßstufen vollzogen.

7.3.5 Teamarbeit und Entscheidung

Die Notwendigkeit für Gruppenarbeit tritt im Entscheidungsprozeß zweiseitig auf: Einmal in der Phase der Entscheidungsvorbereitung und zum andern in der des Entscheidungsvollzugs. Ein kooperativer Führungsstil zeichnet sich u. a. dadurch aus, daß er autoritären Machtmißbrauch durch Zwangsvorgaben zugunsten kooperativer Mitwirkung der Mitarbeiter am Entscheidungsprozeß aufgibt. Dies bedeutet, daß die mit dem Entscheidungsvollzug beauftragten Organe und Verrichtungsträger ein Beratungs- und Mitspracherecht sowohl an der Entscheidungsfindung als auch an den Maßnahmen für die Entscheidungsrealisierung haben. Im konkreten Fall führt dies dazu, daß die Mitarbeiter eines Verantwortungsbereichs zugleich **Aufgabenträger des Entscheidungsprozesses** sind und damit an den Sachentscheidungen durch Informationsbereitstellung und Informationsbewertung teilhaben. Alternativensuche, Alternativenbewertung und die Abschätzung möglicher Folgen einer Entscheidung (Risikoanalyse) werden gemeinsam realisiert. Damit wird eine hohe Identifikation der Mitarbeiter an den Entscheidungsproblemen des Unternehmens erreicht, Widerstände werden abgebaut und die Realisierungschance erhöht.

Aus dem dargestellten Entscheidungsprozeß ergeben sich folgende **Handlungsmaximen:**

- Ziel des Entscheiders ist stets eine rationale Entscheidung.
- Loslösen von der Einalternativenpräferenz.
- Abbau kognitiver Dissonanzen durch Lernprozesse.
- Systematische Entscheidungsvorbereitung durch entsprechende Informationsanalysen.
- Einbindung der Vollzugsorgane in den Entscheidungsprozeß.
- Analyse und Bewertung möglicher Alternativen.
- Klare Formulierung und Dokumentation der verfolgten Ziele, der verfügbaren Mittel (Ressource-Management) und der verantwortlichen Stellen und Personen
- Systematische Risikoanalyse für jede angestrebte Analyse.
- Kontrolle des Entscheidungsvollzugs und der Ergebnisse.
- Permanentes Feedback.

7.4 Management und Information

7.4.1 Das Informationsproblem

Die unterschiedlichen Managementaufgaben mit ihren wechselnden Prioritäten bedingen eine Vielzahl differenzierter Informationen. Dabei lassen sich **pragmatische Forderungen** an die Informationsbereitstellung definieren:

- Aktualität,
- Problem- und Aufgabenbezug (Relevanz),
- Rechtzeitige Verfügbarkeit,
- Richtigkeit (ohne Manipulation),
- Verständlichkeit (ohne Redundanz),
- Prüfbarkeit,
- Knappheit in der Darstellung,
- Vollständigkeit für das betreffende Sachgebiet,
- Wirtschaftlichkeit in Bezug auf die Erstellung und Präsentation.

Diese Forderungen sind in der Praxis nicht immer und nicht für jedes Problem erfüllbar: Es entsteht eine permanente **Informationsnachfrage** durch das Management, man spricht auch von der Suche nach der Deckung des Informationsbedarfs. Andererseits bieten die etablierten Berichtssysteme (zumeist durch die EDV-Infrastruktur unterstützt) eine Menge periodischer und Ad-hoc-Informationen, die historisch für spezielle Aufgaben entworfen und systematisch weiterentwickelt wurden. Die Summe dieser Informationen definiert das **Informationsangebot.** Sind Informationsnachfrage und Informationsangebot zu einem bestimmten Zeitpunkt für ein bestimmtes Problem nicht kongruent, entsteht eine **Informationslücke.** Man spricht in diesem Fall von der unvollkommenen Information des Managements. Sie kann auch subjektiv begründet sein, etwa durch eine unvollkommene Informationsnachfrage: Der Entscheider weiß nicht, welche Informationen für sein Problem relevant sind bzw. wie sie innerhalb der verfügbaren Zeit beschafft werden können.

Informationsnachfrage:
Bei der Analyse des Informationsbedarfs sind zwei Betrachtungsebenen zu unterscheiden:

a)   Subjektive Informationsnachfrage: Die von einem Entscheider für die Lösung seines Problems als relevant erachteten Informationen.
b)   Objektive Informationsnachfrage: Hierbei handelt es sich um jene Informationen, die einem Problem objektiv zugeordnet werden können, um zu einer Lösung zu gelangen, unabhängig von der Person des damit beschäftigten Entscheiders.

Zwischen objektivem und subjektivem Informationsbedarf besteht ein Zusammenhang insofern, als ein Subjekt, das mit der Lösung eines Problems beschäftigt ist, sowohl subjektiv beeinflußte Informationsnachfrage äußern kann als auch bemüht sein wird, objektiv erkennbare Informationen zu bestimmen. Es ergibt sich folgender Zusammenhang:

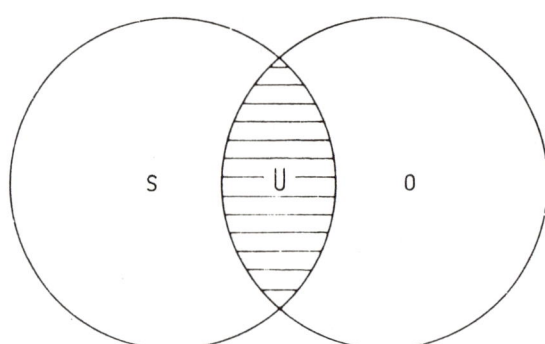

Abb. 37   Die Überschneidung von subjektivem und objektivem Informationsbedarf

Die Abbildung ist wie folgt zu interpretieren: Der Bereich „s" stellt diejenige Menge von Informationen dar, die ein Aktor für die Lösung eines Problems nach subjektiver Überzeugung benötigt. Der Bereich „o" beschreibt jene Informationsmenge, die aus der Struktur der Aufgabe resultiert. Der Bereich „U" umfaßt die

Informationsmenge, die sowohl aus der Struktur der Aufgabe resultiert als auch mit dem subjektiven Empfinden des Aktors übereinstimmt.

Hypothetisch kann formuliert werden, daß mit zunehmender Kenntnis eines Aktors über die Struktur und Lösungsmethodik eines Problems der Bereich „s" zugunsten des Bereichs „U" verringert wird: **Lernprozesse** führen zu einer Reduzierung subjektiver und probleminadäquater Informationsnachfrage und damit zu einer Reduzierung der kognitiven Dissonanz. Allerdings ist darauf hinzuweisen, daß bei komplexen Entscheidungssituationen eine Kongruenz zwischen „s" und „o" nicht erzielbar ist, da die Entscheider subjektive, z. T. unternehmenspolitisch begründete Informationsnachfrage äußern bzw. Entscheidungen ohne entsprechende Informationsnachfrage treffen (heuristische Entscheidungsprozesse).

Informationsangebot:
Dem objektiven Informationsbedarf und der subjektiv geäußerten Informationsnachfrage steht das Informationsangebot gegenüber. Es kann als die Summe der zu einem bestimmten Zeitpunkt verfügbaren Informationen bezeichnet werden. Das Informationsangebot eines Zeitpunkts t_x setzt sich zusammen aus:

Summe der im Unternehmen latent vorhandenen Informationen
- Summe der bis zum Zeitpunkt t_x nicht erreichbaren Informationen
+ Summe der bis zum Zeitpunkt t_x zusätzlich beschaffbaren Informationen
= Summe der verfügbaren Informationen zum Zeitpunkt t_x (Informationshorizont)

Das zu einem bestimmten Zeitpunkt vorhandene Informationsanagebot entspricht nicht immer dem Informationsbedarf bzw. der geäußerten Informationsnachfrage. Die Ursache liegt in mangelhaften technischen Informationsverarbeitungsprozessen, unvollkommenen organisatorischen Regelungen und mangelhafter Leistungsfähigkeit der Kommunikationsnetze und Kommunikationsmittel. Die Diskrepanz zwischen Informationsnachfrage und Informationsangebot kann sich dabei auf die Informationsmenge, auf die Form der Darbietung, auf die Qualität, den Zeitpunkt, die Bestimmtheit und auf die Genauigkeit beziehen. Die Folgen sind Unterinformation und Fehlinformation mit dem Ergebnis, daß die Entscheidungen allein aufgrund ihrer informationellen Struktur mit Risiken behaftet sind. Der Zusammenhang zwischen Informationsangebot, Informationsnachfrage und Informationsbedarf ist in Abbildung 38 dargestellt. Der zu einem Zeitpunkt t_x einer Entscheidungssituation zuzuordnende **Informationsstand** ergibt sich als Schnittfläche aus Informationsnachfrage, Informationsbedarf und Informationsangebot. Im Idealfall decken sich alle drei Flächen sowohl zeitlich als auch mengenmäßig: Das Entscheidungsproblem ist informationell vollkommen abgebildet. Das Vorhandensein von Informationslücken begründet die Notwendigkeit der Verbesserung der internen und externen Kommunikationssysteme sowie der Informationsverarbeitungssysteme, d. h. den Einsatz technischer Hilfsmittel für die bedarfsgerechte Versorgung der Aktoren mit allen für die Entscheidungsprozesse notwendigen Informationen. Hierzu zählt auch die zwischenbetriebliche Vernetzung für den externen Informationsaustausch (z. B. Internet, E-Mail, Intranet).

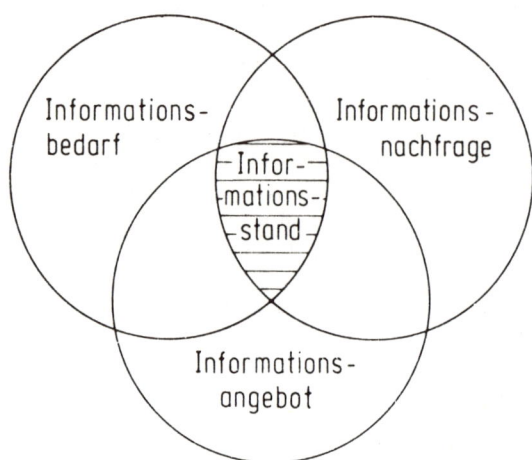

Abb. 38 Der Informationsstand als Schnittfläche aus Informationsbedarf, -angebot und -nachfrage[55]

Informationsarten:
Für unterschiedliche Aufgaben sind verschiedene Arten von Informationen notwendig. Nach Wild[56] unterscheidet man:

Informationsart	Aussagen über	Beispiel
faktische	Wirklichkeit	Umsatz = 1000 Einheiten
prognostische	Zukunft	Planvorgaben
explanatorische	Ursachen von Sachverhalten	Abweichungsanalyse
konjunktive	Möglichkeit (Hypothese)	Potentialanalysen
normative	Ziele, Werte	Anweisungen
logische	Notwendigkeiten Bedingungen	Planungsmodelle Investitionsrechnung
explikative	Definitionen, Regeln	Verträge
instrumentale	methodologische Beziehungen	Programme der EDV

Abb. 39 Informationsarten

Eine **Differenzierung der Information** entsprechend diesen Klassen ist notwendig, weil an die verschiedenen Informationsarten unterschiedliche Anforderungen bezüglich Güte und Qualität zu stellen sind. Die Kenntnisse dieser Anforderungen ist die Voraussetzung für die **Verbesserung des Informationssystems** im Unternehmen. Die Informationsarten spielen eine bedeutende Rolle bei der Entwicklung computergestützter Anwendungssysteme und Datenbanken.

7.4.2 Management-Informationssystem (MIS)

Management-Informationssysteme haben die Aufgabe, die **Informationsprobleme** des Managements durch den Einsatz der **elektronischen Datenverarbeitung** und entsprechender Anwendungen zu **lösen**. Die Notwendigkeit für Management-Informationssystem kann durch folgende Tatbestände begründet werden:

• Gesteigertes **Informationsbedürfnis** über externe und interne Daten und deren zweckvolle Verarbeitung im Hinblick auf Führungsgrößen.

• Notwendige **Rationalisierung** des internen Informationswesens, d. h. Ausbau der bestehenden Systeme entsprechend den Bedürfnissen des Managements.

• Erforderliche **Anpassung** an sich ändernde Daten der Umsysteme.

• Gesteigerte Ansprüche von seiten des Managements an die Informations- und Kommunikationsprozesse (Qualitäts- und Aktualitätsforderungen).

• Grundlegende Einbeziehung der **zukunftsorientierten Verhaltensweisen** (Politik, Strategie, Planung) in das unternehmerische Verhalten insgesamt.

• Dynamische und in hohem Umfang **integrierte** Betrachtung externer und interner Prozesse.

Eine einheitliche Definition des Wesens, der Funktionen und des Geltungsbereichs eines Management-Informationssystems ist bislang nicht gelungen. So werden beispielsweise Kontrollinformationssysteme, Berichtswesenorganisationen, Operations-Research-Modelle, funktionale Teilsysteme oder Datenverwaltungssysteme mit dem Begriff MIS gleichgesetzt.

Vom Standpunkt der Anwendungstechnik aus betrachtet bedeutet **MIS** ein **aufgabenspezifisches Teilinformationssystem** einer Unternehmung, das seine Zielsetzung aus den speziellen Aufgabenstrukturen der Anwender ableitet. Als **Anwender** gilt das **Management**, wobei es weitgehend eine Frage der Praktikabilität, des Aufwands und des finanziellen Risikos ist, wie weit dabei der Kreis des Managements aufgefaßt werden soll. Die Unterstützung des Managements durch den Einsatz von Methoden und Systemen der EDV bezieht sich auf folgende Tatbestände:

1. Auf den Empfänger abgestimmte **Informationsbereitstellung**.
2. **Automation** strukturierter Prozesse und **Entscheidungen**.
3. Vorbereitung **komplexer Entscheidungssituationen** durch:
   vereinfachte **Informationsbeschaffung**.
   Einsatz mathematisch-statistischer **Modelle** und **Methoden**.
   Vereinfachung der **Kommunikation**.

Daraus ist folgende Definition eines MIS ableitbar:

Ein MIS ist ein durch **Computer unterstütztes Organisations- und Informationssystem,** das interne und externe Informations- und Kommunikationsprobleme dahingehend gestaltet, daß dem Management die für die Durchführung seiner

Aufgaben benötigte **mehrdimensionale Informationsstruktur** zur Verfügung gestellt wird.

Die Mehrdimensionalität der Information umfaßt dabei: Zeitbezug (vergangen-heits-, ist- und zukunftsbezogene Informationen), Aktualität, Rechtzeitigkeit, formale Eindeutigkeit, quantitative und qualitative Optimierung, Beachtung des Informationsnutzens im Verhältnis zum Informationsaufwand, Situationsbezogen-heit, organisatorische Integration und Sicherheit.

Daraus leiten sich folgende Teilziele eines MIS ab[57]:

a) **Information:**
Ein MIS dient der Information des dispositiv tätigen Managements:
1. Es versorgt die Geschäftsleitung mit den notwendigen Informationen zur Bestimmung der langfristigen Geschäftspolitik und der daraus abgeleiteten Ziel-setzungen.
2. Es paßt sich an das bestehende interne Informationssystem des Unternehmens an (organisatorische Integration).
3. Es gestattet die Erfassung, Auswertung und Zuordnung externer Informatio-nen.
4. Es gewährleistet eine wirtschaftliche Organisation und Verwaltung diverser Datenbestände für alle Unternehmensbereiche.
5. Es bietet die Möglichkeit der Kontrolle betrieblicher Vorgänge durch Ver-gleichs- und Signalinformationen, die das Ergebnis eines weitgehend automatisch durchgeführten Vergleichs zwischen Zielinformationen und Istinformationen sind.
6. Es schafft die Ausgangsbasis für die Erstellung funktionaler Einzelpläne und damit die Voraussetzung für einen integrierten unternehmensweiten Gesamtplan (prognostische Informationsaufbereitung).
7. Es paßt sich der strukturorganisatorischen Gliederung des Unternehmens an.

b) **Kommunikation:**
1. Es erzielt eine Beschleunigung des Informationsflusses durch die Möglichkeit des Direktzugriffs zu repräsentativen Informationen (Führungsgrößen).
2. Es erzielt eine Vereinfachung des betrieblichen Kommunikationsnetzes durch zentrale Gruppierungen (Gruppierung mehrerer Anwender um eine gemeinsame Datenbasis).
3. Es erzielt eine Entlastung des Kommunikationsnetzes durch den Aufbau und Betrieb von Sekundärspeichern.

c) **Entscheidung:**
1. Es gestattet die Simulation von Entscheidungsfällen mit alternativen Ent-scheidungsparametern durch den Aufbau und die Pflege von Methodenbanken.
2. Es erlaubt die Berechnung von Reihen und Trends und deren wahrscheinlich-stem Verlauf in der Zukunft.
3. Es ermöglicht die Berechnung von Korrelationskoeffizienten interdependen-ter Reihen unter Beachtung von Time-lags (zeitliche Verschiebungen).

4.   Es schafft die Voraussetzung für kurzfristige Dispositionsanalysen (Differentialanalysen, Problemlösungen und Abweichungsanalysen).

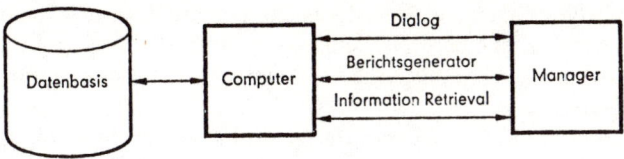

Abb. 40   Direktes Mensch-Maschine-Kommunikationssystem

Konzeption und Elemente eines MIS:
Ausgangspunkt der Entwicklung eines MIS bildet das **Mensch-Maschine-Kommunikationssystem**. Es besteht in seiner Grundstruktur aus den Elementen **Datenbasis, Computer** und **Benutzer** (Manager), wobei dem Benutzer spezifische Operationsmöglichkeiten zur Verfügung gestellt werden.

Als solche gelten:
•   Methoden und Verfahren, um im Dialog mit dem Computer Daten- und Rechenprobleme zu lösen (Dialog- und Abfragesprachen). Einsatzschwerpunkt: strukturierte und/oder teilstrukturierte Prozesse.
•   Berichtsgeneratoren: Abruf „genormter" Berichte, benutzerabhängige Definition von Berichtsformen und –inhalten. Einsatzmöglichkeiten: Deckung des strukturierten (programmierbaren) Informationsbedarfs.
•   Information Retrieval: Suchsysteme zur Deckung des spontanen Informationsbedarfs durch den Einsatz von problemindifferenten Programmiersprachen (sog. Query-Languages).

Eine Erweiterung des Mensch-Maschine-Kommunikationssystems im Sinne eines technologischen Gestaltungsrahmens führt zu folgender Übersicht (Abb. 41).

Dieser Gestaltungsrahmen besteht prinzipiell aus sieben Systemtypen mit insgesamt vier grundsätzlich zu unterscheidenden Datenbasen:

a)   **Kennzeichen der MIS-typischen Datenbasen:**

1.   **Operative Datenbasis:** Die betrieblichen Primärdatenbestände bilden die operative Datenbasis eines MIS. Sie sind kein integrativer Bestandteil des MIS, sondern stellen eine Art Hilfsfunktion für dessen Benutzung dar: Sie sind die Grundlage für den **Aufbau der Führungsgrößendatenbank,** für gezielte Direktabfragen von Einzelinformationen und für das Signalsystem.
2.   **Führungsgrößendatenbank:** Sie stellt ein komplexes Datenverwaltungs- und Datenorganisationssystem dar, das zur Speicherung, Pflege, Fortschreibung, Sicherung und Verknüpfung **repräsentativer Managementinformationen** betrieben wird. Diese Größen haben ihren Ursprung teils in den operativen Datenbeständen, teils im Datenklassifikationssystem der externen Informationen und sind

durch spezielle Verdichtungs-, Selektions-, Bewertungs- und Konvertierungsprozesse entstanden.

3.   **Methodenbank:** Sie stellt einen Speicher für die Verwaltung **vordefinierter Programme,** Algorithmen und Prozeduren dar, die durch entsprechende Verknüpfung für die Unterstützung der Entscheidungs- und Problemlösungsprozesse eingesetzt werden können. Sie enthält die Programme für die **Entscheidungs-** und **Planungssysteme.**

4.   **Dokumentenbank:** Sie stellt ein **Datenverwaltungssystem** dar, das für die Speicherung, Pflege, Sicherung und Wiederauffindung von Texten, Dokumenten, Katalogen, Berichten und Monographien benutzt wird (z. B. Speicherung von Gesetzestexten zum Arbeitsrecht).

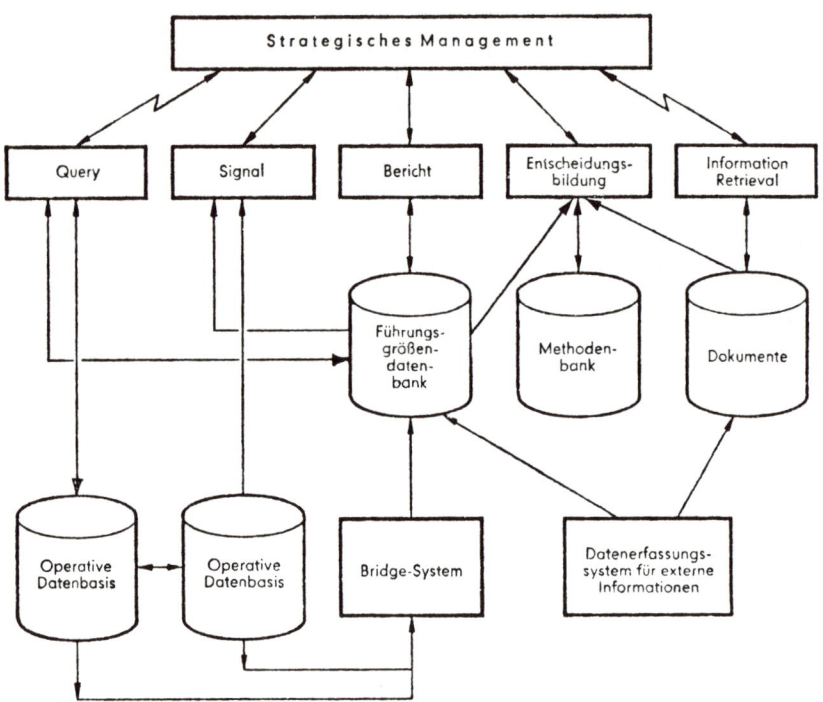

Abb. 41 Elemente eines Management-Informationssystems (Konzeption)

b)   **Kennzeichen der operationellen Systemtypen des MIS**

1.   **Direkt-Abfrage-System:** Einsatz **benutzerfreundlicher Sprachen** (Dialog- bzw. Generator- und Query-Sprachen) für die Deckung des spontanen Informationsbedarfs, für die Lösung benutzerspezifischer Problemstellungen und für die gezielte Suche von Informationen aus den operativen Datenbeständen bzw. aus der Führungsgrößendatenbank.

2.   **Signalsystem:** Das Signalsystem ist ein aktives System: Der periodische oder

laufende Vergleich zwischen Istdaten und Sollwerten führt zur automatischen Ausgabe entsprechender Führungsinformationen.

3. **Berichtssysteme:** Aufbauend auf den repräsentativen Daten der Führungs-größendatenbank werden spezielle **Berichtsgeneratoren** und **Datenverknüp-fungssysteme** als Bestandteil des Betriebssystems eingesetzt, die eine standardisierte Informationsaufbereitung in Abhängigkeit von der vom Benutzer definierten Berichtsstruktur durchführen.

4. **Entscheidungssystem:** Das Entscheidungssystem ist ein **ablauforientiertes System der Datenverarbeitung;** es handelt sich um die programmgesteuerte Durchführung von Simulationsmodellen, Prognoserechnungen, Optimierungsaufgaben, Operations-Research-Modellen usw. Das Ergebnis besteht in Entscheidungsvorlagen, Alternativen, Risikoanalysen und statistischen Auswertungen.

5. **Information-Retrieval-System:** Es besteht aus einem **Dialogsystem**, das zur Abfrage von Dokumenten i. w. S., die als Orientierungsinformationen für Entscheidungs- und Problemlösungsprozesse erforderlich sind, eingesetzt wird.

6. **Bridge-System**: Das Bridge-System stellt im Rahmen eines MIS ein **Sekundärsystem** dar, dessen Aufgabe in der Verbindung zwischen operativer Datenbasis und Führungsgrößendatenbank besteht: Aus der Fülle der operativen Daten werden durch Verdichtung, Konvertierung, Extraktbildung und Modifikation repräsentative Führungsgrößen (Kennzahlen) gewonnen.

7. **Datenerfassungssystem für externe Informationen:** Für die **Aufbereitung** und Umsetzung externer Informationen in **Managementinformationen** ist in der Regel ein spezielles Klassifikations- und Datenerfassungssystem erforderlich. Es übernimmt die Aufgaben der Bewertung, Quantifizierung, Selektion und Zuordnung des externen Informationsmaterials.

Operationelle Systemtypen, die vorwiegend der Information des dispositiven Managements dienen, haben eine Tendenz zur **funktionalen Dezentralisation,** während die **entscheidungsorientierten Systemtypen** aufgrund der Notwendigkeit für die Datenintegration und die Methodenintensität zur **Integration** neigen.

7.4.3 Data Warehouse-System

Die neuere Entwicklung von Führungsinformationssystemen wird maßgeblich von sog. **Data Warehouse**-Systemen geprägt. Das Ziel derartiger Systeme besteht in der **Integration** aller Geschäftsdaten in einer einzigen Datenbank, die für Abfragen und Analysen sowie für Recherchen zugänglich ist. „A Data Warehouse is a separate data store in which the data is stored in a form suitable for business intelligence and decision support systems, in which these systems don't interfere with the performance of operational systems."[58]

Folgende Notationen gelten für Data Warehouse-Systeme:

• **Data-Mart:** Darunter versteht man ein zumeist funktional orientiertes, spezialisiertes Data Warehouse, z. B. für den Vertriebsbereich oder für die Funktion

Forschung und Entwicklung. Es enthält die durch spezielle Replikationsmechanismen aus dem zentralen Data Warehouse gewonnenen funktionalen Daten sowie bereichstypische und lokale Daten.

• **Decision Support System (DSS):** DSS ist ein nicht-operatives, analytisches Informationssystem für die Entscheidungsunterstützung, das im wesentlichen auf Kennzahlensystemen und Entscheidungsmethoden aufbaut.

• **Management Information System (MIS):** Hier erfolgt eine Eingrenzung des ursprünglichen Begriffs, indem das MIS lediglich auf funktional orientierte Entscheidungs- und Informationssysteme konzentriert wird. Vielfach findet sich auch der Begriff Executive Information System (EIS). Im Vordergrund stehen dabei die Generierung von Kennzahlen und Planungshilfen aus den innerbetrieblichen Bereichen.

• **Online Analytical Processing (OLAP):** Darunter versteht man ein mehrdimensionales Analysewerkzeug für Zugriff, Speicherung, Abfrage und Manipulation von Daten und Dateien. Mit der sog. OLAP-Technik ist es möglich, umfangreiche Datenbestände mehrdimensional auszuwerten. Varianten dieser Technik der Informationssuche sind MOLAP (Multidimensional Online Analytical Processing) und ROLAP (Relationales OLAP).

• **Data Mining:** Data Mining ist ein teilautomatischer Prozeß zur Extrakten bisher unbekannter Informationen aus dem Data Warehouse. Das Ziel besteht darin, unbekannte Zusammenhänge, signifikante Muster oder künftige Trends wirtschaftlicher Zusammenhänge zu erkennen, wobei der Anwender zunächst nicht exakt vorbestimmt, welche Details er sucht. Es handelt sich demnach um Suchalgorithmen, die komplexe Zusammenhänge von Daten innerhalb einer Datenbank erkennen und dem Benutzer anzeigen.

Durch die hohe Leistungsfähigkeit der heute verfügbaren Rechner sind derartige Systeme implementierbar geworden. Sie werden das Informationsverhalten der Führungskräfte nachhaltig verändern bzw. neue Stabsstellen kreieren, die sich ausschließlich mit unternehmensweiten, globalen Recherchen und Analysen befassen.

8. Kapitel:
Management und Organisation

8.1 Das Drei-Ebenen-Modell

Die **Legitimation** der **Machtverhältnisse** des Managements findet ihren sichtbaren Ausdruck in der **organisatorischen Gliederung des Unternehmens.** Die Struktur- oder Aufbauorganisation eines Unternehmens ist hierarchisch gegliedert: Beginnend von ausführenden (operativen) Tätigkeiten bis zur Unternehmensspitze zeigt das Unternehmen einen **pyramidenförmigen Aufbau** in den Kompetenzverhältnissen. Man spricht auch von der „Management-Pyramide", die durch Vance Packards Buch „Pyramide Climbers" Eingang in die Literatur gefunden hat.

In einer vereinfachten Form wird die Management-Pyramide in drei Ebenen unterteilt. Man spricht hierbei von Rängen, Kompetenzstufen, Machtpositionen, Verantwortungsebenen, Levels, Hierarchie-Ebenen (Abb. 42).

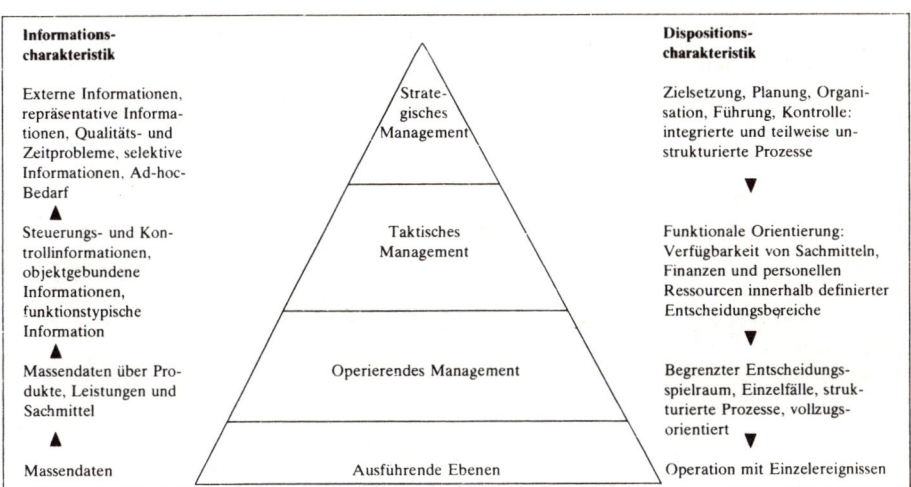

Abb. 42 Informations- und Dispositionscharakteristik der Managementebenen

Die einzelnen Ebenen lassen sich kennzeichnen durch:
- Eine jeweils höhere **Machtbefugnis** (Anordnungs- und Weisungsgewalt) gegenüber der nächst tieferen Ebene.
- Weitergehende **Entscheidungsbefugnisse** und **Verantwortungen** (z. B. durch Zeichnungsbefugnisse).
- Größeres Maß an **Verfügungsgewalt** über betriebliche Einsatzfaktoren.
- Höhere **rechtliche Befugnisse.**
- Größerer Umfang der **Vertretungsbefugnisse** nach außen.
- Größere Anzahl der zu **beeinflussenden Instanzen** und **Personen.**

Mit der horizontalen Einteilung einher geht auch eine spezifische Art der **Arbeitsteilung** sowie der Informations- und Dispositionscharakteristik.

Beispiel: Das Strategische Management bestimmt die langfristige Unternehmenspolitik und legt die Zielkonzeption fest. Es genehmigt den langfristigen Unternehmensplan und haftet gegenüber den Kapitaleignern (Aktionäre, Gesellschafter) für die Sicherung und das Wachstum des Kapitals.

Das taktische Management ist für die Zerlegung des Gesamtplans in funktionale Teilpläne, für die ökonomische Zuteilung der Ressourcen und für die Einhaltung der Zielsetzungen verantwortlich (Steuerungsverantwortung).

Das operative Management leitet seine Aufgabenstellung und Zielsetzung aus der Verantwortung für die zeitlich und sachlich richtige Ausführungen der Teilpläne (Verrichtungsverantwortung) ab.

Neben der **horizontalen Gliederung** läßt die Management-Pyramide auch eine **vertikale Unterteilung** zu: Diese zeigt die **funktionale** Gliederung des Unternehmens auf. Als betriebliche Grundfunktionen können beispielsweise definiert werden: Produktion, Vertrieb, Beschaffung, Personal, Finanzen, Organisation und Verwaltung, Technik (Arbeitsplanung und –vorbereitung), Forschung und Entwicklung.

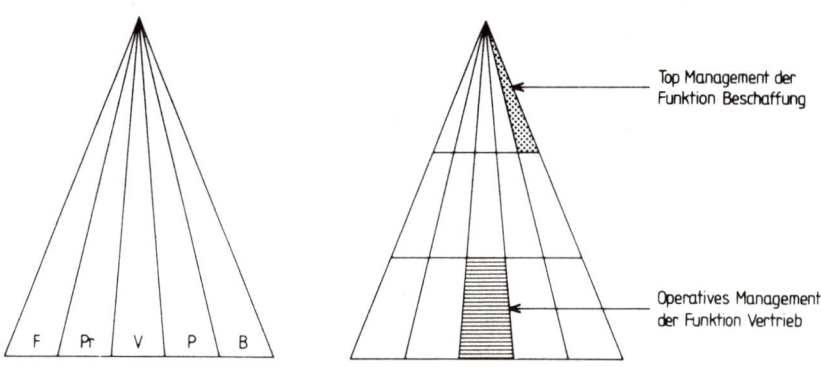

Abb. 43a Funktionale Gliederung   **Abb. 43b** Kombination von Funktionen und
Hierarchien
(Es bedeuten: F = Finanz, Pr = Produktion, V = Vertrieb, P = Personal, B = Beschaffung)

Jede **Unternehmensfunktion** ist dadurch gekennzeichnet, daß sie sich über alle Management-Ebenen hinweg mit einer **speziellen Aufgabe,** einer **besonderen Zielsetzung,** mit **besonderen Methoden** und mit einem **speziellen Unternehmensobjekt** befaßt. Beispiel: Die Funktion „Finanzen" befaßt sich mit dem Unternehmensobjekt „Geld und Kapital", mit der Zielsetzung „Erfassung, Buchung, Steuerung und Kontrolle der monetären Bewegungen im Unternehmen" und setzt hierfür besondere Methoden der Bewertung, Buchhaltung, Finanzierung, Planung (z. B. Liquiditätsplanung) und Verrechnung ein.

Die Kombination von Funktion und Hierarchie zeigt Kompetenzen und Aufgaben innerhalb der Management-Pyramide auf und weist auf die arbeitsteiligen Prozesse der Sach- und Personalaufgaben hin.

8.2 Stellen- und Instanzengliederung

Die **Management-Pyramide** ist eine **formale Übersicht** des Unternehmens. Eine Konkretisierung von Aufgaben und Kompetenzen erfolgt durch die **Stellen- und Instanzengliederung.** Stellen sind arbeitsteilig gegliederte Funktionseinheiten mit konkreten Arbeitsaufgaben und Mittelbefugnissen. Für die Bildung einer Stelle (Stellenplanung) sind zwei Möglichkeiten gegeben:

- **Objektprinzip:** Ausgehend von den sachlichen (objektiven) Merkmalen einer Arbeit (z. B. Fertigungsaufträge) wird die Stelle definiert.
- **Verrichtungsprinzip:** Gleiche Verrichtungen bestimmen die Bildung einer Stelle (z. B. werden für die Stelle „Dreherei" ganz besondere fachliche Verrichtungen zusammengefaßt).

Beide Prinzipien beabsichtigen die Schaffung **sachlicher Voraussetzungen** für die Realisierung konkreter Aufgaben. Daneben sind **formale Kriterien** von Bedeutung, nämlich die Rang- und Hierarchiebildung einer Stelle. Die Notwendigkeit der Rangbildung resultiert daraus, daß die Arbeit in **Leitungs**(Lenkungs)- und **Durchführungsaufgaben** geteilt wird. Werden die Leitungsaufgaben verschiedener Stellen zu einer ranghöheren Stelle zusammengefaßt, dann entsteht eine **Instanz**. Instanzen sind demnach Leitungsfunktionen, die gegenüber verrichtungsorientierten Stellen weisungsbefugt sind. Werden mehrere Abteilungen einer nächst ranghöheren Instanz zugeordnet, entstehen hierarchische Strukturen. Die Gesamtheit der Instanzen ist im **Organisationsplan** des Unternehmens enthalten. Der Organisationsplan ist also das **Instanzenverzeichnis des Unternehmens.** Er ist formal als Baumstruktur gegliedert (siehe Abbildung 44).

Von besonderer Bedeutung sind bei der Instanzenplanung zwei Kriterien:
- **Leitungs- oder Kontrollspanne:** Mit ihr wird definiert, wieviel Stellen jeweils an eine nächst höhere Instanz berichten. Man spricht auch vom **Subordinationsquotienten** und bezeichnet damit den reziproken Wert der an eine Instanz berichtenden Mitarbeiter bzw. Stellen oder rangniedrigere Instanzen. Die Kontrollspanne ist abhängig vom Umfang und von der Differenzierung der zu lenkenden Aufgaben sowie vom Umfang der Direktionsgewalt des Stelleninhabers gegenüber den untergeordneten Einheiten.
- **Anzahl der Kontakte:** Man unterscheidet vertikale und horizontale Kontakte: Vertikale Kontakte entstehen durch die **Kommunikation** von oben nach unten. Sie stellen die Befehls- und Berichtswege dar. Horizontale Kontakte

entstehen durch die Kommunikation mit gleichrangigen Instanzen (**Koordinationsaufgaben**). Die Summe der Kontakte bestimmt die Kommunikations- und Informationsintensität des Stelleninhabers. Da die Information und Kommunikation nach zeitlichen Kriterien (Häufigkeit, Zeitpunkte, Zeitdauer) und nach inhaltlichen Kriterien (Umfang, Qualität, Richtigkeit der Information, Verdichtung, formaler Aufbau) zu unterteilen ist, ergibt sich ein hoher Koordinationsaufwand für die Kommunikation und Information. Die Kontrollspanne und die Anzahl der Kontakte bestimmen den Aufwand und die Intensität für die Information. Daneben kommt es zu informeller Kommunikation. Sie bezieht sich auf den Bereich, der durch die formelle Information nicht geregelt ist, z. B. ad hoc-Abstimmungen und Absprachen bei besonderen Problemen, Sammlung von Zusatzinformationen oder außerbetriebliche Kontakte.

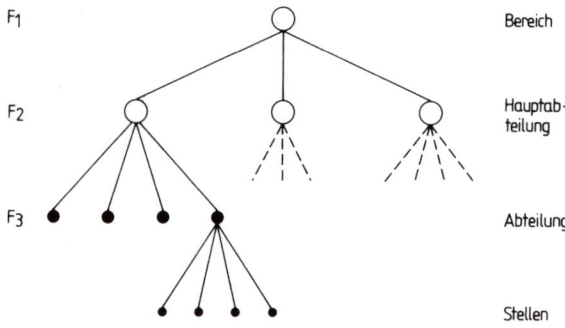

Abb. 44   Baumstruktur für eine dreistufige Hierarchie mit den Instanzen Bereich, Hauptabteilung, Abteilung (F = Führungsebenen).

Organisationsplan: Für die Definition eines Organisationsplans sind folgende Voraussetzungen notwendig:

a)   **Stellenbeschreibung:** Sie beschreibt die verrichtungsbezogenen Aufgaben, z. B.:
Sachliche Festlegung der Aufgaben.
Organisatorische Eingliederung der Stelle.
Festlegung der Berichtswege.
Hilfsmittel für die Aufgabenerledigung.
Personelle Anforderungen (Qualifikationen).
Zielsetzungen des Stelleninhabers.

b)   **Instanzenbeschreibung:** Diese umfaßt:
Ziele und Aufgaben der Instanz.

Kompetenzen bezüglich der Verfügbarkeit über Mittel, Anweisungsrechte und Dispositionsgewalt (z. B. Budgetverantwortung).
Kontrollbefugnisse.
Bestrafungs- und Belohnungskompetenzen gegenüber den Unterstellten.
Vertretungsgewalt (Zeichnungsbefugnisse).
Stellvertretungsregelung.
Kriterien der Leistungsmessung (Leistungsnachweis-Normen).
Ergebnis- und Mittelverantwortung.
Anzahl und Art der untergeordneten Stellen.
Weisungs- und Berichtswege.
Rechte und Pflichten bei Streitfällen.

c) **Kommunikationsbeschreibung:** Sie ergibt sich formal aus den Berichtswegen, d. h. aus dem hierarchischen Aufbau der Organisation. Inhaltlich ist festzulegen:
Berichtsempfänger.
Perioden/Zeitpunkte der Berichterstattung.
Berichtsinhalte.
Ablage-Ordnung und Behandlung vertraulicher Unterlagen (z. B. im Hinblick auf das Datenschutzgesetz).
Berichtsmittel, z. B. Einsatz der elektronischen Datenverarbeitung.

Stellen-, Instanzen- und Kommunikationsbeschreibungen regeln zugleich die **Ablauforganisation**; d. h. den **Vollzug** aller Aufgaben im Unternehmen. Die Wahl der richtigen Aufbauorganisation beeinflußt demnach auch die Güte und Effiktivität der Ablauforganisation.

8.3 Stab-Linienmanagement

Als Folge der Komplexität der Leitungsaufgaben und der intensiven Belastung durch Information und Kommunikation kommt es in der Leitungsfunktion selbst zu **arbeitsteiligen Prozessen:** Bestimmte Leitungsaufgaben werden an spezialisierte Instanzen – sog. **Stabsstellen** – delegiert. Echte Stabsstellen üben beratende Funktionen aus und haben keine Weisungsbefugnisse. Sie dienen der **Unterstützung** und Entlastung des weisungsbefugten Managements. Man unterteilt dann in Linienmanagement (weisungsbefugt) und Stabsmanagement (beratungsbefugt). Ein eigenes Stabsmanagement ist dann erforderlich, wenn die Stabsaufgaben eines Unternehmens insgesamt koordiniert werden und eine eigene **Stabsfunktion** entsteht. Typische Stabsaufgaben können sein:

• Markt- und Konsumentenanalysen.
• Rechtsberatung (Vertragsgestaltung).
• Werbung und Public Relations.
• Planung (Vorbereitung des Unternehmensplans).
• Finanzielle Steuerung und Budgetierung.

- Verwaltungsorganisation und Datenverarbeitung.
- Innerbetriebliche Servicefunktionen: z. B. Gebäudeplanung, Verkehrswege, Archive, Patentabteilung, Versicherungen und Steuern, Dienstleistungsfunktionen wie Sekretariatsdienste, Schreibbüros, Reprographie, Instandhaltung etc.

Grundsätzlich ergibt sich in den Leitungsfunktionen folgende Arbeitsteilung:

Linienmanagement: Das Linienmanagement wird in seiner Aufgabenstruktur sehr stark auf die **Verwirklichung** der vorgegebenen **Zielsetzungen** konzentriert und hat als Schwerpunktaufgaben:
- Entscheidungen für die unmittelbare Zielerfüllung.
- Optimaler Einsatz der vorgegebenen Ressourcen (Budget, Sachmittel, Personal).
- Terminverfolgung.
- Problemlösung.
- Ergebniskontrolle.
- Kontrollbefugnisse innerhalb des Verantwortungsbereiches.
- Aktionsplanung.
- Konzentration der Informations- und Kommunikationsaufgaben auf den zugewiesenen Verantwortungsbereich.

Stabsmanagement: Das Stabsmanagement arbeitet vorwiegend im „**Vorfeld der Entscheidungsprozesse**":
- Entscheidungsvorbereitung (Absicherung von Entscheidungen).
- Risikoanalysen.
- Informationsbereitstellung für die Linie.
- Koordination der Gesamtplanung.
- Planungsintegration.
- Planerlegung nach der Genehmigung des Unternehmensplans durch die Geschäftsleitung.
- Ergebniszusammenführung: Periodische Integration aller Teilergebnisse zum Unternehmensergebnis und Ableitung von Kontroll- und Meßwerten.
- Koordination und Integration aller Serviceleistungen (indirekte Arbeiten) zur Unterstützung des Linienmanagements.

Durch diese Arbeitsteilung in der Leitungsfunktion kommt es in aller Regel zur Bildung von „**unechten Stäben**". Sie sind dadurch gekennzeichnet, daß sie Weisungsrechte oder Vorgabebefugnisse gegenüber dem Linienmanagement besitzen: **Anweisungen gegenüber der Linie,** z. B. in Form von Budgetvorgaben, Geschäftsanweisungen (Richtlinienkompetenz des Stabes), Planvorgaben und Kontrolle. Unechte Stäbe werden oftmals zu sogenannten **Steuerungsfunktionen** des Unternehmens zusammengefaßt. Die Funktion „Finanzen und Controlling" nimmt sehr oft den Rang einer solchen Steuerungsfunktion ein. Ihre wichtigsten Aufgaben bestehen in:

- Zerlegung der Planungen in operative Steuerungsgrößen, z. B. Budgetvorgaben, Ergebnisvorgaben.
- Kontrolle der Vorgabewerte.
- Konsolidierung aller Ergebnisse.
- Information der Geschäftsleitung über Gesamtergebnisse und Abweichungen.

Die Aufteilung der Leitungsfunktion in Linien-, Stabs- und Steuerungsfunktionen führt zu einem **planungs- und kontrollintensiven Managementsystem.** Dieses Management-System folgt dem theoretischen Modell des Management-Zyklus:

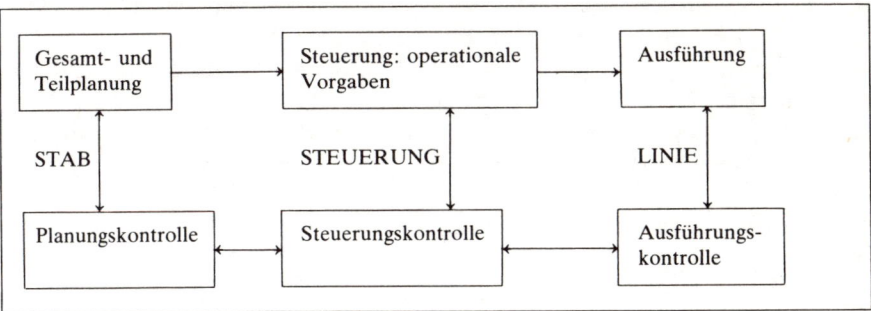

Abb. 45 Modell des planungs- und kontrollintensiven Managementsystems

Setzt man dieses Modell in einen Organisationsplan um, dann ergibt sich folgende Struktur:

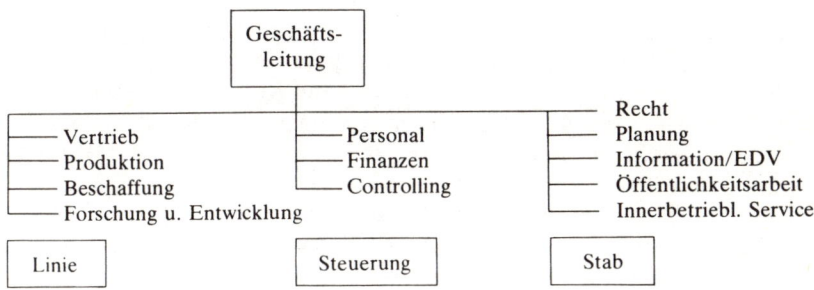

Abb. 46 Beispiel einer Organisationsstruktur eines planungs- und kontrollintensiven Managementsystems.

Das planungs- und kontrollintensive Managementsystem hat Vor- und Nachteile:

a) **Vorteile:**
- Entlastung des Linienmanagements von Verwaltungsarbeiten,
- Konzentration auf ergebnisbezogene Entscheidungen und
- hohe Ergebnisverantwortung.

b)   **Nachteile:**

- Konfliktäre Organisation: Zwischen Stab, Steuerung und Linie treten Ziel-Mittel-Konflikte auf.
- Hohe Informations- und Machtkompetenzen der Stabs- und Steuerungsfunktionen und damit
- Abhängigkeit des Linienmanagements und der Geschäftsleitung von der Informationsbereitstellung durch die Stabsfunktionen (Brain Trusts).
- Einflußnahme der Stabs- und Steuerungsfunktionen auf die Entscheidungen.
- Intensive Kontrollen.
- Reduzierung der Freiheitsgrade der Entscheidungen beim Linienmanagement.
- Hoher Kommunikationsaufwand für das Gesamtunternehmen.
- Gefahr des Entstehens von „Betrieben im Betrieb": Verselbständigungstendenzen der Stäbe und Steuerungsfunktionen.
- „Linienblindheit" der Stäbe: Aufgrund der relativen Isolation vom direkten Betriebsgeschehen kommt es zu irrealen Hypothesen und Vorgaben.

Um die Nachteile derartiger Organisationen zu mindern, versuchen viele Unternehmen mit Hilfe der „Job Rotation" einen ständigen Personalaustausch zwischen den einzelnen Funktionen herbeizuführen, etwa nach dem Grundsatz, daß eine Stabs-Management-Funktion nur von einem sog. „verdienten" Linienmanager eingenommen werden kann.

8.4 Matrix-Management

Die Stab-Linienorganisation und die von ihr abgeleiteten Varianten sind u. a. durch langwierige Kommunikations- und Abstimmprozesse gekennzeichnet. Daher wird versucht, eine Entflechtung der einzelnen Hierarchiebereiche herbeizuführen, indem das Unternehmen eine Trennung von **Kernfunktionen** und **Sekundärfunktionen** (Unterstützungsfunktionen) vornimmt. Als Kernfunktionen werden alle jene Bereiche und Geschäftsprozesse identifiziert, die an der **Wertschöpfung** des Unternehmens beteiligt sind, während die Unterstützungsfunktionen den Charakter von **Dienstleistungszentren** annehmen, die die Wertschöpfungsprozesse des Unternehmens unterstützen. Das Ziel besteht in einer starken Ausrichtung auf das sog. **Kerngeschäft**. Bereichs- oder abteilungsspezifische Stabsstellen entfallen damit. Das Zusammenspiel zwischen Kernfunktion und Unterstützungsfunktion wird durch horizontale und vertikale Koordinationsleistungen geregelt. Gleichzeitig erfolgt eine Abflachung der Managementhierarchie: Die Kernfunktionen (auch „strategische Geschäftseinheiten" genannt) berichten ebenso wie die Unterstützungsfunktionen direkt an die Geschäftsführung. In Abbildung 47 stellen die Schnittpunkte Koordinationsaufgaben dar.

Wir unterscheiden:
a)   **Horizontale Koordination**: In diesem Falle nimmt die Unterstützungsfunktion die Koordinationsaufgabe wahr. Beispiel: Die Funktion „Projektmanagement" koordiniert die temporäre Mitwirkung von Fachexperten aus den Kernfunktionen,

um neue Projekte realisieren zu können. Oder: Die Funktion „Finanzen" koordiniert die Budget- und Investitionsanforderungen der Kernfunktionen, um einen generellen Finanzplan für die Entscheidung der Geschäftsführung aufzustellen.

b)   **Vertikale Koordination:** In diesem Fall ist die Koordinationsaufgabe bei der Kernfunktion angesiedelt, d. h. der Koordinator der Produktionsfunktion ist z. B. verantwortlich, daß die Dienstleistungszentren die Services bereitstellen, die für die reibungslose Durchführung der Produktionsaufgaben erforderlich sind.

Die vertikale Koordination durchbricht im strengen Sinne das Prinzip der Konzentration auf das Kerngeschäft. Es müßten in diesem Fall Mitarbeiter aus den Kernfunktionen für die Sicherstellung der Dienstleistungen bereitgestellt werden, d. h. es handelte sich um eine **Holschuld.** Das Prinzip der Dienstleistung lautet jedoch **Bringschuld,** d. h. das Matrixmanagement ist eindeutig auf den Servicegedanken (internes Kunden-Lieferanten-Denken) auszurichten.

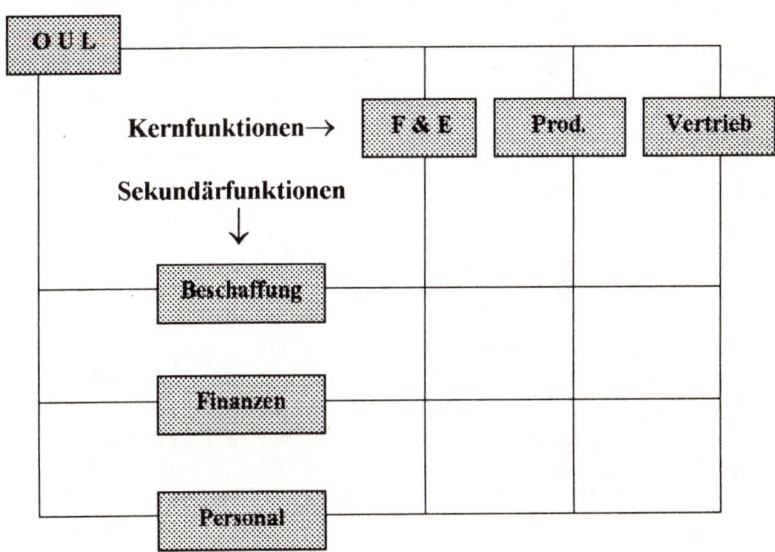

Abb. 47   Querschnittsorganisation in Form der Matrix

Kritische Würdigung

a)   **Positive Aspekte:** Als positiv zu bewerten ist die Entflechtung der Kommunikationsbeziehungen, d. h.. das tradierte System der Identität des Berichts- und Weisungsweges entfällt. Ebenso wird das von Fyol definierte Prinzip der Einheitlichkeit von Befehl und Auftrag aufgelöst: Der Matrix-Manager steht in einem vielfältigen Beziehungsnetz fachlicher und teilweise auch personell dispositiver Koordinationsprozesse, um seine zumeist projektorientierten Aufgaben zu lösen. Daher eignet sich das Matrix-Management insbesondere für solche Unternehmen, die projektorientiert und damit zugleich auch kundenorientiert ihre Aufgaben lösen.

b) **Negative Aspekte:** Der Matrix-Manager gerät durch seine intensiven Abstimmungsprozesse häufig in konfliktäre Situationen: Die Zielsetzungen der Kernfunktionen decken sich nicht mit jenen der Matrix-Instanz, insbesondere bezüglich der temporären Bereitstellung von Ressourcen. Sofern der Matrix-Manager nicht mit einer explizit definierten Weisungsbefugnis (z. B. für die Realisierung eines Projekts) ausgestattet ist, wird er mit Ziel-, Mittel- und Verteilungskonflikten konfrontiert. Die Kernfunktion wird jeweils für sich in Anspruch nehmen, eine höhere Priorität zu besitzen, da sie unmittelbar auf den Geschäftserfolg einwirkt.

8.5 Produktmanagement

Das Produktmanagement stellt eine Mischform zwischen der Stab-Linienorganisation und dem Matrix-Management dar. Das Ziel besteht in einer Querschnittskoordination über funktional ausgerichtete Organisationsbereiche. Das Produktmanagement wird vorwiegend eingesetzt für Vertriebsaufgaben, Entwicklungsprojekte und für die Intensivierung bestimmter Aufgaben, für deren zielentsprechende und erfolgswirksame Erfüllung die funktional organisierten Einzelbereiche überfordert sind. Bei der Produkteinführung hat beispielsweise der Produktmanager die Aufgabe, mehrere Funktionsbereiche durch direkte Eingriffe in die Arbeits- und Verhaltensweisen der Einzelfunktionen (Abteilungen, Bereiche) mit den bestehenden Ressourcen (Personal, Budget, Sachmittel) möglichst schnell und erfolgreich das Produkt im Markt zu plazieren. Üblicherweise berichtet der Produktmanager direkt an die Geschäftsleitung, um über deren Delegationsauftrag die Rechte für die Eingriffe in die Funktionsbereiche abzuleiten. Soll beispielsweise ein Produkt, dessen Absatz stagniert, eine höhere Marktakzeptanz (und damit einen höheren Umsatz) erbringen, dann würde der Produktmanager in den bisher dafür zuständigen Abteilungen (z. B. Werbung, Preisgestaltung, Verkauf) Mitarbeiter und finanzielle Mittel (Budget) so aktivieren, daß das gewünschte Ziel der Umsatzsteigerung erzielt werden könnte. Als Mittel können eingesetzt werden: Projektorientiertes Arbeiten über die Abteilungen hinweg durch die Bildung von Teams, Restrukturierung von Arbeits- und Verwaltungsprozessen, Repriorisierung von Aufgaben, Motivation der Mitarbeiter.

Die **Rechte** des Produktmanagers beziehen sich auf:

- **Informationsrecht:** Der Produktmanager hat einen Rechtsanspruch auf alle Informationen, die für die Realisierung des Umsatzzieles verfügbar sind.
- **Mitsprache- und Mitwirkungsrecht:** Einflußnahme auf die Gestaltung der Arbeitsweisen in den Fachabteilungen.
- **Fach- und produktgebundenes Entscheidungs- und Weisungsrecht gegenüber der Linie.**

Produktmanager werden vorwiegend eingesetzt für:

- Intensivierung des Absatzes für bestehende Produkte,
- Markteintrittsstrategien für neue Produkte,
- Entwicklung neuer Produkte: In diesem Fall koordiniert er von der Entwicklung bis zur Vermarktung alle Aktivitäten eines Produkts.

Das Produktmanagement stellt eine **konfliktäre Organisationsform** dar: Zwischen dem Linienmanagement und dem Produktmanager entstehen sehr oft Ziel-Mittel-Konflikte, wenn es um die Allocation der Ressourcen geht. Ebenso kann beobachtet werden, daß persönliche Konflikte sowohl zwischen den Führungskräften (Linien- versus Produktmanagement) als auch zwischen den nachgeordneten Abteilungen auftreten, die in einem Mehrfach-Unterstellungsverhältnis stehen. Daher wird das Produktmanagement insbesondere dann eingesetzt, wenn sich das Unternehmen mit seinen Produkten in einer kritischen Situation befindet, die es erforderlich macht, möglichst schnell durch die Konzentration aller vorhandenen Ressourcen Marktnischen zu besetzen oder bestehende bzw. neue Produkte auf dem Markt zu forcieren.

8.6 Projektmanagement

Die Aufgaben, Ziele und Möglichkeiten des Projektmanagements haben in den letzten Jahren eine zunehmende Bedeutung erlangt und werden heute von zahlreichen Unternehmen als Chance betrachtet, um die überkommenen Strukturen der Ablauforganisation zu verändern und eine Erhöhung der Flexibilität und Kundenorientierung zu erreichen. Insbesondere unter dem Einfluß zahlreicher Schulungen und Tagungen sowie der Möglichkeit, qualifiziertes Projektmanagement zertifizieren zu lassen und spezielle Berufsbilder im Rahmen des Projektmanagements zu etablieren, werden in den Unternehmen teilweise großangelegte Ausbildungsprogramme für Projektmitarbeiter durchgeführt. Die Deutsche Gesellschaft für Projektmanagement e. V., das Project Management Institute und die European Foundation for Quality Management (EFQM) bemühen sich mit zahlreichen Lehrgängen, Workshops, Tagungen und Fachaufsätzen um ein möglichst breites Wissen und um entsprechende Erfahrungen für das Projektmanagement.

8.6.1 Kernfunktionen und Ziele des Projektmanagements

Als grundsätzliche Orientierung für das Projektmanagement kann das Modell „**Project Excellence**" dienen, das die Erfolgsfaktoren und Aufgabengebiete des Projektmanagements definiert. Dieses Modell basiert auf dem europäischen Qualitätsmodell „Business Excellence" und zielt auf die **Qualifizierung der Erfolgsfaktoren** eines Projekts ab. Die Deutsche Gesellschaft für Projektmanagement e. V. vergibt jährlich den „Deutschen Projektmanagement-Preis" an ein Projektteam, das durch besondere Leistungen ein Projekt erfolgreich einführte. Als Kriterien für die Bewertung gelten: Zielsetzungen und Zielerreichungsgrad, Umgang mir Risiken, Organisationsstruktur, Anzahl der beteiligten Mitarbeiter, Ressourcen, Prozesse, erzielte Kunden- und Mitarbeiterzufriedenheit. Mit diesem Kriterienkatalog sind zugleich die Kernfunktionen eines Projekts umschrieben. Die Einführung projektorientierter Arbeitsstrukturen konzentriert sich im Unternehmen auf folgende Zielsetzungen:

- Erhöhung der innerbetrieblichen und externen Flexibilitäten,
- Reduzierung der Routinearbeit und Konzentration auf innovative Lösungen,
- Aktivierung des Know-how der Mitarbeiter auf allen Ebenen der Unternehmenshierarchie (Wissensmanagement),
- Erzielung einer größtmöglichen Kundenzufriedenheit,
- Kontinuierliche Verbesserung und Erhöhung der Qualitätsstandards,
- Intensive Ziel- und Ergebnisorientierung,
- Flexible Führung und weitgehende Autonomie kreativer Gruppen.

Aus diesem Zielkatalog entwickeln sich neue Formen der Ablauforganisation, der Teamstrukturen und des Führungsstils. In hierarchisch gegliederten Organisationen sind daher die Prinzipien des Projektmanagements nur sehr schwer durchsetzbar. Ein „excellentes" Projekt basiert auf einem hohen Standard inner- und außerbetrieblicher Kommunikation und erfordert sehr hohe Koordinationsleistungen, die nur in flexibel organisierten Unternehmen realisierbar sind. Die Organisation erweist sich als ein dynamischer Prozeß („lernende Organisation") – man spricht auch vom **postbürokratischen Unternehmen** (S. Kühl) –, die sich den jeweiligen Projekteigenschaften anpaßt und die erforderlichen Ressourcen bereitzustellen vermag. Ein wesentliches Kennzeichen der projektspezifischen Organisation ist das hohe Maß an Flexibilität, die besondere Anforderungen an die Mitarbeiter bezüglich Arbeitseinsatz, Arbeitsort und Arbeitszeit stellt.

8.6.2 Kriterien und Methoden

Die wesentlichen Begriffe und terminologischen Abgrenzungen für Projekte sind in der deutschen Norm DIN 69901 und in der europäischen Norm ISO 9000 ff. festgelegt. Nach DIN ist ein Projekt „ein Vorhaben, das im wesentlichen durch Einmaligkeit der Bedingungen in ihrer Gesamtheit gekennzeichnet ist, wie z. B. Zielvorgabe, zeitliche, finanzielle, personelle oder andere Begrenzungen, Abgrenzung gegenüber anderen Vorhaben, projektspezifische Organisation."

In der Praxis haben sich – in Anlehnung an DIN – fünf Kriterien für die Abgrenzung eines Projekts gegenüber anderen ablauforganisatorischen Aufgaben durchgesetzt:

- **Einmaligkeit der Aufgabe:** Projekte heben sich eindeutig von der „Normaltätigkeit" im Unternehmen ab und beziehen sich auf besondere Leistungen. Diese Besonderheit wird durch einen **Projektauftrag** formal definiert und mündet in eine konkrete **Zielvorstellung**. Durch die Neuartigkeit des Vorhabens sind kreative und innovative Leistungen erforderlich, da die Projektaufgabe völlig neue Aspekte bezüglich der Durchführung eröffnet. Als Beispiele mögen zitiert sein: Einführung eines integrierten Informationssystems (z. B. SAP R/3), Outsourcing des Gebäudemanagements, Restrukturierung der Bestellbearbeitung, Einführung eines Qualitätsmanagement-Systems u. ä. m.

• **Zeitliche Begrenzung:** Jedes Projekt wird in einen eindeutig definierten Zeitrahmen eingebettet, d. h. es besteht eine genaue – oftmals extern vorgegebene - zeitliche Fixierung des Endtermins. Zum Beispiel: Umstellung der internen Abrechnungssysteme auf den Einführungszeitpunkt des EURO, Umstellung der gesamten EDV auf den Jahrtausendwechsel. Von besonderer Bedeutung ist der Starttermin: Er wird oftmals in Form eines offiziellen „Kick Off Meetings" von der Geschäftsleitung bekanntgegeben, wobei gleichzeitig die Projektverantwortlichen vorgestellt werden. Innerhalb der vorgegebenen Zeitstrecke muß dann das Projekt realisiert werden.

• **Multifunktionalität:** Projekte betreffen mehrere Funktionen und hierarchische Ebenen des Unternehmens. Entwicklungsteams arbeiten in enger Verbindung mit den Fachabteilungen zusammen, die von den Projektergebnissen unmittelbar betroffen sind, aber auch mit Lieferanten, externen Dienstleistern und mit Kunden, sofern die Projekte kundenorientiert sind (siehe hierzu Kapitel 10: Dienstleistungsmanagement). Aus der Multifunktionalität resultieren besondere Organisationsformen (z. B. Matrix-, Produkt- oder Koordinationsmanagement) und spezifische Managementgremien für die Projektsteuerung, die sich vorwiegend an den Prinzipien der Kollegialsysteme orientieren.

• **Ergebnisrelevanz:** Projekte zielen auf die Erreichung konkreter Ergebnisse ab. Dies können materielle Ergebnisse sein, z. B. Verkürzung von Durchlaufzeiten in der Fertigung, Reduzierung von Kosten in der Verwaltungsorganisation, Standardisierung des Informationsaustauschs mit Lieferanten, schnellere Auslieferung von Waren und damit Erhöhung des Lagerumschlagkoeffizienten. Daneben verfolgen Projekte auch Qualitätsziele (Einführung von Qualitätssicherungssystemen) und immaterielle Ziele wie die Erhöhung der Kundenzufriedenheit. Bei Projekten, die sich auf die Entwicklung neuer Produkte beziehen, stehen die Produkteigenschaften, die Innovation des Produkts, Mode- und Designkriterien sowie die Kundenakzeptanz im Vordergrund der Ergebnisrelevanz.

• **Begrenzungen:** Jedes Produkt ist durch spezifische Limitationen begrenzt (sog. „Constraints"). Die häufigsten Produktlimitationen sind: Budgetvorhaben, Mitarbeiterpotential in quantitativer und qualitativer Hinsicht, zeitliche Restriktionen, Knappheit an projekttypischen Ressourcen (z. B. begrenzte Testmöglichkeiten für neu einzuführende EDV-Systeme). Die Aufgabe der Projektleitung besteht daher in einem permanenten Bestreben nach einer Optimalnutzung vorhandener Ressourcen. Daher wird für jedes Projekt bereits zu Beginn des eigentlichen Projektauftrags eine sog. **Projektumfeldanalyse** durchgeführt, deren Ziel in einem realistischen Abgleich von verfügbaren Ressourcen und erwarteter Zielsetzung besteht. Wird auf eine Projektumfeldanalyse verzichtet, kommt es zum **Dilemma des Projektauftrags:** Der Projektauftrag kann mit den verfügbaren Ressourcen nicht vollständig realisiert werden, so daß im Verlauf des Projekts eine **Reduzierung des Anspruchniveaus** stattfindet: Zeitliche Verzögerungen, Teillösungen, Qualitätsverluste, Budgetüberschreitungen und Akzeptanzprobleme sind die Folgen (die sog. „Rückrufaktionen" von Herstellern neuer oder neuartiger Produkte beruhen regelmäßig auf diesem Dilemma).

Für die **Projektrealisierung** steht ein umfangreiches methodisches Instrumentarium zur Verfügung, das im Rahmen dieser Arbeit nicht ausgeführt werden kann. Ein wichtiger Aspekt, der die Besonderheit des projektorientierten Arbeitens verdeutlicht, ist die sog. **Phasengliederung** oder **Projektstrukturplanung**, die kurz dargestellt sein möge. Jedes Projekt ist durch sechs logisch abgrenzbare Module oder Arbeitseinheiten (Phasen) gekennzeichnet. Je nach Strategie der Projektentwicklung können diese Phasen parallel, überlappend oder sequentiell bearbeitet werden. Wichtig ist die genaue Abgrenzung dieser Phasen, da nach jeder Phase eine **Qualitätssicherung** stattfindet, die durch projekteigene oder externe Reviews und Inspektionen (Projekt-Controlling) realisiert wird. Man spricht auch von einer dynamischen Qualitätssicherung, die prinzipiell nach dem System des Qualitätszirkels aufgebaut ist. Damit soll verhindert werden, daß während der Projektentwicklung Fehlentwicklungen auftreten, die das Endergebnis gefährden.

Die wichtigsten Aufgaben der einzelnen Phasen sind in Abbildung 48 dargestellt, wobei allerdings darauf hingewiesen werden muß, daß je nach Art des Projekts (Organisationsprojekt, Produktentwicklung, EDV-Projekt) unterschiedliche Aufgaben und Schwerpunkte der Entwicklung bestehen. Die Zuordnung dieser Aufgaben an bestimmte Personen, Stellen oder Instanzen bestimmt den **Projektstrukturplan** (d. i. die Personalisierung der Projektaufgaben).

8.6.3 Management-Aufgaben

Projekte werden durch Teamarbeit realisiert. Dabei sind grundsätzlich zwei Formen der **Teamorganisation** möglich:

a) **„Reines Projektmanagement":** Diese Organisationsform ist dadurch gekennzeichnet, daß für die Dauer des Projekts ein geschlossenes Team ständig an der Projektarbeit beteiligt ist. Die Mitarbeiter des Teams rekrutieren sich aus Fachexperten unterschiedlicher betrieblicher Funktionen und sind einem **Projektleiter** unterstellt, der neben der fachlichen Weisungsbefugnis auch das personelle Dispositionsrecht wahrnimmt. Der Projektleiter agiert in diesem Fall analog einem Abteilungs- oder Bereichsleiter, allerdings mit befristeter Dauer. Die Realisierung dieser Organisationsform ist an bestimmte Voraussetzungen gebunden, die durch die Mitarbeit von außerhalb des Projekts stehenden Funktionen (z. B. Personalabteilung) geleistet werden müssen.

Systemanalyse

Erhebung der Ist-Daten, Faktenanalysen, Prognosen über zukünftige Entwicklungen, Systemzusammenhänge und Abhängigkeiten, Organisationsstrukturen, Projektressourcen und Projektumfeldanalyse.
Ergebnis: Schwachstellen des Ist-Zustandes, verfügbare Ressourcen für Änderungen, Detaillierung des Projektauftrags.

System Design (Sollsystem)

Bewertung des Zielsystems, Entwurf und Konzeption des neuen Systems entsprechend Projektauftrag, Realisierungsplan, benötigte Einsatzfaktoren im zeitlichen Ablauf, Lasten- oder Pflichtenheft (entsprechend ISO), Budgetplanung und Wirtschaftlichkeit.

Realisierung

Umsetzung des Sollsystems. Beschaffungsmaßnahmen, Inanspruchnahme fremder Lieferanten Modularisierung der Teilergebnisse, Test und Probeläufe, Prototyping.

Implementierung

Vorbereitung der Einführung (beim Kunden, in der Organisation, auf dem Markt), Planung und Durchführung der Tests und Probeläufe, Bereitstellung der benötigten Hilfsmittel für die Einführung, Schulungs- und Trainingsunterstützung, Handbücher, gesetzliche Dokumentationen, Aufbau einer Unterstützungsfunktion für die Nutzung.

Einführung

Umstellung der Organisationsmittel und der technischen Einrichtungen, Nutzung des neuen Verfahrens oder Produkts, Dokumentation auftretender Fehler.

Nutzung

Beobachtung des Leistungsverhaltens unter Berücksichtigung von Lernkurven-Effekten, Systemstabilisierung und –optimierung.

Abb. 48 Projektstruktur mit typischen Aufgaben (Beispiele)

Von besonderer Bedeutung sind für das reine Projektmanagement:

- Die Bereitstellung qualifizierten Personals aus den Fachbereichen für die Dauer des Projekts.
- Die Sicherstellung des „Re-entry" der betreffenden Mitarbeiter nach Beendigung des Projekts, d. h. Vereinbarung von Positions- und Karrierelaufbahnen für die Projektmitarbeiter, um sie in die ursprünglichen oder in neue Aufgaben einzugliedern.
- Die räumliche, sachliche und funktionale Abordnung der betreffenden Mitarbeiter.

In der Praxis scheitert das reine Projektmanagement oft an den personellen Kapazitätsengpässen der Fachabteilungen: Durch die in der Vergangenheit stattgefundenen Personalreduzierungen sehen sich nahezu alle Fachabteilungen außerstande, für eine u. U. länger dauernde Projektarbeit Mitarbeiter freizustellen. Aus diesem Grunde muß eine differenzierte Projektorganisation gewählt werden:

b) **Partizipatives Projektmanagement:** Bei dieser Form bleiben die Fachexperten der Funktionsbereiche disziplinarisch dem Vorgesetzten der Fachabteilung weiterhin unterstellt, nehmen aber **zusätzlich** Aufgaben für die Projektarbeit wahr. Es kommt zu einer Doppelunterstellung: Disziplinarisch (und damit operativ) dem Fachbereich, fachlich (zusätzlich) dem Projektleiter. Für die Projektleitung entsteht eine umfangreiche **Koordinationsaufgabe:**

- Vereinbarung von **Arbeitspaketen** für jeden Mitarbeiter nach Inhalt, Zeitdauer und Termin.
- Sicherstellung der Abgrenzung von **Schnittstellen** zwischen den einzelnen Arbeitspaketen.
- Gewährleistung einer ausreichenden **Kommunikation** zwischen den Teammitgliedern durch die Vereinbarung von festen Terminen („Jour Fix") für die Teambesprechungen.
- Aufbau einer **Kommunikations-Infrastruktur** (siehe Abbildung 7 auf Seite 55) zur Sicherstellung des projektspezifischen Wissenstransfers.

Da der Projektkoordinator (eine Leitungsfunktion wird i. d. R. nicht delegiert) nur sehr bedingt Einfluß auf die Leistung der dezentralisierten Projektmitarbeiter ausüben kann, muß eine spezielle **Managementorganisation** geschaffen werden: Die Formen des **Kollegialprinzips der Führung** erweisen sich als ideale Organisationsformen für das partizipative Projektmanagement. Die Grundstruktur ist in Abbildung 49 dargestellt. Sie ist wie folgt zu interpretieren:

- Das **Lenkungsgremium** agiert als Entscheidungskollegium. In ihm sind die Fachbereichsleiter der vom Projekt betroffenen Funktionen vertreten sowie der Projektleiter. Die Aufgaben des Lenkungsgremiums beziehen sich auf:
  a) Projektinitialisierung (Go-/No-Go-Entscheidung) und Definition des Projektauftrags.

b) Formale Delegation des Projektauftrags an einen Projektkoordinator.
c) Vereinbarung von temporären Personalleistungen aus den betroffenen Fachbereichen.
d) Freigabe der Projektressourcen (Budget, sachliche Mittel, Personal, Fremdleistungen).
e) Lösung von Konflikten während der Projektarbeit.
f) Überprüfung von Status und Zielerreichungsgraden des Projekts.
g) Organisation und Motivation des Projektumfeldes, Etablierung neuer Organisationsformen, sofern diese durch das Projekt bedingt sind.

• Das **Kernteam** besteht aus dem Projektkoordinator und einigen wenigen (in der Praxis zwei oder drei) Experten, die für die gesamte Projektdauer permanent am Projekt arbeiten. Seine Aufgabe besteht primär in der Entwicklung von Sollkonzeptionen, Zielvorstellungen, Prototypen und in der Koordination aller übrigen Projektaufgaben. Das Kernteam kann als hierarchiefreie Gruppe im Innenverhältnis organisiert sein, gegenüber der Umwelt tritt es jedoch mit einem eindeutigen, vom Lenkungsgremium delegierten Auftrag auf, um die fachlichen Ressourcen aus den Fachabteilungen für das Projekt zu engagieren. Das Kernteam kann durch externe Beziehungen (Lieferanten, Berater, Institute) erweitert werden.
• Das **Unterstützungsteam** rekrutiert sich aus den Mitarbeitern der Fachabteilungen, die nur temporär für bestimmte Teilaufgaben (Arbeitspakete) zuständig sind. Ihre Verantwortung besteht in der sachgemäßen Erledigung der durch das Kernteam festgelegten Aufgaben.

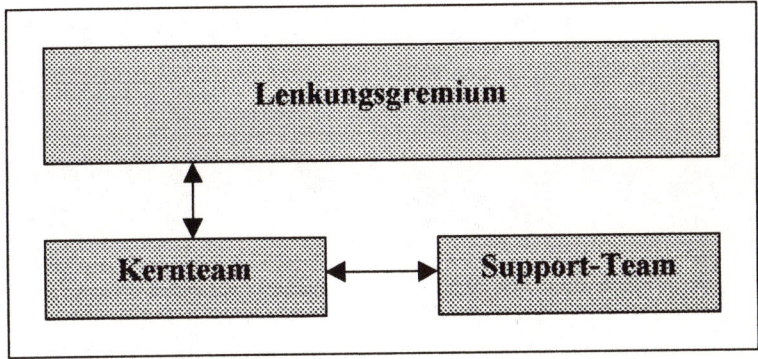

Abb. 49 Kollegialsystem für partizipatives Projektmanagement

Die dargestellte Struktur des partizipativen Projektmanagements eignet sich auch für die sog. **Mehrprojektleitung**: Werden mehrere Projekte zeitgleich oder zeitlich überlappend realisiert, nimmt das Lenkungsgremium die Position einer Ausgleichsfunktion wahr, und zwar bezüglich:

• Optimierung von Ressourcen,
• Prioritätsfestlegung zwischen den Projekten,

- Entscheidungen über Personaltransfers zwischen den Projekten,
- Einschaltung externer Expertise (Unternehmensberater) als Unterstützungs-maßnahmen.

Der Übergang zum projektorientierten Management (Management by Projects) führt durch die Kollegialsysteme und die teamorientierte Arbeit insgesamt zu einer Demokratisierung des Führungssystems.

9. Kapitel:
Management der Geschäftsprozesse

9.1 Inhalt und Systematik

9.1.1 Lean Management und Prozeßmanagement

Seit Ende der 80er Jahre hat ein dramatischer Wandel in der Führungs- und Organisationskultur eingesetzt. Ausgehend von den Prinzipien der Lean Production, die von der damals prosperierenden Industrie Japans entwickelt wurde, erfuhren diese Prinzipien zunächst in der Automobilindustrie Europas und der USA ihre Anwendung, um anschließend systematisch auf die Verwaltungsorganisationen übertragen zu werden. Es entstanden neue Organisationsmuster („Paradigmenwechsel"), die heute auf alle Aufgaben eines Unternehmens angewandt werden und in deren Mittelpunkt die **Geschäftsprozesse** stehen. Prozeßmanagement und die damit verwandte Prozeßkostenanalyse sind zu vorherrschenden Merkmalen sog. „postbürokratischer Unternehmen" geworden.

Entsprechend den vielfältigen Abhandlungen über Lean Management, Prozeßmanagement und Lean Production sind auch die begrifflichen Merkmale und Inhalte. Eine Abgrenzung der Begriffe möge als Hilfsmittel für eine operativ orientierte Darstellung der Inhalte dienen:

Lean Organisation: Strukturierung der Aufbau- und Ablauforganisation nach logistischen, prozessualen Kriterien.
Lean Management: Realisierung eines Führungsstils mit den Merkmalen Delegation, Selbst- und Gruppenmanagement, Risikomanagement und Orientierung an den Erfolgsfaktoren des Unternehmens.
Lean Production: Fertigungstechniken nach den Kriterien der Fertigungssegmentierung und gruppenorientierter Fließfertigung mit hohem Qualitätsbewußtsein, Kostenmanagement und Reduzierung der Fertigungstiefe durch globales Einkaufsmanagement.
Prozeßmanagement: Restrukturierung der Geschäftsprozesse unabhängig von funktionalen und abteilungsbezogenen Aufgabenstrukturen im Sinne einer logistischen Zielorientierung.

Alle vier Begriffe stehen in einer wechselseitigen Beziehung: Die Realisierung einer an Lean Production orientierten Fertigungstechnik kann nicht ohne eine entsprechende Prozeßorganisation erfolgen. Wenn – wie in einem konkreten Fall zu beobachten war – aufgrund der veränderten Fertigungstechnik der Produktionszyklus von bisher neun Tagen auf sieben Tage reduziert wird, die fertige Ware dann aber vier Tage im Auslieferungslager verweilt, weil die entsprechenden Lieferpapiere nicht bereitgestellt werden können, dann wurde die organisatorische Komponente des Prozeßmanagements vernachlässigt, was selbstverständlich ohne jeden ökonomischen Effekt war.

Die Einführung des Lean- bzw. Prozeßdenkens kann nicht isoliert auf ausgewählte Bereiche einer Organisation erfolgen. Die **Synchronisation** verschiedener Ebenen wie Produktion, Organisation und Führungsstil ist notwendig, um die erwarteten Rationalisierungseffekte und Flexibilitäten zu erreichen. Die Vielzahl der Begriffselemente mit zum Teil bekannten, aus der Praxis und Methodik der Organisationslehre übernommenen Inhalte drängt unmittelbar die Frage auf, was eigentlich an neuem Gedankengut in die Philosophie der Organisationsgestaltung durch die Diskussion um Lean Management und Prozeßmanagement eingebracht werden kann (siehe Abbildung 51). Jürgen E. Schrempp, Vorsitzender der Daimler-Chrysler AG, sagte: „Ich schlage vor, vom Begriff des Lean Management eher wegzukommen, denn er hat Schlagwortcharakter, der uns nur ablenkt."[59]   Statt dessen plädiert er für einen Paradigmenwechsel in dem Sinne, daß eine „schlanke Organisation eine sich entwickelnde, lernbereite und lernfähige Organisation" sei, die sich an die Vision einer ständigen Verbesserung organisatorischer Strukturen und unternehmerischer Erfolge herantastet.

Auch bei der Firma Siemens spielte diese aus dem japanischen Kaizen übernommene Philosophie der permanenten Verbesserung eine bedeutende Rolle. Wesentliche Bestandteile des in der Firma Siemens AG initiierten Verbesserungsprozesses waren: Qualität von Anfang an, permanentes Erkennen und Beseitigen von Schwachstellen, internes Kunden-Lieferanten-Denken, Standardisierung der Routine-Arbeitsabläufe, Identifikation mit den Aufgaben.

Aus diesen Zielen wird ein verändertes Führungsverhalten abgeleitet mit beispielsweise folgenden Inhalten: funktionsübergreifende, interdisziplinäre Zusammenarbeit, Konsens statt Kompromiß, Quantifizierung und Visualisierung von Zielen, Querschnittskommunikation ohne Einhaltung tradierter Berichts- und Weisungswege.

Nahezu allen Definitionsversuchen und Umschreibungen ist die Tatsache eigen, daß die Probleme der **Komplexität** der Produktions- und Verwaltungszentren so hoch geworden sind, daß die herkömmlichen Methoden der Strukturierung, die sich auf hierarchische Ordnungssysteme mit determinierten Ablauf- und Machtregulierungen stützen, nicht mehr ausreichen, um Anpassungsleistungen zu erbringen, die der Dynamik der Innovationszyklen auf globalen Märkten gerecht werden.

Das Prozeßmanagement ist prinzipiell auf eine Komplexitätsreduzierung ausgerichtet, wobei introvertierte und extrovertierte strategische Ziele verfolgt werden (siehe Abbildung 50). Zwar finden sich in diesen strategischen Zielen durchaus Zielsetzungen der „klassischen" Organisationsphilosophie, doch wird der Schwerpunkt für die Realisierung nunmehr andersartig definiert: Bei allen Organisationsvorhaben steht die Dominanz der **Komplexitätsreduzierung** und **Flexibilisierung** im Vordergrund. Dazu ist es jedoch erforderlich, Entstehung und Formen der Komplexität zu erkennen.

Duale Strategie des Prozeßmanagements	
Extrovertiert	**Introvertiert**
Kunden- und Markt- orientierung Qualität und Service Produktakzeptanz Variantenfertigung Produkt-Innovationen Neue Vertriebswege und Vertriebsmethoden Target Pricing	Kosten- und Qualitätsbewußtsein Vermeidung von Verschwendung Entbürokratisierung Internes Service-Geber-Prinzip Orientierung an Erfolgsfaktoren (Value based Management) Arbeitsintensivierung Arbeitsvereinfachung Target Costing

Abb. 50 Strategische Ziele

Komplexität wird als Vielheit und Verschiedenartigkeit der in einem System möglichen Beziehungen verstanden. Während Vielheit einen quantitativen und damit meßbaren Begriff darstellt, bezieht sich die Verschiedenartigkeit auf qualitative Merkmalsausprägungen der Systemelemente.

Vielheit ist z. B. die Anzahl der Stellen und Instanzen einer Organisation, die Menge ihrer Kommunikationsbeziehungen und die Anzahl der in einer Zeiteinheit zu bewältigenden Aufgaben. Verschiedenartigkeit wäre dagegen die unterschiedlichen personellen Qualifikationen, die Varietät der praktizierten Führungsmethoden, die unterschiedlichen personellen und egozentrischen Ziele der Mitarbeiter und der Stellen, die Qualifikation der Produkte in Bezug auf deren Marktakzeptanz, die Motivationen. Vielheit bedingt Verschiedenartigkeit und Wachstum. Die Selektion biologischer Systeme wird gerne als Beispiel zitiert, um die Entwicklung künstlicher Organisationen zu demonstrieren. Kiyoshi Suzaki demonstrierte schon 1986 die grundsätzliche Verwandtschaft zwischen biologischen Systemen und den Strukturen von Unternehmen, um das Problem der Komplexität zu verdeutlichen. Allerdings ist bezüglich einer einfachen Adaption im Sinne von Analogieschlüssen zu warnen: Der in der Natur zu beobachtende Selektions- und Anpassungsprozeß findet in den künstlich geschaffenen Systemen keineswegs adäquat statt, vielmehr zeigen sich zahlreiche Organisationen und Bürokratien geradezu resistent gegenüber Veränderung und Anpassung.

Organisationen lösten das Problem der Vielheit und Verschiedenartigkeit mit tradierten Methoden der Strukturierung: Die Hierarchie ist das älteste und zugleich am weitesten verbreitete Strukturierungssystem der Menschheit überhaupt. Das Unbehagen über die derzeitige Organisations-Effizienz ist zugleich ein Unbehagen über die etablierten Machtstrukturen und die vielzitierte „Restrukturierung" muß konsequent auch zu einem neuen Verständnis von Hierarchie, Macht und den Formalismen der Machtausübung führen.

Begriffs-Systematik

Aufbau-Organisation	Ablauf-Organisation	Lean Management Führungsstil	Lean Production	Vitalisierung Realisierung	Restrukturierung
„Flache" Pyramide	Durchlaufzeit-optimierung	Prozeß-Management	Fertigungsinseln	Interaktions-fähigkeit	Team-Arbeit
System der Zuständigkeiten	Hin- und Her-Syndrom	Risiko-Management	Flußoptimierung	Lernbereitschaft	Interdisziplinäre Zusammenarbeit
Regelung der Stellvertretung	Standardisierung	Selbst-Steuerung	Losfertigung	Lernfähigkeit	Einbindung Externer
Stab/Service-Prinzipien	Prozeßanalyse	Delegation	Gruppen-Management	Job Rotation	Service-Geber-Prinzip
Flexibilität	Qualitäts-Zirkel	Kontrollspannen-Reduktion	Autonome Fertigung	Mobilität	Arbeits-Integration
Stellen-Verdichtung	Objekt-Orientierung	Programm-Management	Fertigungs-Segmentierung	Flexibilität	Job Enlargement
Arbeits-Integration	Workflow-Systeme	„Flache" Hierarchien	Just-in-Time-Production	Innovation	System der Erfolgsfaktoren
Stellenabbau	Vernetzung	Coaching	Fertigungszellen	Kreativität	Prozeß- und Objekt-Verwalter-System
Sourcing-Out	Schwachstellen-Analyse	Sozialkompetenz	Ablauf-Entkopplung	Synergie	Workflow-Systeme
Sourcing-In	Verrichtungs-Intensität	Motivation	Komplettbearbeitung	Risiko-Nahme	Bürokommunikation
Block- und Gruppenorganisation		Fachkarriere	Produkt-Synchronisation	Holschulden-Prinzip	„By-pass-Communication"
Arbeitsausgliederung (Tele-Arbeitsplatz)			Materialfluß-Optimierung	Motivation	Prozeß-Gemeinschaft
Reduzierung der Berichts- und Weisungswege			Flexible Fertigung	Akzeptanz	„Administrations-Inseln"
Pooling von Serviceleistungen			Prozeß-Konzentration	Überlappende Gruppen	Geschäftsprozeß-Orientierung
				Direktkommunikation	Kundenorientierung
				Selbst-Steuerung	Reaktionsfähigkeit
				Selbst-Management	Adaptionsfähigkeit
				Strategische Orientierung	

Abb- 51 Synopse der Begriffsvielfalt

9.1.2 Das Organisationsmodell

Der angestrebte Paradigmenwechsel kann durch die Veränderung typischer Parameter des Organisationsmodells verdeutlicht werden. Als solche sind definiert:

a) **Erfolgsfaktoren:** Sie stellen die infrastrukturellen Bedingungen für die Realisierung der Geschäftsprozesse einer Organisation dar.

b) **Bürokratie:** Sie wird quantitativ gemessen an der Menge der Verwaltungsvorschriften, internen Normen, Formularen, Handbüchern, kurz: an der Vielfalt ablauforganisatorischer Regelungen.

c) **Flexibilität:** Sie beschreibt das Maß (gemessen an der zeitlichen Dauer) der Anpassungsfähigkeit und Anpassungsleistung gegenüber: Produktveränderungen, Produktentwicklung, Innovationszyklen, Implementierung neuer Vertriebswege, organisatorischen Änderungen, Marktverhalten und Markterschließungsdauer.

d) **Flache Organisation:** Sie wird quantitativ durch die Anzahl der hierarchischen Ebenen bzw. der Instanzen und Entscheidungsvorbehalte gemessen.

e) **Kernfunktions-Orientierung:** Sie beschreibt das Maß der Konzentration von organisatorischen Stellen auf die Kernfunktionen des Unternehmens. Es werden nur jene Funktionen in Betracht gezogen, die unmittelbar einen primären Beitrag zum Erfolg des Unternehmens leisten. Sekundärfunktionen – z. B. Verwaltungs- und Bürokratieprozesse – bilden das rechnerische Pendant zur Verhältniszahl Kernfunktionen: Sekundärfunktionen.

f) **Selbstmanagement:** Dieser Parameter umschreibt das System der Kongruenz von Aufgabe, Verantwortung und Kompetenz (d. i. die echte Delegation) als Voraussetzung für die Etablierung autonomer oder teil-autonomer Gruppen.

g) **Formale Führung:** Dies ist die Legitimation des Entscheidungsprozesses aus vorwiegend formalen und nicht sachlichen Gründen, sichtbar geregelt durch Unterschriftsberechtigungen, Genehmigungsverfahren und internen Mehrfachkontrollen.

h) **Prozeß- und Gruppenmanagement:** Damit werden neue Formen ablauforganisatorischer Bearbeitung von Geschäftsvorfällen durch eine starke Arbeitsintegration beschrieben, die zu sog. Workflow-Systemen führen. Analog der Fertigungssegmentierung im Bereich der Lean Production werden dadurch Administrations-Inseln definiert.

Trägt man diese Parameter auf einer sternförmig angeordneten Likert-Skala (einem Kiviatgraphen) auf, wobei der Mittelpunkt den Wert Null (= keine Ausprägung), der äußere Kreis den Wert 10 (= sehr starke Ausprägung) bedeutet, dann läßt sich der Übergang von einem tradierten Organisationsmodell (Abb. 52a) zu einem „modernen", d. h. den Erfordernissen einer Lean Organisation entsprechenden Modell (Abb. 52b) verdeutlichen. Die wesentlichen Veränderungen des an der Lean-Management-Philosophie orientierten Modells bestehen in:

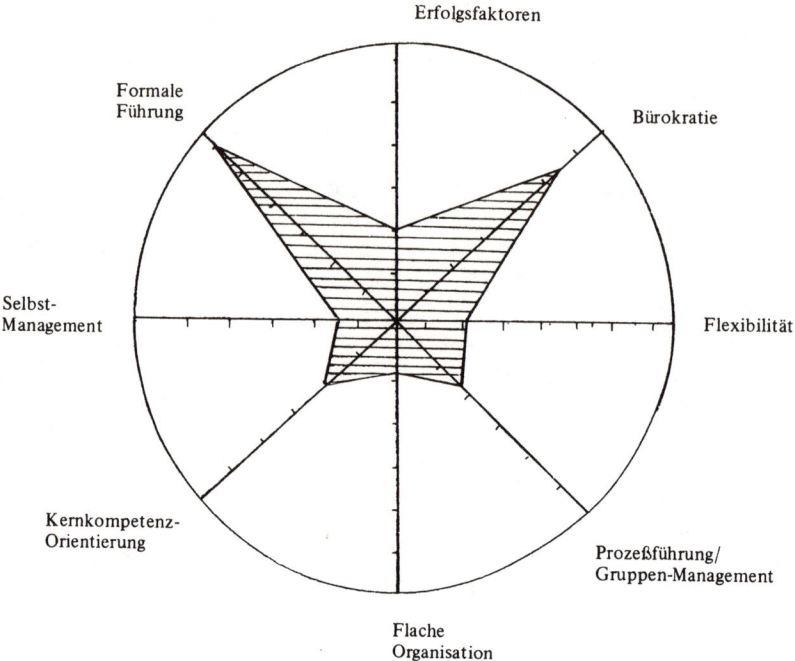

Abb. 52 a   Traditionelles Organisationsmodell

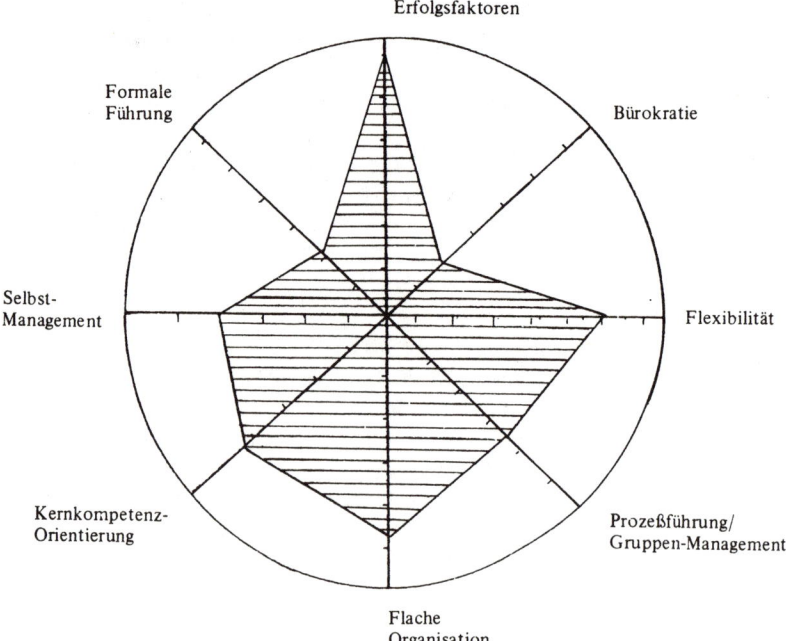

Abb. 52b   Organisationsmodell nach Lean Management Prinzipien[60]

- Reduzierung bürokratischer Regelungen,
- Erhöhung der Organisationsflexibilität,
- Intensivierung des Gruppenmanagements,
- Reduzierung der Instanzen und Entscheidungsvorbehalte („flache Organisation"),
- Konzentration auf Kernfunktionen,
- Erweiterung des Selbstmanagements im Sinne echter Delegation,
- Abschaffung der formalen Legitimation der Führung und
- starke Ausprägung des Denkens und Handelns in Erfolgsfaktoren.

Mit diesen Zielsetzungen ist zugleich eine strategische Organisationsentwicklung aufgezeigt, die alle Komponenten des Organisationsmodells unter intensiver Miteinbeziehung der betroffenen Mitarbeiter umfaßt.

9.1.3 Entwicklungsstufen des Prozeßmanagements

Die im Organisationsmodell aufgeführten acht Parameter stehen in einer wechselseitigen Beziehung. So ist beispielsweise eine **Erhöhung der Flexibilität** nur durchführbar mit einer gleichzeitigen **Reduzierung der formalen Führung**, was zwangsläufig zu einer Intensivierung des Selbstmanagements innerhalb autonomer Gruppen führt. Die **Interdependenz der Organisationsparameter** ist eine Ursache für die erheblichen praktischen Schwierigkeiten der Organisationsentwicklung, da damit immer zugleich mehrere Entwicklungsbereiche angesprochen werden.

Aus der Sicht des Organisations- und Managementpotentials läßt sich gemäß Abbildung 53 eine Gruppierung nach vier Ebenen ableiten:

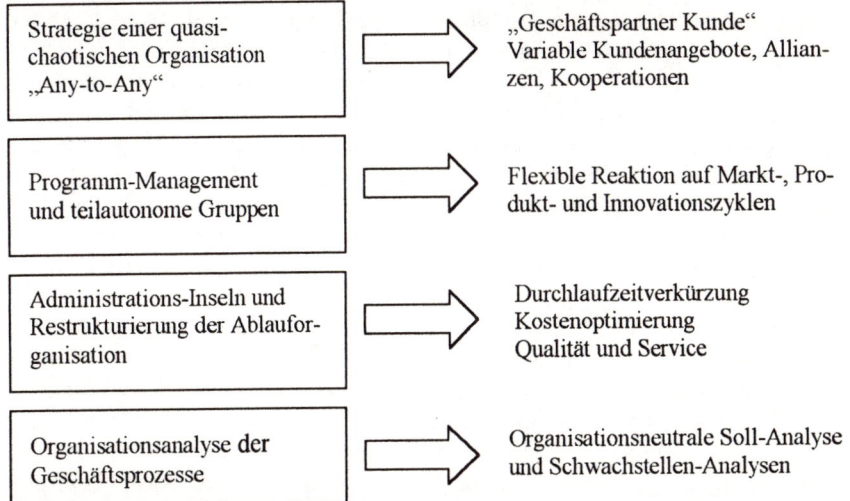

Abb. 53   Das 4-Ebenen-Modell des Prozeßmanagements

Die Entwicklung vollzieht sich in der Regel von „unten nach oben" (Bottom-Up-Strategie):

1.   **Ebene:** Organisationsanalyse der Geschäftsprozesse: Die Geschäftsprozesse werden nur und nur nach logistischen, nicht aber nach faktischen, durch bestehende und historisch gewachsene Strukturen und Regelungen analysiert und ihre Schwachpunkte definiert. Das Ziel besteht in einer Ablauflogistik, die zu neuen Strukturen der Arbeitserledigung führen.

2.   **Ebene:** Organisations-Inseln und Restrukturierung: Hierfür findet sich in der Literatur auch der Ausdruck des „Re-Engineering", den wir allerdings für äußerst problematisch erachten, da damit eine Assoziation zu technisch normierbaren, automatisierten Prozessen hergestellt wird. In Wirklichkeit handelt es sich um die Umgestaltung der Geschäftsprozesse nach logistischen Kriterien, die zu neuen Formen der Arbeitsorganisation führen können, wie z. B. zu Arbeitsgruppen und Selbstmanagement-Prozessen. Damit sind allerdings gravierende Auswirkungen auf das Management-System durch die Substitution von Entscheidungsvorbehalten und Instanzen verbunden.

3.   **Ebene:** Programm-Management und teilautonome Gruppen: Damit wird die organisatorische Strukturierung des Delegationsprinzips umschrieben: Der „**Programm-Manager**" ist de facto jener Gruppenleiter oder jene sich selbst organisierende Gruppe, die ein Geschäftsgebiet in vollkommener Eigenverantwortung realisiert. Damit erfolgt eine eindeutige Trennung zwischen Fachmanagement („Fachpromoter") und Personalmanagement („Human-Promoter"), für dessen organisatorische Etablierung noch erhebliche Unsicherheiten in der Praxis bestehen (etwa in der Form des weiter unten zu erläuternden „Tandem-Managements").

4.   **Ebene:** Sie umschreibt die Durchdringung der Organisation mit allen Elementen des Lean Management im Sinne einer extrovertierten Strategie durch die Ausrichtung aller Kräfte (Kernfunktionen und Kernkompetenzen) der Organisation auf Kunden, Markt, Produkt-Innovationen, Allianzen, Kooperationen und Projekte. Im Innenverhältnis wird das formale System der Berichts- und Weisungswege aufgehoben, die Kommunikationsbeziehungen entstehen ad hoc aus den jeweiligen Aufgaben(„Any-to-Any-Communication"), formale Zuständigkeiten aus hierarchischen Zuordnungen entfallen und bürokratische Verwaltungsprozesse werden eliminiert. Da in einer solchen Organisation mehrere Führungsprinzipien und Organisationsmuster realisiert werden (z. B. autonome und teilautonome Gruppen, hierarchische „Restkomponenten" für interne Service-Funktionen, Matrix-, Produkt- und Projektmanagement, Profit-Center-Organisation), spricht man auch von einer **„quasi-chaotischen Organisationsstruktur"**, die zwar hohe Lernpotentiale und Innovationsleistungen freizusetzen vermag, die aber andererseits außerordentlich hohe Anforderungen an die Leistungsbereitschaft und an die kreative Eigendynamik der Mitarbeiter im Sinne der vielzitierten „lernenden Organisation" stellt. Dies bedingt u. a. permanente Schulungs- und Ausbildungsprozesse sowie die Konzentration des Wissens (Knowledge Management).

9.2 Prinzipien des Prozeßmanagements und der schlanken Organisation

Für die Realisierung des Lean Management sind sechs Prinzipien erkennbar, die im folgenden kurz skizziert sein mögen:

a) **Holschulden-Prinzip:** Herkömmliche Systeme der Ablauf- und EDV-Organisation sind prinzipiell Informations-Versorgungssysteme: Die Stelleninhaber werden gemäß vereinbarten Abläufen und Terminen mit Informationen versorgt. Die Ablauforganisation präsentiert sich als eine Kette von tayloristisch organisierten Verrichtungen („organizational strings"), die an bestimmten Objekten (z. B. Belegen) vorgenommen werden. Es handelt sich um ein System mehr oder weniger koordinierter „Weiterreichungen" von Teilaktivitäten an Objekten durch das System der Zuständigkeiten und Instanzen, wobei bei Fehlern die „Kette" an beliebigen Arbeitsfolgen neu gestartet wird (Problem der Durchlaufzeiten-Optimierung).

Durch diese Art der **vorstrukturierten Informationsversorgung** wurde nicht nur eine organisatorische Starrheit und **Inflexibilität** erzeugt, sondern auch ein **passives Informationsverhalten** der Organisationsteilnehmer: Mängel im Informationsversorgungssystem führen zwangsläufig zu Mängeln im Arbeitssystem (z. B. „Warten", d. h. Stillstandszeiten). Die Auswirkungen auf das Arbeitssystem äußern sich vorwiegend in Passivität (passive Benutzer).

Moderne Systeme der Ablauforganisation (verteilte Datenbanken, vernetzte Systeme, Client-Server-Architekturen, Workflow-Systeme, Bürokommunikations-Systeme) stellen Daten, Arbeitshilfen, Organisationsdaten und Methoden zentral und/oder dezentral zur Verfügung – sie sind daher objektorientierte **Informations-Angebots-Systeme.** Der Stelleninhaber ist gezwungen, das für die Lösung seiner Aufgaben erforderliche Informationsmaterial selbständig zu selektieren, zu analysieren und zu kombinieren: Er wird zum **aktiven Benutzer**, der mit dem System (Hardware, Software, Anwendung, Datenbasis, Betriebssystem) seine Aufgaben selbständig und vollständig löst.

Das Prinzip lautet also: Übergang vom Informationsversorgungssystem zum Informationsangebotssystem und in seiner Auswirkung auf den Mitarbeiter: Übergang vom passiven Informationsverhalten zum aktiven Informationsverarbeiter, und zwar auf allen Ebenen der organisatorischen Betätigung. Dabei sind gemäß Abbildung 54 mehrere Merkmalsausprägungen erkennbar.

Informationsversorgungssystem	Informationsangebotssystem
passive Benutzer	aktive Benutzer
vorstrukturierte Information	frei strukturierbare Information
verrichtungsorientiert	objektorientiert
ablaufgebunden	aufgabengebunden
terminorientiert	ereignisorientiert
zentral verwaltet	dezentral verfügbar
vorgegebene Präsentation	freie Präsentation

Abb. 54 Kennzeichen der Informationssysteme

b)   **Service-Geber-Prinzip:** Mit diesem Prinzip wird die **Aufhebung der bürokratischen Zuständigkeitsregel** verfolgt: Stellen- und Instanzeninhaber leisten
bei Anfragen und Aufgaben auch dann Hilfe und Unterstützung, wenn sie formal
„nicht zuständig" sind. Man bezeichnet das Prinzip auch als „internes Kunden-
Lieferanten-Denken", was treffend darauf hinweist, daß jede Stelle einer Organisation als eine **interne Service-Funktion** agiert, die dementsprechend auch jeweils einen internen oder externen **Service-Nehmer** hat. Es bedeutet zugleich
auch die Aufgabe, Art und Umfang der zu erbringenden Services (Dienstleistungen im weitesten Sinne) zu analysieren, die Bedeutung des Service zu bewerten
und einen konkreten Bezug zu den Erfolgsfaktoren und Zielgrößen des Unternehmens abzuleiten. „Service" kann sich dabei auf unterschiedliche Leistungen einer
Stelle beziehen, z. B. auf: Beratung, Hinweise auf Hilfen und Lösungsmöglich-
keiten, aktive Mitarbeit, Verfügbarstellung des Erfahrungswissens (z. B. techni-
sches Wissen oder Organisationskenntnisse), teilweise oder vollständige Erledigung einer Aufgabe (echte Stellvertretung), Einweisung in neue Aufgaben.

Die Konsequenz des Service-Geber-Prinzips ist die **Abkehr von der traditionellen Stellenbeschreibung** im Sinne einer Tätigkeitszuweisung und Detaillierung
von Tätigkeitsmerkmalen, die gerade in öffentlich-rechtlichen Institutionen noch
weit verbreitet ist. Eine moderne „Stellenbeschreibung" enthält demgegenüber
folgende Elemente:

- Verhaltens- und Kommunikationsanforderungen an den Stelleninhaber,
- Zielgrößen und Erfolgsfaktoren der mit der Stelle verbundenen Aufgaben,
- Art der internen und externen Serviceleistungen und
- Art und Umfang des Beitrags zum Erfolg der Organisation.

Dabei wird bewußt auf die Verrichtungsstruktur verzichtet, da durch technische
und organisatorische Veränderungen eine einmal gegebene Tätigkeitsstruktur sich
ständig wandelt. Normierte Arbeitsabläufe, die zum **„Dienst nach Vorschrift"**
führen können, sind eine der Lean-Management-Philosophie völlig **fremde Methodik.**

c)   **Konzentration auf Kernfunktionen:** Kernfunktionen beschreiben die besonderen Fähigkeiten und Kompetenzen einer Organisation. Derartige **Kompetenzen** können sich beziehen auf: Innovationsleistungen, Produkte und Produkteigenschaften, Service-Leistungen (z. B. besondere Fähigkeiten für Projektmana-
gement-Aufgaben), Markterschließungsfähigkeiten, kurz, sie sind diejenigen Eigenschaften einer Organisation, die deren wirtschaftlichen Erfolg bestimmen. In
einer Lean Organisation werden diese Kompetenzen organisatorisch, konzeptio-
nell und finanziell in den Vordergrund gestellt, alle Sekundär- oder Hilfsprozesse
dagegen als **Service-Funktionen** gegliedert. Die „Rest-Organisation" (definiert
als die Summe der Verwaltungs- und Bürokratieprozesse) hat die Aufgabe, die
Kernfunktion zu unterstützen: Die Organisation konzentriert seine „Schlagkraft"
auf die spezialisierten Kompetenzen. Das kann soweit führen, daß Teile der Büro-
kratie- und Verwaltungsprozesse ausgelagert werden (Sourcing Out), womit u. a.

auch ein Beitrag zur „schlanken Organisation" geleistet wird. Kernfunktionen orientieren sich an den Erfolgsfaktoren Umsatz/Gewinn, Markt/Kunde und Produkt/Innovation.

Organisatorisch präsentieren sich Kernfunktionen als **spezialisierte Teams** (u. U. als autonome Gruppen mit eigener Gewinnverantwortung). Es ergeben sich sternförmige Strukturen: Um die Kernfunktions-Teams lagern sich qausi die Service-Funktionen. Das Ziel besteht darin, das **Kernfunktions-Team** von allen administrativen und bürokratischen Aufgaben zu entlasten, damit es primär seine gesamte Schlagkraft auf die Kernkompetenz konzentrieren kann. Die verfügbaren Services sind ihrem Wesen nach Holschulden: Das Kernfunktions-Team nimmt sie ad hoc in Anspruch.

In Abbildung 55a ist die Struktur einer zweigeteilten Organisation – Kernfunktionen einerseits, Unterstützungsfunktionen andererseits – dargestellt, während in Abbildung 55b anhand des Beispiels eines Kundenbesuchs durch ein Kernfunktionsteam (Vertriebs-Team) die gegenseitige Service-Leistung aufgeführt wurde.

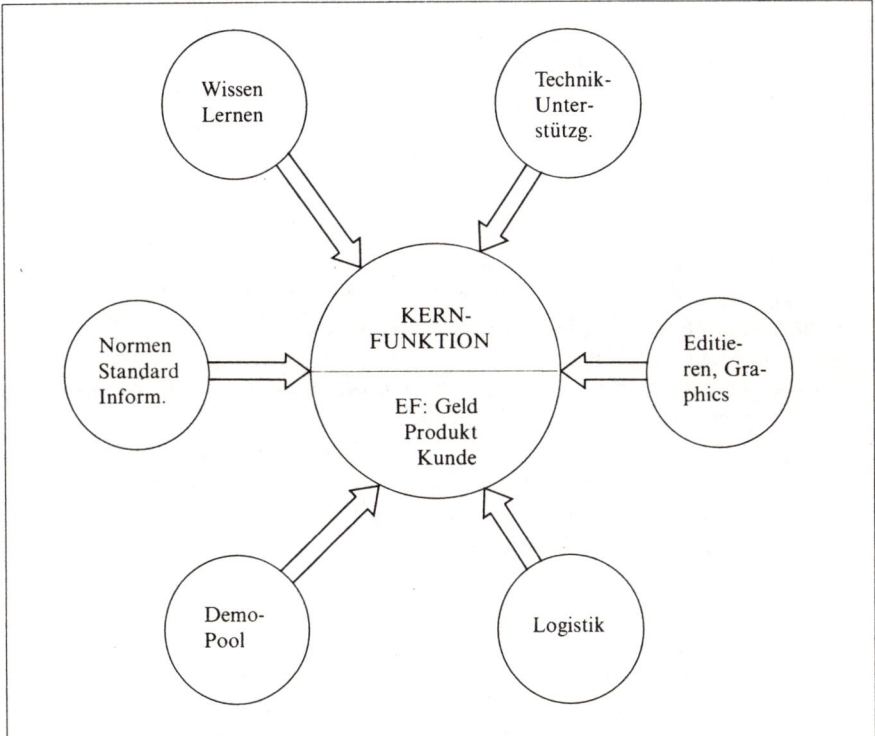

Abb. 55a   Kernfunktionen werden durch Service-Funktionen unterstützt. Die Kernfunktion konzentriert sich auf die Erfolgsfaktoren (EF), alle verwaltungstechnisch oder bürokratisch erforderlichen Sekundärprozesse werden durch die Unterstützungsstruktur bereitgestellt.

Kernfunktion	Service
▷ Information über Kunden Branche und Konkurrenz ▷ Darstellung Produkt ▷ Referenzen ▷ Produkteigenschaften ▷ Einladung des Kunden	▷ Information (Quell-Dateien) ▷ Business Graphics/Demos ▷ Information ▷ Standards. Ökologie, Normen ▷ Logistik (Raum, Termin)

Abb. 55b   Beispiel einer zweigeteilten Organisationsaufgabe: Die Kernfunktion (ein Vertriebsteam) nimmt für eine spezifische Aufgabe – zum Beispiel „Kundenbesuch und Vorstellung eines neuen Produkts" – verfügbare und bereitgestellte Services in Anspruch.

Als Service-Funktionen können beispielsweise definiert sein:

- Normen und Standards über die Produkte, z. B. Umweltschutzbestimmungen, Qualitätsnormen nach ISO 9000.
- Rechtliche Vorschriften, z. B. Verpackungsordnung, Gewährleistung.
- „Demo-Paket" zur Vorstellung des Produkts (Abbildungen, Funktionsweisen, technische Unterlagen).
- Zugriffsmöglichkeiten auf eine Datenbank, in der die Geschäftsdaten gespeichert sind, z. B. Darstellung des Unternehmens, seiner Organisationsstruktur, seiner Produktionsstätten.
- Zugriffsmöglichkeiten auf Branchendaten des Kunden, auf Referenzkunden und Mitbewerber.
- Zugriff auf eine Wissensdatenbank, in der aktuelle Produktinformationen, gesetzliche Bestimmungen und evtl. Gefährdungshinweise gespeichert sind.
- Zugriffsmöglichkeiten auf vertragsrechtliche Bestimmungen, z. B. der Abruf eines vorformulierten Standardvertrags.

Überträgt man dieses Modell, wie es beispielhaft in Abbildung 55b dargestellt wurde, auf die Gesamtorganisation, dann präsentiert sich diese als ein System schlagkräftiger, ergebnisorientierter Teams, die durch eine interne Service-Struktur unterstützt und weitgehend von Bürokratie- und Verwaltungsprozessen freigehalten werden.

d)   Aufhebung der Zuständigkeitsregel: Die Zuständigkeitsregel hat mehrere Aspekte, die in tradierte Organisationen für deren Rechtfertigung herangezogen werden:

- **Formale Aspekte:**
  Vorgabe des Arbeitsvollzugs: Was, wann wie?
  Regelung der Stellvertretung.
  Leichte Einarbeitung beim Stellenwechsel.
  Ableitung einheitlicher Bewertungsmaßstäbe für die Entlohnung.

- **Bürokratische Aspekte:**
  Entwicklung von Arbeitsplatz- und Stellenbeschreibungen, die als Grundlage für die Entlohnung und Beförderung dienen.
  Erleichterung der Arbeitskontrollen.
  Selbstbeschäftigung der Organisation mit Sekundärprozessen, wie die Fortschreibung und Verwaltung der Stellenbeschreibungspläne.
  Möglichkeiten für umfangreiche Berichtssysteme, Formulare und Auswertungen.

Die Zuständigkeitsregel bewirkt jedoch eine Reihe gravierender Negativauswirkungen auf die Organisation.

- Einschränkung der Entscheidungsbefugnisse,
- Trennung von Verantwortung und Durchführung,
- Entmündigung der Experten,
- Inflexibilität der Organisation,
- Erzeugung eines Anspruchdenkens, da jede zusätzlich erforderliche Arbeit als außerhalb der zugewiesenen Stellenbeschreibung betrachtet wird und die Forderung nach „Höhergruppierung" erzeugt.
- Blockierung von Innovation und Verbesserung,
- Dienst nach Vorschrift und mangelnde Reflexion über die Sinnhaftigkeit der Regeln.

Auf den Hintergrund derartiger Systeme inflexibler Zuständigkeiten wurde das Programm zur Deregulierung der Verwaltung entwickelt, das aber bislang kaum entscheidende Verbesserungen in den Verwaltungsstrukturen bewirken konnte.

Die Aufhebung der Zuständigkeitsregel bedingt als ersten Schritt die Außerkraftsetzung der starren Stellenbeschreibungen und die daran gekoppelten Entlohnungs- und Beförderungssysteme. An ihre Stelle tritt:

- die Orientierung an Erfolgsfaktoren,
- das Service-Geber-Prinzip,
- die echte Delegation,
- kooperatives Management,
- Gruppen-Orientierung,
- Durchlässigkeit der Organisation durch Direktkommunikation,
- Motivation durch Arbeitsinhalt, Ergebnisverantwortung und Selbststeuerung.

e) **Standardisierung:** Darunter versteht man die zielorientierte Vereinheitlichung von Sachen und Informationen, um

- Identifikationsmöglichkeiten,
- Arbeitserleichterung und –vereinfachung,
- Transparenz,
- Erfüllung externer Vorgaben (Normen) und
- Routine

zu erreichen.

Prinzipiell werden alle Routinearbeiten, d. h. alle sich ständig wiederholenden und
gleichartigen Aufgaben einem Standardisierungsprozeß unterworfen. Die Standardisierung ist die Voraussetzung für die Automation der Routineprozesse. Dabei
geht es um ein durchgängiges Prinzip der Organisation, das Arbeitsstil, externe
Beziehungen, Führungsmethoden, Organisation und Produkte bzw. Dienstleistungen umfaßt. In Abbildung 56 ist das Prinzip dargestellt:

Arbeitsstil	Externe Beziehung
Dateien, EDV-Abläufe Routine-Arbeiten Archivierung Technikeinsatz	Externe Informationen Erscheinungsbild (Brief, Forms, Logo, Präsentationen) Repräsentanzen (Stil, Themen)
Führung	**Organisation**
Erfolgsfaktoren Entlohnungssystem Beförderungssystem	Q-Richtlinien Normen Sicherheitsrichtlinien

Produkt
Marke, Qualität, Ökologie, Produkt-Information, Haftung

Abb. 56 Geschäftsfelder für die Standardisierung

f) **Flexibilität:** Die Flexibilität bezieht sich auf eine besondere Leistung der
Organisation: **Anpassungsfähigkeit aller Prozesse** an sich ändernde Bedingungen innerhalb kurzer Zeit. Der kritische Parameter der Flexibilität ist die Zeitdauer, bis eine Änderung implementiert und praktiziert wird. Das dokumentiert sich
besonders deutlich bei Organisationsänderungen, aber auch bei allen übrigen Teil-
prozessen des Unternehmens. In Abbildung 57 sind – analog der Standardisierung – die Geschäftsfelder aufgezeigt, die Gegenstand einer flexiblen Gestaltung
sein können. Es handelt sich um die Verwirklichung der **Deregulierung** in dem

Sinne, daß den einzelnen Stellen und Gruppen der Organisation ein hoher Freiheitsraum bezüglich der Gestaltung der einzelnen Geschäftsprozesse zugestanden wird. Als Prinzip gilt dabei: Routineprozesse und weitgehend sich wiederholende gleichartige Geschäftsprozesse sind zu standardisieren, alle anderen Prozesse dagegen individuell entsprechend den Geschäftsnotwendigkeiten zu gestalten.

Damit erhält die Organisation als Ganzes eine höhere Komplexität mit der Folge, daß für zahlreiche Vorfälle keine „Regeln" entsprechend der klassischen Ablauforganisation vorliegen, sondern die Kreativität, der Einfallsreichtum und das Risiko der Mitarbeiter gefordert wird.

Flexibilität und Standardisierung sind daher keine sich ausschließenden Gestaltungsprinzipien einer Organisation, sondern Methoden für die Erzielung einer größtmöglichen Anpassungsleistung.

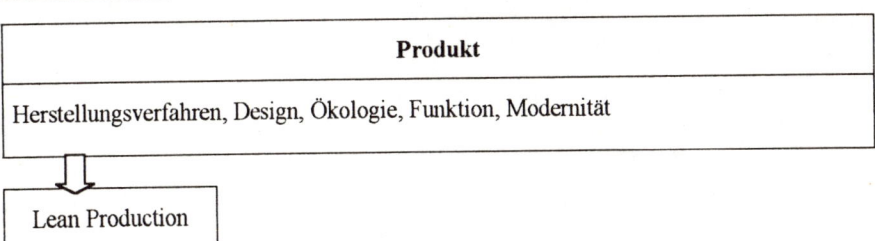

Arbeitsstil	**Kundenbeziehung**
Informations-Verhalten Berichtswesen Zuständigkeiten Richtlinien Vorschriften	Vertriebswege Verträge, Konditionen Standardprodukt vs. individuelle Gesamtlösung Entwicklungen
Führung	**Organisation**
Vorgaben Entscheidungsvorbehalte Unterstützung Kommunikation Delegation	Informations-Zugriff Kommunikation Zuständigkeiten Zuordnungen Instanzen/Stellen

Produkt
Herstellungsverfahren, Design, Ökologie, Funktion, Modernität

Lean Production

Abb. 57 Geschäftsfelder und Beispiele für die Flexibilisierung

g)   **Arbeitsintegration:** Mit ihr wird die **Komprimierung** von tayloristisch organisierten Arbeitsschritten und Teiltätigkeiten verfolgt. Als Prinzip gilt dabei, daß einer Stelle bzw. einem Arbeitsplatz in sich logisch abgeschlossene Arbeitsprozesse delegiert werden: Der Stelleninhaber führt eine Aufgabe vollständig aus, beginnend vom logischen Anfang (z. B. einem Rechnungseingang) bis zu deren

logischer Beendigung (z. B. Buchung und Zahlung). Am Beispiel einer Auftrags-
bearbeitung soll in Abbildung 58 das Prinzip verdeutlicht werden:

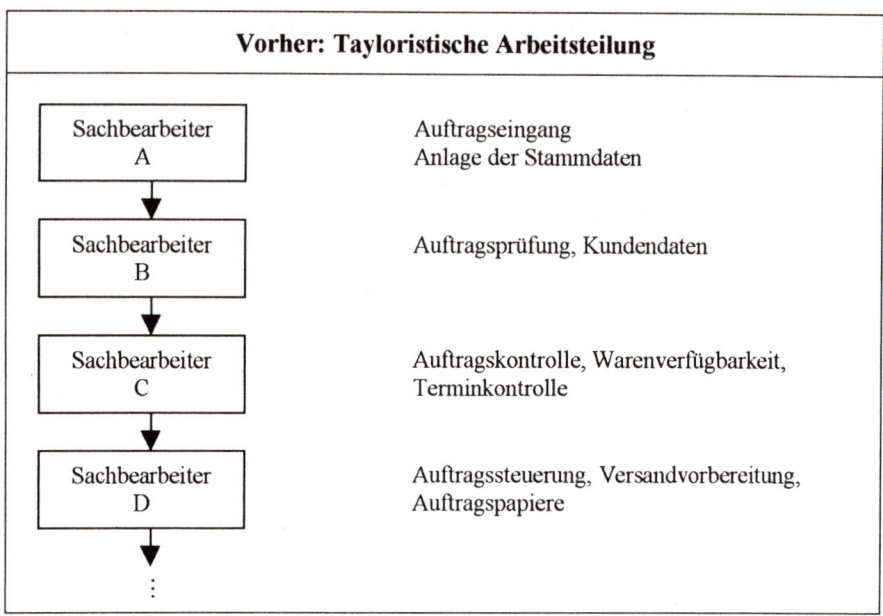

Abb. 58a Sequentielle Bearbeitung eines Geschäftsprozesses, Mehrpersonenstellen mit
gleicher Qualifikation

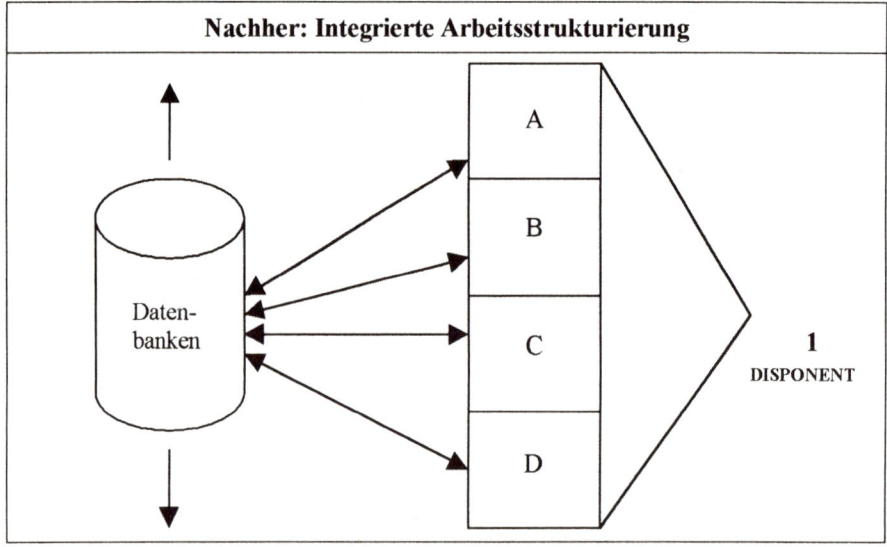

Abb. 58b Mehrfunktionsplatz: Arbeitsintegration, vollständige Bearbeitung des Prozesses
durch eine Stelle

Die Arbeitsintegration erfordert mehrere Vorbedingungen:

- **Höhere Qualifikation** der Mitarbeiter: Durch das umfangreichere Arbeitsgebiet sind Kenntnisse und Erfahrungen für mehrere Arbeitsaufgaben erforderlich.

- **Erweiterung der Delegation:** Der Übergang vom Sachbearbeiter als einer Stelle, die nur auf Anweisung innerhalb vorgegebener Regeln und Richtlinien arbeitet, auf einen Disponenten, der selbständig komplette Geschäftsprozesse im Sinne eines „Programm-Managers" vollzieht, bedingt die Kongruenz von Verantwortung, Kompetenz und Aufgabe (echte Delegation). Sehr oft wird es erforderlich sein (besonders bei Aufgaben mit Außenwirkung), daß der Stelleninhaber auch rechtlich mit entsprechender Kompetenz ausgestattet wird, z. B. durch die Übertragung der Handlungsvollmacht gemäß § 54 HGB.

- **Risiko-Management:** Durch die Aufhebung des Prinzips der Trennung von Verantwortung und Durchführung werden auch eine Reihe bürokratischer Regeln außer Kraft gesetzt (z. B. das sog. „Vier-Augen-Prinzip" der Mehrfachkontrolle). Um das Risiko von Fehlern und Mißbrauch zu minimieren, wird an Stelle der laufenden Kontrolle das Prinzip der statistischen Zufallsüberwachung und die Vereinbarung von Risiko-Charts für die Selbstkontrolle gesetzt.

- **Entlohnungswirkung:** Durch die Integration und die damit zwangsläufig verbundene höhere Sach- und Finanzverantwortung der Stelleninhaber wird auch als Folge der Höherqualifizierung eine adäquate Lohnstruktur – z. B. in Form von Erfolgsprämien – erforderlich sein. Dies spielt insbesondere bei öffentlich-rechtlichen Institutionen, deren Tarifstruktur von der Stellenbeschreibung und Stellenzuordnung abhängig ist, eine besondere Rolle und ist dort nicht selten ein wesentliches Hemmnis für moderne Arbeitsstrukturen.

Die **Arbeitsintegration** ihrerseits ist jedoch abhängig von der **Restrukturierung** der organisatorischen Abläufe und der grundsätzlichen Aufhebung des Prinzips der funktionalen Stellenzuordnung: Die Organisation wird nach Geschäftsfeldern und Geschäftsprozessen gegliedert. Damit entfallen zahlreiche Abstimmprozesse, Koordinationsaufgaben und Bürokratieregeln, wodurch die angestrebte Verwaltungsvereinfachung und Produktivitätssteigerung erzielt werden kann.

h) **Bürokommunikation:** Generell sind Restrukturierungen von Geschäftsprozessen im Sinne einer Arbeitsintegration nur durch eine informationstechnologische Infrastruktur möglich. In diesem Zusammenhang werden sowohl Client-Server-Architekturen als auch Workflow-Systeme diskutiert, deren grundlegendes Merkmal die Vernetzung von Arbeitsplätzen und damit eine Kommunikations-Infrastruktur sind, die es erlaubt, Informationen, Daten, Sprache und Dokumente dezentral zu speichern, zu verwalten und an beliebige Empfänger direkt zu versenden. Der Begriff „Bürokommunikation" ist daher in weiterem Zusammenhang zu sehen, als lediglich jenes des gegenseitigen Informationsaustauschs.

Folgende Prinzipien liegen der Bürokommunikation zugrunde:

- **„Any-to-any-Communication":** Jede Stelle/Arbeitsplatz kann mit jeder anderen Stelle/Arbeitsplatz (innerhalb und außerhalb der Organisation) kommunizieren. Das bedeutet, daß das formale System der Berichts- und Weisungswege durchbrochen wird: Informationsströme laufen nicht mehr entlang der pyramidenförmig gegliederten Strukturorganisation, sondern direkt an die empfangsberechtigten Stellen. Damit wird das formale System der Ablauforganisation quasi durch eine unsichtbare Kommunikationsstruktur überdeckt.

- Dadurch entstehen **wechselnde Arbeitsgruppen,** die je nach Sachaufgabe miteinander korrespondieren, ohne daß formal hierarchische Ebenen eingeschaltet werden müssen. (Problem des Transparenz- und Kompetenzverlustes von Vorgesetzten, die nicht mehr eindeutig kontrollieren können, wer was mit wem wann erledigt).

- **Organisationstransparenz:** Der Stellen- und Arbeitszusammenhang einer Organisation wird vollkommen transparent, da entsprechende Verzeichnisse (Dictionaries) sowohl Zuständigkeiten als auch Namen (Stelleninhaber) und Funktionen darstellen.

- **Archivierungsmöglichkeiten:** Arbeitsplatzbezogene Dokumente werden elektronisch verwaltet und bleiben so lange im Zugriff des Stelleninhabers, solange der jeweilige Geschäftsvorfall noch aktiv ist.

- **Service-Integration:** Ein modernes Bürokommunikationssystem enthält zahlreiche Service-Funktionen für die Verwaltungsvereinfachung, z. B.: Telekommunikations-Anschlüsse für externe Kommunikation, Kalenderführung, Logistik-Hilfen, Zugriff auf Formular-Dateien für die Direktbearbeitung von Formularen, Stellvertretungs-Hinweise, Standard-Verteiler für die Dokumenten-Verteilung, Organisations-Charts, Zugriffsmöglichkeiten auf Zentralarchive, Textverarbeitung und Direct-Mailing.

Als problematisch für die Einführung der Bürokommunikation erweisen sich in der Praxis oftmals die Vorbehalte der Führungskräfte, die um ihre Kontroll-Kompetenzen fürchten. Daher muß mit der Einführung einher auch eine Revision des bisherigen Bürokratieverhaltens und des Führungsstils gehen.

Die dargestellten Prinzipien des Prozeßmanagements und der Lean Organisation zielen in ihrer Gesamtheit auf eine Restrukturierung im Sinne eines neuen Organisationsmodells ab. Alle Prinzipien ergänzen sich gegenseitig, so daß als übergreifende Methodik eine Revision der praktizierten Führungsstile erforderlich ist. Deren Pendant ist eine Ablauforganisation, in der konsequent das Prinzip des Prozeßmanagements verwirklicht wird. Die funktionale Gliederung der Organisation wird durch die Prozeßkomprimierung aufgehoben als deren Folge sich Arbeitsgruppen mit weitgehender Autonomie etablieren, wodurch die Organisation einen grundsätzlich neuartigen Aufbau erhält.

9.3 Auswirkungen auf die Organisation

Die Umsetzung der dargestellten Organisations-Prinzipien erfordert eine Organisationsanalyse, die sich an der **Prozeßstruktur** der Aufgaben orientiert. Folgende Definitionen und Grundsätze sind zu beachten:

- **Prozeßanalysen sind organisationsneutral:** Die Analyse (und die sich anschließende Synthese im Sinne der Neustrukturierung) orientiert sich nicht am bestehenden System der Stellengliederung und des Instanzenaufbaus der Organisation. Einzig die logistische Struktur der Aufgaben ist Gegenstand der Untersuchung.

- **Verrichtungsneutralität:** Als Verrichtungen gelten die Tätigkeiten an Objekten, z. B.: buchen, kontieren, bezahlen, archivieren, kontrollieren, prüfen, schreiben, Daten erfassen, kopieren, unterschreiben, genehmigen usw. Es werden nur und nur solche Verrichtungen betrachtet, die für die zielorientierte Erledigung einer Aufgabe erforderlich sind, d. h. die eine betriebswirtschaftlich nachweisbare **Wertschöpfung** am Objekt erzeugen. Was zufällig oder aufgrund historischer, heuristischer, bürokratischer oder verwaltungstechnischer Natur am Objekt getätigt wird, steht außerhalb der Betrachtung. Daher sind Prozeßanalysen auch benutzerneutral, d. h. die gegebene Tätigkeitsstruktur des Sachbearbeiters ist nicht Gegenstand einer Organisationsanalyse.

- **Objektorientierung:** Als Objekte bezeichnet man die nicht diskutablen Entitäten einer Organisation, d. h. es handelt sich um die plausiblen Gegenstände, mit denen eine Organisation umzugehen pflegt, z. B.: Rechnungen, Bestellungen, Mahnungen, Bescheide, Anträge, Konten, Kunden, Waren, Inventare, Belege, Reklamationen usw.

- **Duale Darstellung:** Objekte werden dual betrachtet, d. h. sowohl auf der funktionalen als auch auf der datentechnischen Ebene. Datentechnisch erweisen sich Objekte als Dateien, indem dem Objekt jeweils die zugehörigen Attribute (Eigenschaften) zugeordnet werden (dem Objekt „Rechnung" werden demzufolge die Eigenschaften Betrag, Fälligkeit, Termin, Bankverbindung, Empfänger usw. zugeordnet).

Zielbezogenheit: Prozeßanalysen dienen konkreten Zielen der Organisationsgestaltung. Die wichtigsten Ziele sind: Reduzierung der Durchlaufzeiten und der Fehlerwahrscheinlichkeit (fehlerfreie Prozesse, sog. Null-Fehler-Durchläufe), Verminderung der Arbeitsbelastung durch Wegfall nicht wertschöpfender Verrichtungen, Reduzierung des Kommunikationsaufwands, Integration der Abläufe.

• **Stellenneutralität:** Eine Stelle wird im Rahmen der Objekt- und Prozeßanalysen als „Objekthalter" definiert, d. h. als eine Black Box, die an eingehenden Objekten zielorientiert Verrichtungen ausführt und damit ein Ausgangsobjekt erzeugt (Abbildung 59):

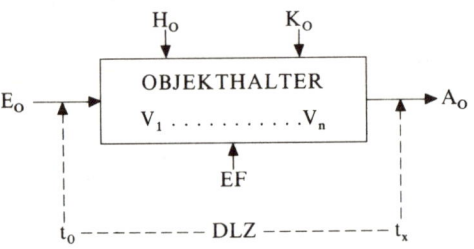

Abb. 59   Grundmodell objektorientierter Analysen

In Abbildung 59 bedeuten:
E_o = Eingangsobjekt(e)
A_o = Ausgangsobjekt(e)
H_o = Hilfsobjekt
K_o = Kontrollobjekt
EF   = Erfolgsfaktor(en)
t_o = Beginnzeit
t_x = Endezeit
$V_{1,n}$ = Verrichtungen (Aufgaben, Tätigkeiten)
DLZ = Durchlaufzeit
Objekthalter = Stelle oder Aufgabenträger

• **Prozeß:** Ein Input, definiert als ein Ereignis (d. i. das erstmalige Auftreten eines Objekts beim Objekthalter) zu einem Zeitpunkt t_0 löst Verrichtungen aus, die mit Hilfe eines Prozessors (Hilfsobjekt, z. B. ein Personal Computer), vorgegebener Ziele und Methoden am Objekt von einem Subjekt (Bediener, Benutzer) getätigt werden, wodurch ein Output (verändertes oder neues Objekt) zu einem Zeitpunkt t_n erzeugt wird.

Die grundsätzliche Prozeßstruktur ist in Abbildung 60 dargestellt:

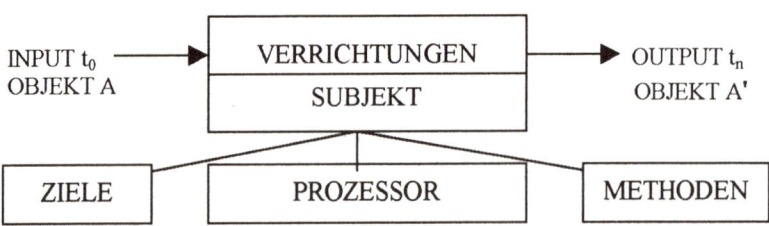

Abb. 60   Prozeßstruktur

Werden die für die Wertschöpfung des Objekts erforderlichen Verrichtungen nicht durch nur eine Stelle (Subjekt) vollzogen, dann entstehen sog. Wanderungsbewegungen oder Metamorphosen der Objekte: Die Ausgabe der Objekte A' (z. B. geprüfte Rechnungen) werden zu Eingabeobjekte einer nachfolgenden Stelle, die wiederum nach erfolgter Bearbeitung Ausgabeobjekte A" (z. b. kontierte und bezahlte Rechnungen) erzeugt: Es ergeben sich Objekt- und Verrichtungsketten, die auch als E-V-A-Strukturen (Eingabe-Verarbeitung-Ausgabe) bezeichnet werden.

In Abbildung 61 betrachten wir die einfache Objekt- und Verrichtungsfolge der Aufgabe „prüfen, kontieren und bezahlen einer Rechnung":

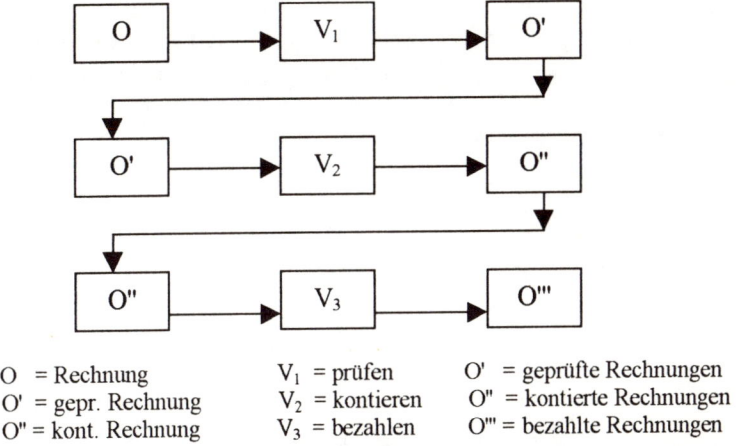

O = Rechnung	V_1 = prüfen	O' = geprüfte Rechnungen
O' = gepr. Rechnung	V_2 = kontieren	O" = kontierte Rechnungen
O" = kont. Rechnung	V_3 = bezahlen	O''' = bezahlte Rechnungen

Abb. 61   Objektfolgen und Verrichtungszusammenhang

Sind die Verrichtungen V_1 - V_3 bestimmten Stellen zugeordnet, entsteht der Stellenzusammenhang. Wird für jede Stelle die Bearbeitungszeit „B" für die Verrichtungen gemessen, läßt sich die Gesamtbearbeitungszeit für die zielgerechte Bearbeitung eines Objekts bzw. einer Objektkette ableiten. Mit Hilfe der Activity Direction Analysis Method (ADAM) werden den einzelnen Stellen eines Prozesses deren typische Verrichtungen und die entsprechende Bearbeitungszeit zugeordnet.

V \ S	V_1	V_2	V_3	V_4	V_5
S1	B				
S2		B			
S3			B		
S4				B	B

Abb. 62   ADAM-Matrix (es bedeuten: V = Verrichtungen, S = Stellen, B = Bearb.Zeit)

Eine ADAM- und EVA-Analyse für Geschäftsprozesse untersucht demnach: Objekt- und Verrichtungsketten, Stellenzusammenhang und Bearbeitungszeiten vom Beginn eines Prozesses bis zu dessen logischem Ende. Neben der Bearbeitungszeit treten als Folge des vernetzten Stellenzusammenhangs in der Praxis erhebliche Transport- und Liegezeiten auf, so daß die Durchlaufzeit eines Objekts und damit die Gesamtprozeßzeit wie folgt definiert ist:

$$DLZ = \sum_{s=1}^{s=n} B, T, L$$

Es bedeuten: DLZ = Durchlaufzeit, S = Stellen, B = Bearbeitungszeit, T = Transportzeit, L = Liegezeit

Führen wir den Durchlaufzeiten-Koeffizienten k_i = (DLZ) : (B) ein, dann ist damit eine Maßzahl für die Bewertung von Prozessen anhand ihrer Durchlaufzeit möglich (vereinfachend wurde eine Linearisierung der DLZ über die Stellen der Bearbeitung hinweg vorgenommen):

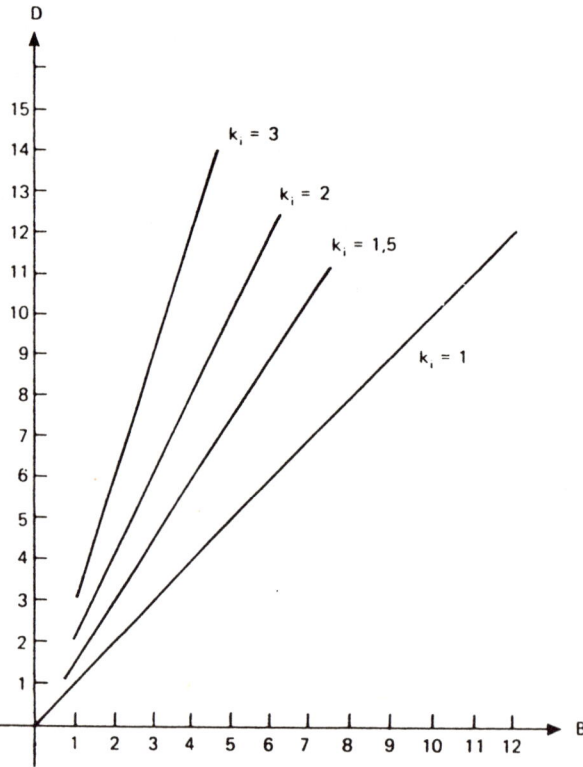

Abb. 63 Durchlaufzeiten-Diagramm

Erweiterte Durchlaufzeit: Die Durchlaufzeit kann durch verschiedene Parameter differenziert werden, um dadurch einen Hinweis für Schwachstellen und nicht wertschöpfende Aktivitäten zu gewinnen: Die Bearbeitungszeit läßt sich untergliedern in:

MB = **Mehrfachbearbeitung** des gleichen Objekts: Das gleiche Objekt wird von mehreren Stellen/Arbeitsplätzen bearbeitet, z. B. das Diktieren eines Briefes durch einen Sachbearbeiter, das Schreiben desselben durch eine Schreibkraft, das Unterschreiben durch einen Vorgesetzten.

NB = **Nebenbearbeitung** eines Objekts: Es handelt sich dabei sehr oft um nicht produktive Zusatzarbeiten aufgrund organisatorischer Mängel, z. B. die Komplettierung falscher Unterlagen oder die Suche in Ablagen und Archiven.

HB = **Hauptbearbeitungszeit,** die eigentlich produktive und wertschöpfende Verrichtung am Objekt.

Die Liegezeit hat zwei Ausprägungen:

LA = **Arbeitsbedingte Liegezeit,** die durch falsche Kapazitätsplanungen der Stellen zustande kommt.
LO = **Organisationsbedingte Liegezeit,** z. B. durch mangelhafte Stellvertretung (bei Abwesenheit des Stelleninhabers bleiben die Vorgänge „liegen"). Es sind dies die sog. „Totzeiten" oder Stillstandszeiten der Organisation.

Die Transportzeit hat ebenfalls zwei grundsätzliche Ausprägungen:

TR = **Rücksendung** des Vorgangs wegen falscher Zuständigkeiten.
TV = **Vorwärtsleitung** an die nächste Stelle der Bearbeitung.

Daneben treten noch sog. **Transformationszeiten** TR auf, die sich auf eine nicht wertschöpfende Transformation eines Objekts beziehen, z. B. Kopieren, Scannen von Eingangsbelegen, Daten erfassen, Übertragung von einem Format (z. B. Telefax) auf ein anderes (z. B. auf ein Formular).

Für die zeitliche Betrachtung der Durchlaufzeit ergibt sich:

$$DLZ_t = B(HB, NB, MB) + TR + L(LA, LO) + T(TR, TV)$$

Unter Wertschöpfungsaspekten gilt:

$$DLZ_w = \text{Produktive Zeit (HB, TR, TV)} + \text{unproduktive Zeit (LA, LO, TR, MB, NB)}.$$

Für die analytische Darstellung und Bewertung der Durchlaufzeit bedient man sich sogenannter Durchlaufzeiten-Diagramme, die entsprechend den ADAM- und EVA-Charts aufbereitet werden. In Abbildung 64 wurde der Strukturorganisation (dargestellt als Block-Organigramm) die Ablauforganisation in Form der Verrichtungskette für den Geschäftsprozeß „Rechnungseingang und Zahlung" gegenübergestellt.

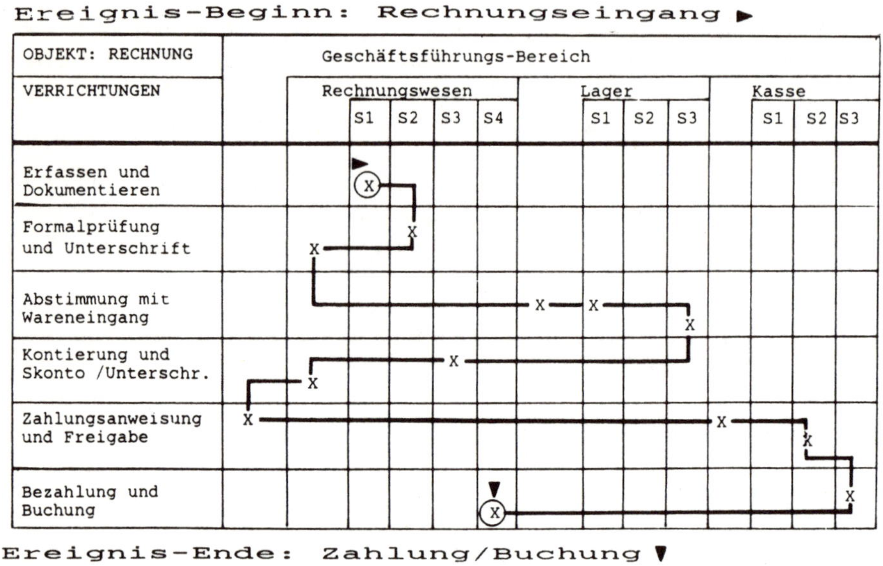

Ereignis-Beginn: Rechnungseingang ▶

OBJEKT: RECHNUNG	Geschäftsführungs-Bereich									
VERRICHTUNGEN	Rechnungswesen				Lager			Kasse		
	S1	S2	S3	S4	S1	S2	S3	S1	S2	S3
Erfassen und Dokumentieren	▶Ⓧ									
Formalprüfung und Unterschrift	X		X							
Abstimmung mit Wareneingang					X	X	X			
Kontierung und Skonto /Unterschr.		X			X					
Zahlungsanweisung und Freigabe	X								X	X
Bezahlung und Buchung				▼Ⓧ						X

Ereignis-Ende: Zahlung/Buchung ▼

Abb. 64   Durchlaufzeiten-Diagramm: Stellen- und Verrichtungszusammenhang eines Prozesses

Eine weitergehende Analyse des Phänomens der Durchlaufzeiten kann dadurch erzielt werden, daß für einzelne Prozesse deren **Integrationskoeffizient** ermittelt wird. Er ist wie folgt definiert:

$$I_k = (DLZ) : (VK) \quad I_{k(max)} = DLZ \; (VK = 1)$$

DLZ = Durchlaufzeit des Prozesses: Die Summe des Zeitaufwands aus produktiven (wertschöpfenden) und nicht produktiven Verrichtungen.

VK = Anzahl der Verrichtungen (Verrichtungskontakte), die durch Stellen oder einzelnen Personen an einem Objekt während des Prozesses (d. h. vom Beginn-Ereignis bis zum logischen Ende-Ereignis) ausgeübt werden.

Beispiel: Wir betrachten vier Prozesse mit unterschiedlichen Durchlaufzeiten (4, 6, 12, 20 Zeiteinheiten) und ordnen ihnen eine bestimmte Menge denkbarer Verrichtungskontakte (1, 2, 4, 6, 10, 12) zu. Daraus ergibt sich die in Abbildung 65 dargestellte Übersicht. **Atomistisch organisierte Prozesse** sind dadurch gekennzeichnet, daß ihnen eine Vielzahl von Verrichtungskontakten durch Stelleninhaber oder Stellen zugeordnet sind. Dadurch entsteht ein zusätzlicher negativer Effekt auf die Durchlaufzeit: Neben der Erhöhung zugleich auch eine Zunahme der Fehlerwahrscheinlichkeit, die ihrerseits wieder zu Mehrfachbearbeitungen des Objekts führt.

DLZ	Verrichtungskontakte					
	1	2	4	6	10	12
4	4,0	2,0	1,0	0,6	0,4	0,3
6	6,0	3,0	1,5	1,0	0,6	0,5
10	10,0	5,0	2,5	1,6	1,0	0,8
12	12,0	6,0	3,0	2,0	1,2	1,0
15	15,0	7,5	3,7	2,5	1,5	1,25

Abb. 65   Berechnung des Integrations-Koeffizienten

Die graphische Darstellung des Verlaufs der Integrationskurve durch die Zuordnung unterschiedlicher Verrichtungskontakte bei konstanter Durchlaufzeit ergibt die auf Seite 198 dargestellte Abbildung.

Die Analyse der Integrations-Koeffizienten einzelner Prozesse ist ein Hilfsmittel, um neben **Betriebs-** und **Prozeßvergleichen** auch die Schwachstellen der Ablauforganisation aufzuzeigen. Atomistisch organisierte Prozesse erzeugen: lange Durchlaufzeiten, hohe Prozeßkosten, hohe Fehlerraten, intensiven Kommunikationsaufwand und eine aufwendige Personalbindung.

Als Möglichkeiten der Verbesserung sind im Rahmen des Prozeßmanagements mehrere **Gestaltungsprinzipien** möglich:

- Restrukturierung der Prozesse: Reduzierung der Verrichtungen, Wegfall aller nicht wertschöpfenden Tätigkeiten (sog. Work Elimination Programs).
- Restrukturierung der Aufbauorganisation: Gliederung der Arbeitsorganisation nach prozeßtypischen Aufgaben anstelle der funktionalen Gliederung.
- Workflow Management: Informationstechnologische Verknüpfung der Prozeßbeteiligten durch integrierte Informationssysteme (z. B. SAP R/3) mit entsprechenden Office Communication Systems.
- Einführung von Gruppenarbeitsplätzen mit relativ hoher Selbststeuerung und Autonomie.
- Delegation von Verantwortung, Aufgabe und Kompetenz an die Durchführungsorgane bei gleichzeitigem Risiko-Management.
- Arbeits-Integration durch Wegfall aller Sekundärarbeiten (damit verbunden das Outsourcing).
- Einführung von Qualitätszirkeln i. d. S., daß vor jeder Weiterleitung eines Objekts an eine nachfolgende Stelle eine Qualitätsprüfung stattfindet.

- Aufhebung des Prinzips der Trennung von Verantwortung und Durchführung (Funktionsmeister-Prinzipien nach Fayol und Taylor).

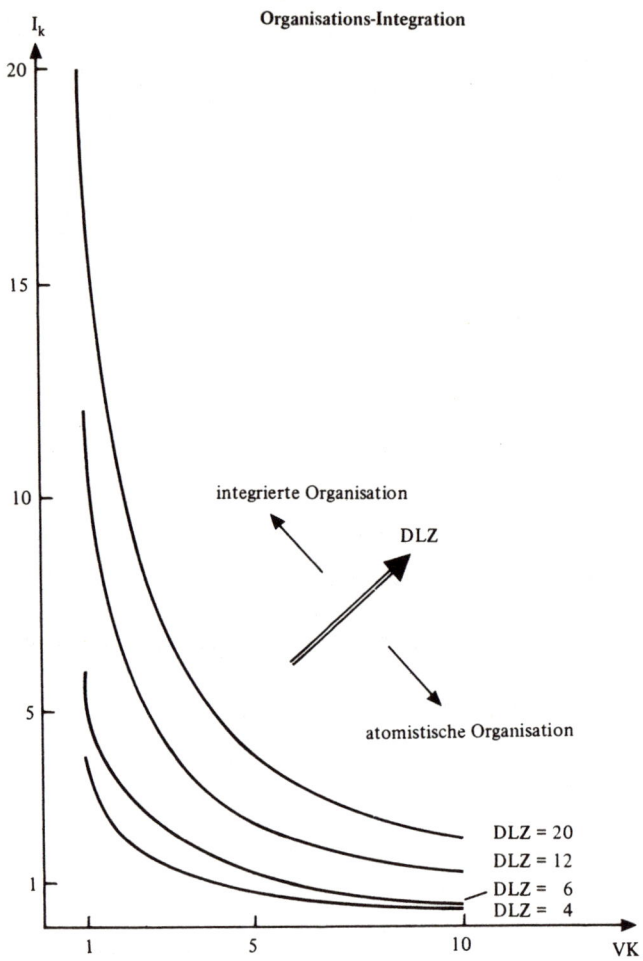

Abb. 66 Integriert und atomistisch organisierte Prozesse

9.4 Auswirkungen auf die Führungsorganisation

9.4.1 Gruppenmanagement

Ein wesentlicher Faktor des angestrebten Paradigmenwechsels besteht darin, daß das wohlstrukturierte System des Instanzenaufbaus mit seiner Dominanz gegenüber der Ablauforganisation und damit das hierarchische Gliederungsprinzip grundsätzlich aufgehoben wird. An seine Stelle treten gruppenorientierte Arbeitseinheiten (Teams), deren Gliederungsprinzip nur aus der Logistik der Geschäftsprozesse der einzelnen Geschäftsfelder abgeleitet wird. In der Fertigungswirtschaft entstehen sog. „**Fertigungs-Inseln**" als Folge der Fertigungssegmentierung. Analog werden im Verwaltungsbereich „**Administrations-Inseln**" geschaffen, deren Leitung und Steuerung einem **Prozeß-Owner** übertragen wird. Die prozeßorientierte Gruppenarbeit ist durch folgende Merkmale gekennzeichnet:

- **Prozeß-Orientierung:** Die Bildung von Arbeitsgruppen oder Teams wird nach der Logistik der jeweiligen Prozesse ausgerichtet. In der Fließfertigung werden beispielsweise logisch zusammengehörende Arbeitseinheiten („Baugruppen", „Montagegruppen") als Tätigkeitsziel bzw. Arbeitsergebnis definiert, die von einer Gruppe spezialisierter Mitarbeiter in eigener Regie und Verantwortung (Qualitäts-, Zeit- und Kostenverantwortung) gefertigt werden. Im Verwaltungsbereich dienen für die Abgrenzung der Gruppenverantwortung logistische Teil- oder Gesamtprozesse, wie z. B.: Beschaffungswesen mit der Verrichtungskette: Verwaltung und Prüfung interner Beschaffungsanträge, Lieferantenauswahl, Preisvereinbarung, Beschaffungsdurchführung, Lieferantenbewertung und –kontrolle. Als logisch gekoppelter Prozeß wäre hier die Einlagerung der Ware und die Qualitätsprüfung zu definieren, so daß das gesamte Beschaffungswesen durch zwei Arbeitsgruppen behandelt wird: Die Trennung zwischen Geldstrom und Güterstrom wird aufgehoben, der Einkäufer bezahlt auch die Lieferantenrechnung, da er ohnehin die Originalinformationen über Preis und Konditionen besitzt. Die funktionale Trennung zwischen Finanzwirtschaft und Materialwirtschaft wird zu Gunsten einer Prozeßintegration aufgehoben.

- Die Gruppenarbeit wird durch **Qualitätszirkel** unterstützt: Die Qualitätsprüfung wird in die Gruppe integriert, so daß keine interne oder externe Kontrollfunktion erforderlich wird. Das bedeutet, daß die Gruppenmitglieder über meßbare Kontrollnormen (z. B. nach ISO 9000) verfügen und in der Anwendung des Qualitätsmanagements geschult sind.

- **Service-Orientierung:** Das Gruppenergebnis stellt eine interne und/oder externe Service-Leistung dar, die entweder als Primärprozeß (Kernfunktion) oder als Sekundärprozeß (Unterstützungsfunktion) definiert ist. Andere Prozesse – z. B. nicht produktive Bürokratieprozesse – sind in einer Prozeßorganisation nicht vorhanden: Sie werden entweder eliminiert oder ausgelagert. Jede Gruppe kennt ihren Service-Nehmer und agiert zugleich als Service-Geber, so daß das Prinzip des **internen Kunden-Lieferanten-Denkens** realisiert ist.

- **Lernende Organisation:** Die Gruppenarbeiten entsprechend dem Prinzip der kontinuierlichen Verbesserungsprogramme (KVP): Ständige Verbesserung und Optimierung der Ressourcen sind Bestandteil der täglichen Arbeit. Um diese Lerneffekte zu erzielen, ist es erforderlich, die Gruppen für den Methoden der Kreativitätstechniken und Innovationsfindung zu schulen. Ein weiteres Merkmal der lernenden Organisation ist ihre Fähigkeit, das innerhalb und außerhalb der Organisation latent vorhandene Wissen für die Kernfunktionen zu aktivieren (Knowledge Management).

• **Erfolgsfaktoren:** Jeder Arbeitsgruppe und jedem einzelnen Mitarbeiter sind die meßbaren Erfolgsfaktoren ihrer Aufgaben bekannt. Die Erfolgsfaktoren beziehen sich dabei auf den wirtschaftlichen Beitrag zum Unternehmenserfolg und auf die Persönlichkeitsentwicklung der Mitarbeiter (Sozialkompetenz).

• **Erfolgspartizipation:** Das ausgeprägte Erfolgsdenken und die Konzentration aller Fähigkeiten und Aktivitäten auf die Kernfunktionen muß zwangsläufig dazu führen, daß die Mitarbeiter am Erfolg des Unternehmens partizipieren. Nur so kann es gelingen, eine hohe Motivation für außergewöhnliche Leistungen in teilweise quasi-chaotischen Strukturen mit extremer Flexibilität zu erzielen.

9.4.2 Managementsystem

Die Frage, wie relativ autonome Fachfunktionen und Personalführungsaufgaben gegenseitig abgestimmt werden können, ist noch nicht abschließend erklärt. Gesichert ist lediglich die Erkenntnis, daß das bisherige „Vorgesetzten-Modell" nicht funktionsfähig ist. Einigkeit besteht darüber, daß die klassischen Personalführungsaufgaben – Schulungs- und Entwicklungsplanung, Entlohnung, Beförderung, Karriereplanung, Problemlösung im personellen Bereich, Konfliktlösung zwischen und innerhalb der Gruppen, Vertretungsrechte nach außen, Querschnittskoordination, Ressourcenzuteilung, Einstellung, Versetzung und Entlassung, Abstimmung mit Betriebs- oder Personalrat – nicht durch eine Vielzahl miteinander arbeitender Gruppen auf der operativen Ebene gelöst werden können.

Erforderlich erscheint vielmehr eine **personell geteilte Fach- und Personalverantwortung (duales Managementprinzip)**, deren organisatorisches Grundmuster Entscheidungskollegien sind: Konsensbildung zwischen den Gruppen anstelle direkter Gruppenführung.

Man unterscheidet demnach:
a) **Fachliche Führung:** Im herkömmlichen Sprachgebrauch handelt es sich dabei um den Gruppenleiter, Gruppenkoordinator oder Programm-Manager, allerdings mit erweiterten fachlichen Kompetenzen, wie z. B.:Arbeitseinsatzplanung der Gruppenmitglieder, Anordnungsbefugnisse für Überstunden oder Sonderleistungen, Qualitäts- und Kostenverantwortung, Vereinbarung (mit den Gruppenmitgliedern) der Realisierungsstrategien der Erfolgsfaktoren. Eine Variante der fachlichen Führung stellt der Fachpromoter dar: Während der Gruppenleiter aktiv partizipierendes Gruppenmitglied ist, wirkt der Fachpromoter koordinierend zwischen den Gruppen und stellt quasi die „Anlaufstation" für fachliche Probleme dar. Beide Formen sind in der Praxis realisierbar: Gruppenleiter, die vorwiegend im Innenverhältnis der Gruppe wirken und Fachpromoter, die parallel dazu die Koordination mehrerer Gruppen übernehmen.

b) **Sozialpromoter:** Er übt **über mehrere Gruppen** hinweg die Personalführung aus. Der Sozialpromoter steht außerhalb der Gruppe. Kenntnisse über Leistungsstand und individuelles Verhalten der Gruppenmitglieder erhält er zum einen durch den Kontakt mit dem Fachpromoter, zum anderen durch unmittelbare Personalgespräche mit den betroffenen Mitarbeitern. Die Fachpromoter und der Sozialpromoter arbeiten in enger Abstimmung miteinander und bilden ein Entscheidungskollegium, das auch als Tandem-Management bezeichnet wird.

In Abbildung 67 ist die Struktur eines derartigen Modells des Tandem-Managements dargestellt:

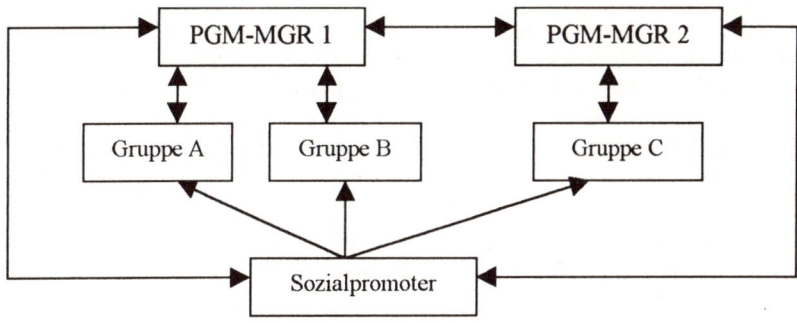

Abb. 67 Struktur eines dualen Management-Prinzips (Tandem-Management)

Die Abbildung ist wie folgt zu interpretieren: Der Programm-Manager 1 (PGM-MGR 1) koordiniert die Gruppen A und B als fachlicher Vorgesetzter ebenso wie der Programm-Manager 2 die Gruppe C. Parallel werden die Mitglieder der einzelnen Gruppen in allen persönlichen Belangen vom Sozialpromoter betreut. Entlohnung, Beförderung, individuelle oder intragruppenspezifische Probleme und Konflikte werden vom Entscheidungskollegium – bestehend aus den Programm-Managern und dem Sozialpromoter – gelöst. Dieses Entscheidungskollegium kann allerdings wiederum in anderen Entscheidungskollegien präsent sein, z. B. wenn es um über- oder gesamtbetriebliche Aufgaben geht. Damit wäre dann das System der überlappenden Gruppen nach Likert (siehe Kapitel 9.1.2) realisiert.

9.5 Zusammenfassung

Für das Lean Management und die Lean Organisation können generell zwei Tendenz der Komprimierung abgeleitet werden:

a) **Vertikale Integration** durch die Reduzierung der Hierarchieebenen bei einer gleichzeitigen Neuorientierung des Führungssystems.
b) **Horizontale Integration** durch die Verdichtung der Geschäftsprozesse, indem

die Verrichtungsketten objekt- und prozeßorientiert restrukturiert werden.

Lean Management und Lean Organisation sind somit primär qualitative Aufgaben, die auf eine grundsätzliche Neugestaltung des Organisationsmodells abzielen.

Zusammenfassung

Unter Prozeßmanagement und Lean Organisation versteht man eine Strategie der Komplexitätsreduzierung und Komplexitätshandhabung: Das tradierte Modell der funktionalen und hierarchischen Gliederung einer Organisation wird zu Gunsten einer quasi-chaotischen Struktur umgestaltet, in deren Mittelpunkt die prozeßorientierte Gestaltung der Geschäftsprozesse und die Orientierung an den Erfolgsfaktoren der Organisation steht. Quasi-chaotisch ist diese Struktur deshalb, weil mehrere Organisationsprinzipien und Führungsstile nebeneinander bestehen können und eine vehemente Dynamik mit hohen Innovations- und Kreativitätspotentialen die Arbeitsweisen bestimmen. Als Gestaltungsprinzipien sind erkennbar:

a) Im Organisationsmodell:
   - Prozeßorientierung mit Qualitäts- und Kostenverantwortung
   - Objektorientierung und Prozeß-Integration
   - Workflow-Systeme
   - Qualitätszirkel und selbstorganisierte Qualitätsüberwachung
   - Arbeits-Integration
   - Kernfunktions-Orientierung
   - Orientierung an Erfolgsfaktoren
   - Holschulden-Prinzip der Information

b) Im Führungsmodell:
   - Gruppenmanagement
   - Duales Management-Prinzip (Tandem-Management)
   - Risikomanagement und echte Delegation
   - Überlappende Gruppen
   - Konsensbildung statt konfliktärer Organisationsstrategie
   - Entscheidungskollegien (Kollegialprinzip der Führung)
   - Koordinationsmanagement
   - Selbststeuerung
   - Deregulierungs-Management

10. Kapitel:
Dienstleistungsmanagement

10.1 Erfolgsfaktoren für Dienstleistungsprojekte

10.1.1 Definitorische Abgrenzung

Dienstleistungsprojekte beziehen sich auf Transferbeziehungen zwischen Dienstanbietern und Dienstnehmern. Daraus resultieren verschiedene Formen des Projektmanagements, die als heterogene oder homogene Projektorganisationen definiert werden können. Die Erfolgsfaktoren sind vom interaktionsorientierten Kontext bestimmt: Sowohl projektspezifische als auch transfertypische Erfolgsfaktoren sind lokalisierbar, die zu einem einheitlichen Bewertungssystem zusammengefaßt werden. Die differenzierte Erwartungs- und Nachfragestruktur auf den Dienstleistungsmärkten erfordert eine laufende Kontrolle und Messung der Erfolgsfaktoren:

Eine neue Dimension sowohl in der organisatorischen Konzeption als auch bezüglich des Zielsystems ergibt sich dadurch, daß mit dem Übergang zur „Dienstleistungsgesellschaft" neue Formen des zwischenbetrieblichen, innerbetrieblichen und überbetrieblichen Transfers von Produkten und Leistungen (Services) entstehen. Dabei tritt ein Novum insofern auf, als das Ziel derartiger Transferprozesse nicht mehr ein konkretes Produkt ist (z. B. ein Programmsystem oder eine Hardware-Implementierung), sondern eine „Dienstleistung" im weitesten Sinn darstellt, wobei oftmals die Schwierigkeit entsteht, eine genaue Abgrenzung von Produkt und Dienstleistung herzustellen: Materielle und immaterielle Leistungen vermischen sich zum "Dienstleistungsprojekt".

Dienstleistungen sind alle über die konkrete Verfügbarkeit des Produkts hinausgehenden – sehr oft individualisierten .- Leistungen, die den Gebrauch, die Nutzung, die Anwendung, das Image, die Modernität, die Anforderungen, die Wartung, die Sicherheit und die Umweltverträglichkeit des Produktes begleiten.

Demnach kann Dienstleistung bedeuten: Beratung, Problemlösung, Betreuung, Schulung, Übernahme von Teilaufgaben, Wartung und – während der Phase der Produkterstellung – Individualisierung („maßgeschneiderte Lösung"), wobei die letztgenannte Form der Dienstleistung den Dienstnehmer (Kunde) als „Prosumer" bezeichnet (Kombination aus Producer und Consumer).

Treten Unternehmen mit dem Anspruch auf, „Dienstleistungsunternehmen" oder „Dienstleistungsanbieter" zu sein, dann zielen sie eindeutig auf die veränderte Nachfragestruktur der Konsumenten ab: Der Kunde eines Dienstleistungsmarktes zeichnet sich durch ein vielfältiges, zum Teil von gesellschaftlichen Normen und Wertvorstellungen beeinflußtes Anspruchsverhalten aus, das neben der Lieferung konkreter Produkte zahlreiche Nutzungsäquivalente in Form von „Services", das heißt Dienstleistungen, erwartet, wobei sich diese Erwartungshaltung höchst differenziert und wankelmütig zugleich darstellt. Man spricht auch vom „Multi-Options-Konsumenten".

Die Folge dieser differenzierten Nachfragestruktur sind differenzierte Formen des „Marketing", die letztlich zu einer Vielzahl spezialisierter Einzelprojekte für die zweiseitige Beziehung zwischen dem Dienstleister (Service-Anbieter) und dem Dienstnehmer (Service-Nehmer, Kunde) führen.

Dienstleistungsprojekt

Als Dienstleistungsprojekt bezeichnen wir eine zeitlich befristete organisatorisch Beziehung zwischen einem Dienstgeber (Dienstleister) und einem Dienstnehmer, wobei dadurch ein Sachgut mit einem Dienst und/oder einer immateriellen Leistung gegen Entgelt vom Dienstgeber auf den Dienstnehmer übertragen wird. Der Gegenstand des Dienstleistungsprojektes kann ein Objekt (ein Produkt) oder en Prozeß (eine Entwicklung) sein. Das Ziel ist die Befriedigung eines im voraus vereinbarten Qualitätsstandards des Dienstnehmers. Es handelt sich mithin um eine Transferleistung, bei der mit den Diensten eine Wertschöpfung erzeugt wird, die als „Service-Rente" dem Dienstleister zufließt. Diese Service-Rente kann u. U. so bemessen sein, daß sie Verluste aus dem Objekt(Güter)transfer überkompensiert: Das Objekt wird zum Träger für Dienstleistungen, deren Preis kalkulatorische oder effektive Verluste aus dem Objekttransfer abdeckt.

Projektklassen

Koppelung und Entkoppelung von Produkt und Dienstleistung definieren verschiedene Projekttypen oder –klassen. Nach Berekoven[61] ist eine Differenzierung unterschiedlicher Dienstleistungsprojekte dadurch möglich, daß Personen und Objekte in einer Dienstleistungsmatrix gegenübergestellt werden:

Leistung durch:	Leistung an:	
	Person des Kunden	**Objekt des Kunden**
Person des Dienstleiters	Person : Person (1)	Person : Objekt (3)
Objekt des Dienstleiters	Objekt : Person (2)	Objekt : Person (4)

Abb. 68 Dienstleistungs-Matrix

Es lassen sich gemäß Abbildung 68 folgende Möglichkeiten beispielhaft aufzeigen:

1. Der Anbieter leistet als Person an der Person des Nachfragers einen Dienst: Beratung, Schulung, Ausbildung, Training für Anwendungen, Musterlösungen, Produkthandhabung, Demonstration.

2. Der Anbieter leistet mit einem Objekt an der Person des Nachfragers einen Dienst: Das „klassische" Beispiel hierfür ist die Fahrschule, andere Beispiele sind: Training in der Handhabung eines Personal Computers, der Steuerung eines Automaten, der Benutzung einer Software.

3. Der Anbieter leistet als Person am Objekt des Nachfragers einen Dienst: Hierzu zählen alle Aufgaben der Produktbetreuung, der Wartung, der Übernahme des nach Gebrauch zu entsorgenden Produktes.

4. Der Anbieter leistet mit einem Objekt an einem Objekt des Nachfragers einen Dienst: Im weitesten Sinne umfaßt dies alle Aufgaben, die im Rahmen des „Outsourcing" anfallen, z. B. das Outsourcing der Postdienste, wobei der Anbieter mit Hilfe eigener Objekte (z. B. Frankiermaschinen) die Objekte des Nachfragers (Postgut) bearbeitet.

Auch wenn diese Differenzierung schematisierend wirken mag – sie zeigt doch auf, in welch breitem Kontext Dienstleistungsprojekte angesiedelt sind, so daß eine einheitliche „Projektmanagement-Funktion" nicht vorstellbar ist. Vielmehr können nur spezifische Erfolgsfaktoren und Methoden hierfür abgeleitet werden.

Projektketten

Projektketten beschreiben den sogenannten „Process of Truth" oder auch den als „Life Cycle" definierten Prozeß eines Dienstleistungsprojektes. Seine wichtigsten Phasen sind:

- Kontaktanbahnung (Werbung, Messen, Besuche),
- Beratung (Lösungsalternativen, Musterlösungen, Demos),
- Vertragsabschluß (rechtliche Fixierung, Garantien, Gewährleistung),
- Produktlieferung, Implementierung, Probelauf,
- Betreuung, Wartung,
- Garantieleistung im Schadensfall,
- Rücknahme des Produktes für Recycling,
- Anschlußvertrag für ein neues Projekt.

10.1.2 Homogene versus heterogene Dienstleistungsprojekte

Die Organisation des Life Cycles bestimmt die Formen des jeweils praktizierten Projektmanagement-Systems. Der Transfer-Charakter eines Dienstleistungsprojektes läßt verschiedene Organisationsformen zu, wobei zwei grundsätzliche Ausprägungen möglich sind:

a)   Heterogenes Dienstleistungsprojekt:

Hierbei besteht eine funktionale und /oder objektorientierte Spezialisierung für die einzelnen Phasen und Aufgaben der Transferleistung. Als Beispiel diene die Transferleistung eines Investitionsgutes, z. B. der Verkauf einer spezifischen Hardware für die Lösung von Organisationsaufgaben eines Service-Nehmers. Folgende Aufgaben ergeben sich bei diesem als Dienstleistungsprojekt zu bezeichnenden Geschäft: Beratung, Demonstration, Musterlösungen, Angebotserstellung, Vertragsgestaltung, Lieferung, Verpackungsrücknahme, Installation, Probeläufe, Schulung, Übernahme der Wartung, Übernahme der Produkte für Recycling nach Gebrauch und Alterung. Als heterogenes Dienstleistungsprojekt würden spezialisierte Funktionen des Dienstanbieters dem Dienstnehmer gegenübertreten, wie in Abbildung 69 schematisch dargestellt. Dem Dienstnehmer entsteht ein Koordinationsaufwand, der zu – von ihm meist nicht kalkulierten – Zusatzkosten der Investition führt. Heterogene Dienstleistungsprojekte finden sich zumeist in Unternehmen, die noch nach dem tradierten Organisationsmodell der funktionalen Diversifikation gegliedert sind.

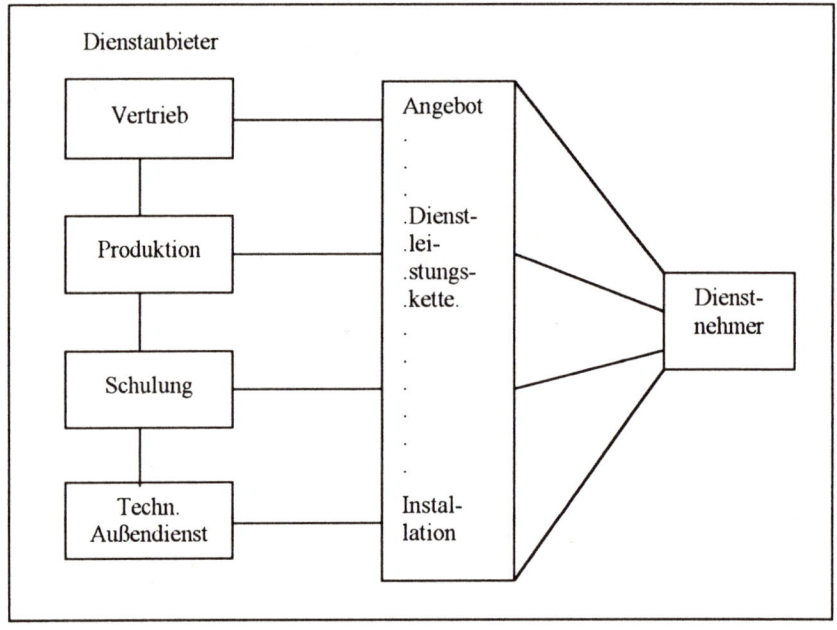

Abb. 69   Heterogenes Dienstleistungsprojekt

b)   Homogenes Dienstleistungsprojekt:
Hierbei erfolgt eine Umkehrung des Koordinationsaufwandes insofern, als der Dienstanbieter nunmehr in Form eines „Generalunternehmers" auftritt, und zwar

organisatorisch als Projektmanager, der dem Dienstnehmer ein „Komplettangebot" unterbreitet.

Dem Projektmanager steht ein Koordinationsteam zur Verfügung, dessen wesentliche Aufgabe in der Bündelung aller Anforderungen des Dienstnehmers besteht.
Individuelle Anforderungen, Sonderlösungen, spezielle Musterlösungen werden
beim Dienstanbieter geregelt, der u. U. auch andere spezialisierte Firmen in das
Projekt einbindet – nach außen jedoch wird stets ein vollständig abgeschlossenes,
alle Phasen des Life Cycle umfassendes Projekt abgeliefert.

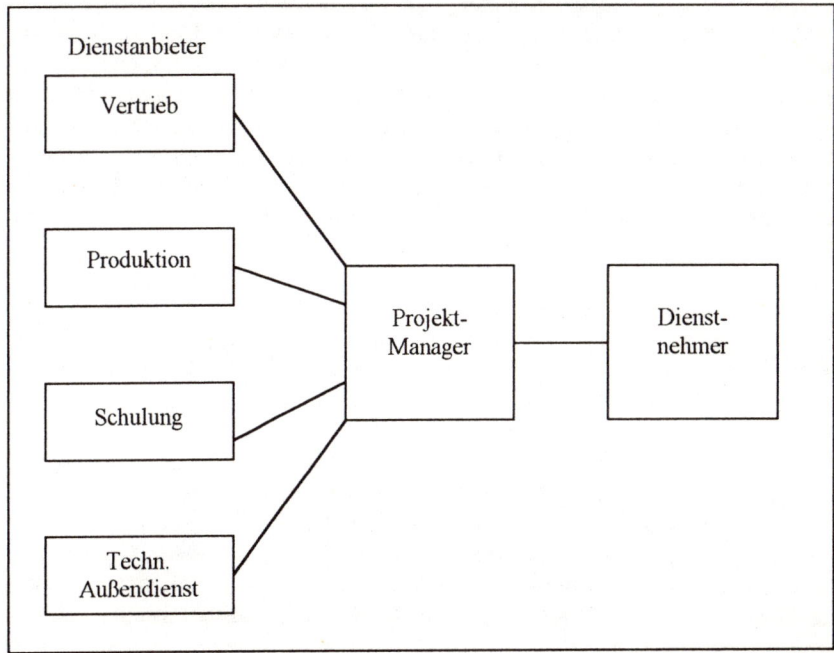

Abb. 70   Homogenes Dienstleistungsprojekt

10.2 Aufgaben für Dienstleistungsprojekte

Auf den Dienstleistungsmärkten wird sich das homogene Projektmanagement
durchsetzen, da es für den Kunden erhebliche Vorteile mit sich bringt, die zu unmittelbaren Kostenvorteilen führen. Für den Dienstanbieter resultieren daraus eine
Reihe neuartiger bzw. modifizierter Aufgaben:

a)   **Managementsystem:**
Die Fokussierung aller kundenrelevanten Anforderungen auf ein „individualisier-
tes" Produkt (als Summe aus materiellen und immateriellen Transfers verstanden)
erfordert beim Dienstanbieter eine hohe Fähigkeit zum „Koordinationsmanagement". Darunter versteht man die sachliche, inhaltliche, zeitliche und personelle

Zusammenführung aller das Projekt betreffenden Ressourcen. Jedes der angebotenen Produkte erfordert eine eigene Projektsteuerung, die sich intern als Querschnittsorganisation über verschiedene Funktionen des Dienstanbieters hinwegzieht: Der Projektleiter agiert nicht mehr in einer funktional/direktorial organisierten Weisungs- und Berichtshierarchie, sondern nimmt eigenverantwortlich alle Ressourcen des Unternehmens in Anspruch, die für die Erfüllung des Kundenauftrags erforderlich sind. Damit wird auf den Projektleiter – der auch als Servicemanager bezeichnet werden kann – die komplette Verantwortung für den Herstellungs-, Lieferungs- und Dienstauftrag delegiert; er ist für den vollständigen Life Cycle der Dienstleistung zuständig. Entscheidungskompetenz, das Recht auf Einflußnahme in verschiedenen Funktionen, Flexibilität und Mobilität sind die Kennzeichen eines derartigen Servicemanagements. Diese Kriterien erhalten ihre besondere Ausprägung dann, wenn bei komplexen Dienstleistungsprojekten der Kunde unmittelbar mit einbezogen wird (Prosumer-Projekte) und/oder Fremdfirmen herangezogen werden. Die tradierte Form der Trennung von Verantwortung und Durchführung (Fayol-Prinzip) wird bei derartigen Projekten aufgehoben; der Dienstleistungsmanager arbeitet mit einem Team spezialisierter Mitarbeiter temporär zusammen, um den Kundenauftrag zu erfüllen.

b)   **Aufbau und Ablauforganisation:**
Aus den veränderten Formen des Managementsystems resultiert zwangsläufig ein verändertes System der Ablauforganisation. Hier wirken sich die Grundsätze des Lean Management ebenso aus wie das interaktionsorientierte Verhalten der Mitarbeiter des Unternehmens: Hierarchisch-funktional geregelte Zuordnungen und Abgrenzungen der Entscheidungsvorbehalte werden aufgehoben, den Mitarbeitern des Serviceteams werden Kernkompetenzen zugeordnet, um die sich Hilfs- und Sekundärprozesse lagern. „Kernkompetenzen" stellen die Schwerpunktaufgaben und Spezialisierungen im Außenverhältnis dar, also jene Aktivitäten, die eindeutig kundenorientiert sind (aus der Sicht des Kunden: „Visible Services"). Das Serviceteam konzentriert seine Kräfte nur auf diese Kernkompetenzen, alle zusätzlichen Realprozesse wie Administration (z. B. Ausarbeitung eines Vertrages. Rechtsberatung) oder Hilfsfunktionen (z. B. Computergrafiken für die Darstellung des Produkts) werden von spezialisierten internen Hilfsstellen wahrgenommen.

Die Organisation wird bezüglich ihres Kompetenzgrades zweigeteilt: Auf der einen Seite agieren Serviceteams mit der Verantwortung für die Kernkompetenzen, auf der anderen Seite stehen interne Stellen für die Übernahme der Unterstützungsaufgaben im adiministrativen Bereich. Damit wird die funktionale und hierarchisch gegliederte Organisation variabel entsprechend den Projekten gestaltet.

c)   **Arbeitsteilung versus Arbeitsintegration:**
Im Gegensatz zum tradierten Projektverlauf auf Käufermärkten vermischen sich für den Kunden auf Dienstleistungsmärkten mehrere Funktionen des Anbieters zu einem einheitlichen Ganzen, dem Dienstleistungsprojekt. Der Kunde ist nicht interessiert (um Aufwand zu sparen), mit mehreren Funktionen des Anbieters zu verhandeln, sondern wünscht die „Komplettlösung" aus einer Hand. Für die Mit-

arbeiter des Dienstanbieters resultiert daraus zwangsläufig ein „Kompetenz-Mix", d. h. weniger das Spezialwissen (z. B. bestimmte Produkteigenschaften) als vielmehr der Gesamtkontext des Kundenproblems steht im Vordergrund.

Während auf den klassischen Verkäufermärkten das „Managing Output" im Vordergrund stand – d. h. die Optimierung und Konzentration aller Ressourcen auf das gelieferte Produkt -, wird nunmehr das „Managing Context", d. h. die Optimierung interaktionsorientierter Transferprozesse zur dominierenden Verhaltensweise. Vom Serviceanbieter wird mehr verlangt als das Spezialwissen über seine Produkte: Die organisatorischen, ökonomischen, sozialen, ökologischen Prozesse sollten ihm ebenso vertraut sein wie z. B. Gesetzesvorschriften und Verordnungen (z. B. ISO 9000 für Qualität, Verpackungsverordnung, Produkthaftung, Ergonomie, Umweltschutz) oder Auswirkungen auf die Arbeitsabläufe. Um ein Beispiel zu zitieren: Beabsichtigt ein Kunde, mit der Installation und Vernetzung einer großen Stückzahl von PCs seine Arbeitsabläufe zu rationalisieren, dann erwartet er vom Anbieter folgende Dienste: Schulung der Mitarbeiter, Installation der Netze und Geräte, Auskunft über die Gebührenordnung der Telekom für den Datentransfer, Ergonomie der Geräte, Recycling-Möglichkeiten, Energieaufwand für den Betrieb, Qualitäts- und Gütevorschriften, Software-Verträglichkeit, Anschlußmöglichkeiten für Kommunikation, Lizenzgebühren, Wartung, Raumplanung und Büroorganisation, Vorschriften der Berufsgenossenschaft. Der Kunde wird nicht gewillt sein, vom Vertriebsbeauftragten des Anbieters an mehrere interne Stellen für die Klärung derartiger Fragen verwiesen zu werden, sondern er wünscht sich einen kompetenten Verhandlungspartner, mit dem er das gesamte Spektrum seiner Forderungen verhandeln und vertraglich lösen kann. Der Anbieter wird somit zum Dienstintegrator, der mindestens soviel generalisierendes Wissen besitzen muß, um die richtigen Informationsquellen (intern/extern) zu erschließen, zu bewerten und zu einem Komplettangebot zusammenzufassen.

10.3 Erfolgsfaktoren für Dienstleistungsprojekte

Aus dem Transfercharakter resultieren zwei verschiedene Klassen von Erfolgsfaktoren: zum einen Erfolgsfaktoren, die sich aus dem Innenverhältnis des Dienstanbieters ergeben, und zum anderen solche, die aus der Sicht des Dienstnehmers, d. h. aus der Interaktionsbeziehung, von Bedeutung sind (transfertypische Faktoren).

10.3.1 Transfertypische Erfolgsfaktoren

1. **Qualität:**

„Qualität" an sich ist ein autonomer Begriff, der erst durch die Bezugnahme auf eine objektive oder subjektive Eigenschaft definierbar und meßbar wird. Nach Garvin[62] unterscheidet man fünf Formen der Qualität:

a)   Der absolute Qualitätsbegriff:

Qualität ist hierbei eine sog. „innate excellence", d. h. ein maximaler Grad von Vortrefflichkeit einer Leistung oder eines Produktes: die überragende Leistung im Vergleich zu allen anderen Leistungen.

b)   Produktorientierte Qualität:

Qualität ist hierbei eine exakt meßbare und bewertbare Variable eines Produktes, z. B. die Entsprechung bestimmter Normen oder Vorschriften (etwa Qualität entsprechend der Norm ISO 9000).

c)   Kundenorientierte Qualität:

Qualität ist definiert als die Entsprechung eines wie auch immer definierten Erwartungsspektrums des Kunden. Werden alle Parameter des „pattern of demand", d. h. des Erwartungsmusters des Kunden, erfüllt, liegt die höchste Qualitätsstufe vor. Es handelt sich mithin um eine subjektivistische Qualitätsskala.

d)   Herstellungsorientierte Qualität:

Qualität ist die Erfüllung von Standards und Normen bei der Produktion von Gütern und Diensten. Eine „Null-Fehler-Produktion" kann beispielsweise eine maximale Qualität aus der Sicht der Herstellung sein; sie sagt aber nichts aus, ob damit auch zugleich die kundenorientierte Qualität – die noch andere Parameter als Fehlersicherheit umfassen kann – getroffen wurde.

e)   Wertorientierte Qualität:

Qualität orientiert sich an einem „Zufriedenheitspegel" des Kunden, dessen Maßstab das Preis-Leistungs-Verhältnis ist: Für einen gegebenen („günstigen") Preis ist der Kunde bereit, ein bestimmtes Maß an Qualität zu akzeptieren bzw. auf bestimmte Qualitätseigenschaften zu verzichten.

Für Dienstleistungsprojekte folgt aus dieser differenzierten Sicht der Qualität, daß eine eindeutige objektive Festlegung der Qualität durch den Anbieter nicht möglich ist. Die Berücksichtigung des Kunden-Erwartungsprofils bedeutet, daß im Vorfeld der Projektleistung Befragungen und Skalierungen bezüglich der Qualitätsparameter des Kunden durchzuführen sind: Qualität wird dann zu einem Erfolgsfaktor, wenn sowohl objektive, intern bestimmbare Normen und Werte definiert sind als auch die Erwartungsstruktur des Kunden.

2.   Anbieter-Kompetenz:

Die Kompetenz des Anbieters spielt für die Bewertung des Kunden oftmals eine entscheidende Rolle: Er schließt aus dessen Kompetenz auf die Erfüllung seiner (subjektiven) Qualitätsvorstellungen. Dabei sind zu unterscheiden:

a)   Produktkompetenz:

Das sind die Wertvorstellungen und der „Ruf" des Produkts. Für den Anbieter ist es von Bedeutung zu wissen, wie sein Produkt in der Öffentlichkeit, d. h. auf seinem Markt, beurteilt wird, z. B. durch Produktvergleiche in Fachjournalen oder durch Verbraucherverbände. Er kann sich in der Beratungsphase auf diese allgemeinen – teilweise auch objektivierten – Vorteile seines Produkts verlassen.

b) Beratungskompetenz:
Hier wirkt die Funktion als „Service-Integrator" am nachhaltigsten: Gelingt es, alle oder zumindest die bedeutendsten Faktoren des Erwartungsprofils des Kunden in das Angebot zu integrieren, wird die Beratungskompetenz besonders hoch angesetzt werden.

c) Ergebniskompetenz:
Diese bezieht sich auf die Möglichkeiten des Anbieters, gleiche oder analoge Lösungen demonstrieren zu können (Referenzkunden, Demo-Anwendungen, Musterlösungen). Das konkrete Ergebnis des Projektes soll dargestellt werden, um den Kunden von der Vortrefflichkeit der Leistungen des Anbieters zu überzeugen.

d) Verhaltenskompetenz:
Sie bezieht sich auf persönliche Leistungen der Mitarbeiter des Anbieters: Kommunikationsfähigkeit, Problemanalyse, Gesprächssteuerung, Art und Umfang des Kundenbesuchs, Zuverlässigkeit der Aussagen, Hilfestellung beispielsweise bei bürokratischen Hemmnissen.

e) Zeitmanagement:
Hierbei handelt es sich um die Vereinbarung von kritischen Terminen und Aktivitäten zwischen Servicegeber und Servicenehmer. Als Checkpoints dienen sie der gemeinsamen Steuerung des gesamten Dienstleistungsprozesses, wobei der Lieferzeit von Produkten und der Schulungs- und Einführungszeit oftmals der höchste Wert zugemessen wird. Die Zeitplanung wirkt sich auch auf die interne Projektorganisation des Dienstleisters aus und bestimmt dort den Projektplan.

f) Betreuungsleistung:
Sie umfaßt mehrere Leistungsarten: die Betreuung während der Projektabwicklung, die Durchführung gemeinsamer Sitzungen für die Projektsteuerung, die Organisation einer Back-up-Lösung für den Fall einer Fehlleistung während der Implementierung des Projekts, die Vereinbarung eines ständigen Ansprechpartners für akute Problemfälle während des Betriebs, die Wartungsleistung und die Art der Garantien im Schadensfall.

Je nach Projektart können die einzelnen Unterpunkte der aufgeführten Erfolgsfaktoren als selbständige Faktoren bewertet werden, so daß eine projektspezifische Erfolgsskala aufgestellt werden kann, die dann als Bewertungsmaßstab für die effektive Leistung dient.

Für die Messung der Anbieterkompetenz werden oftmals Panel-Erhebungen von qualifizierten Instituten durchgeführt, deren Ergebnisse als Vergleichsmaßstab innerhalb einer Branche dienen können.

10.3.2 Projekttypische Erfolgsfaktoren

1. Koordinationsleistung:

Sie zielt auf die Organisationsformen des Projektmanagements ab: Das Zusammenspiel zwischen dem „Kernteam" mit seiner Verantwortung für die Kernkompetenzen und den Hilfsstellen spielt hierbei eine ebenso wichtige Rolle wie der interne Wissenstransfer. Dies ist ein zweiseitiger Prozeß: Vom Projektleiter werden die Anforderungen an die zuständigen Stellen übermittelt, und seine Aufgabe besteht darin, deren Wissen und Können auf das Projekt zu konzentrieren. Es handelt sich daher um kommunikationsorientierte Teams[63].

2. Arbeitsintegration:

Variable Zusammensetzungen der Gruppen und Kundenteams bilden die Voraussetzung für den Wissenstransfer. Das hat zur Folge, daß es keine starre und dauerhafte „Zuständigkeit" oder organisatorische Zuordnung mehr gibt, sondern flexible Arbeitsteams entsprechend den jeweiligen Kundenprojekten.

3. Mobilität und Flexibilität:

Die Mobilität bezieht sich auf die Fähigkeit der Organisation, ihre Mitarbeiter sowohl bezüglich ihres Wissenstandes durch Schulung und Training auf die sich ändernden Anforderungen der Kunden einzustellen als auch u. U. Arbeitsplatzwechsel temporär in Kauf zu nehmen, z. B. für die Mitarbeit an einem Projekt beim Kunden. Flexibilität bezieht sich auf: Arbeitszeit, Arbeitseinsatz, organisatorische Zuordnung, Zugehörigkeit zu wechselnden Teams, Veränderungen der Teamstrukturen, Übernahme unterschiedlicher Aufgaben.

4. Managementsystem:

Als Führungsstil läßt sich bei derartigen Projekten nur ein kooperativer Führungsstil mit hoher Delegation realisieren. Fortgeschrittene Unternehmungen werden bereits den Übergang zu sich selbst steuernden Gruppen mit gleichzeitigem Risikomanagement praktizieren. Die Rolle des Managements konzentriert sich auf die Motivation und die Betreuung der Gruppen (Coaching).

Die Darstellung der Erfolgsfaktoren verdeutlicht, daß mit dem Übergang zu einem Dienstanbieter weitreichende Konsequenzen für das Organisationsmodell des Unternehmens verbunden sind: Die Strategie des Dienstanbieters, der auf Dienstleistungsmärkten agiert, widerspricht dem tradierten Modell einer funktional/hierarchisch geordneten Organisationsstruktur. Damit werden zugleich auch die Elemente der Lean Organization und des Lean Managements bzw. Prozeßmanagements zu realisieren sein, um den differenzierten Anforderungen der Dienstleistungsmärkte gerecht werden zu können.

11. Kapitel:
Management und soziale Verantwortung

11.1 Management und Gesellschaft

11.1.1 Gesellschaftsbezug unternehmerischer Entscheidungen

Die innerhalb eines Unternehmens getroffenen Entscheidungen beziehen sich in ihren Auswirkungen nicht nur auf das Unternehmen und seine Mitarbeiter, sondern auch auf das **ökonomische und soziale Umfeld.** Dieses präsentiert sich auf verschiedenen Ebenen, z. B. in Form von Beeinflussungen

- des Konsumentenverhaltens (durch Werbung und Produkte)
- des Arbeitsverhaltens (durch Rationalisierungen)
- der Reaktion von Verbänden und Gewerkschaften (z. B. Tarifverhandlungen, Streiks)
- der Gesetze (z. B. Immissionsschutzgesetz)
- der gesellschaftlichen Wertvorstellungen (z. B. Konsumgesellschaft, Wachstumsfanatismus, Bildungsurlaub)
- der sozialen Absicherung (z. B. Vollbeschäftigung, Lohnfortzahlung, Pensionskassen).

Jedes Unternehmen steht in einem **makroökonomischen Zusammenhang**, d. h. die Summe der unternehmerischen Entscheidungen wirken sich unmittelbar auf die volkswirtschaftliche Situation eines Staates aus. Die unternehmerischen Entscheidungen im Zusammenspiel mit den staatlich anerkannten Grundsätzen der jeweiligen Wirtschaftsordnung (z. B. soziale Marktwirtschaft) bestimmen den Wohlstand und die ökonomische Sicherheit des Staates. Insbesondere auf folgenden Gebieten sind starke Auswirkungen auf das volkswirtschaftliche Gesamtsystem durch unternehmerische Entscheidungen nachweisbar:

- **Volkswirtschaftliche Wertschöpfung:** Gewinne, Löhne und Gehälter, Steuern und Zinsen definieren die Wertschöpfung eines Unternehmens. Ihre Summe ist zugleich das volkswirtschaftliche Bruttosozialprodukt, das seinerseits wieder die Grundlage bildet für die Verteilungsmechanismen des Staates zur Sicherung der staatlichen Zielsetzung „Soziale Marktwirtschaft".

- **Außenwirtschaft**: Nicht nur das Inlandssozialprodukt wird durch die Entscheidung der Unternehmer beeinflußt, sondern auch die Handels- und Zahlungsbilanz. Dies wird durch die europäische Integration (EU) ebenso gefördert wie durch internationale Unternehmen (sog. „Global Players", d. s. multinational operierende Unternehmen).

Durch diese volkswirtschaftlichen Auswirkungen der unternehmerischen Entscheidungen entstehen binnenwirtschaftliche Beeinflussungen auf folgenden Sektoren:

- **Arbeitsmarkt,** und zwar in quantitativer Hinsicht (z. B. Beschäftigungsziele, Fremdarbeiter) und in qualitativer Strukturierung (z. B. durch die Nachfrage nach bestimmten Qualifikationen und Berufen als Folge geänderter Technologien).
- **Soziale Absicherung** durch betrieblich vereinbarte (z. B. Pensionskassen) oder gesetzlich geregelte Leistungen (z. B. Lohnfortzahlung) sowie durch die Beitragsleistungen zu Kranken- und Sozialversicherungen.
- **Preisstabilität** mit ihrer unmittelbaren Auswirkung auf den materiellen Wohlstand der Bürger.
- **Wachstum:** Die gesellschaftlichen Wertvorstellungen der vergangenen Jahre waren weitgehend von der Vorstellung eines immerwährenden Wachstums im materiellen Daseinsbereich gekennzeichnet. Es ist feststellbar, daß die Maxime eines langfristigen Wachstums die Entscheidungen und Handlungen der Unternehmer bestimmt, wobei sich das Wachstum im unternehmerischen Sinn vorwiegend in der Vermehrung des Umsatzes und Gewinns manifestiert (primitive Wachstumsformel). Die **„Defizitfaktoren" des Wachstums** - überproportionaler Energieverbrauch, Umweltschädigung und –zerstörung, Rohstoffausbeutung – werden indes stillschweigend als sog. „unvermeidliche Folgen" akzeptiert.

- **Leistungsverhalten:** Bedingt durch die Wachstumserwartungen einerseits, durch die zunehmende Konkurrenz und den technischen Fortschritt ergeben sich erhöhte Anforderungen bezüglich der Rationalisierung und Produktivitätssteigerung. Solange das Bild und die Wertvorstellungen einer **„Leistungsgesellschaft"** anerkannt wurde, ergaben sich aus der Leistungsanforderung kaum relevante Rückwirkungen auf das unternehmerische Verhalten. Mit dem Verfall der Wachstumsideologie einher geht auch der Verfall eines unkritisch reflektierten Leistungsdenkens – insbesondere eine kritische Jugend scheint nicht mehr bereit zu sein, sich einer schrankenlosen Leistungsanforderung und –mehrung zu unterwerfen. Daraus ergeben sich für das Management der Zukunft neue Anforderungen an die für die Leistung einzusetzenden Motivationsfaktoren, die sich offensichtlich nicht mehr nur auf materielle Zugewinne konzentrieren lassen.

Die unternehmerischen Entscheidungen stellen in ihrer Gesamtheit einen bedeutenden Einflußfaktor für die gesellschaftliche Situation und Entwicklung dar. Sie wirken sich **materiell** aus (z. B. Wertschöpfung, Sozialprodukt, Preisstabilität) – sie beeinflussen aber auch darüber hinaus die **Vorstellungen über immaterielle Werte** (z. B. Wachstumsgläubigkeit, Leistungsgesellschaft, Konsumverhalten, Umweltverantwortung).

Daraus resultiert ein besonderes Maß an **unternehmerischer Verantwortung,** über dessen Existenz sich nahezu alle Schichten eines Volkes einig sind und die auf die Zielkonzeptionen des Managements zurückwirken. Angestrebt wird ein sog. gesellschaftlicher Konsens, wobei das „Bündnis für Arbeit" als Beispiel zitiert werden kann, unabhängig von den nach wie vor existierenden Konfliktpotentialen einer dynamisch veränderten volkswirtschaftlichen Situation. Sicherlich wird es erforderlich sein, daß anstelle fester Vereinbarungen und Regulationen zukünftig wesentlich höhere Flexibilitätspotentiale realisiert werden.

11.1.2 Unternehmerische Verantwortung

Die unternehmerische Verantwortung gegenüber gesellschaftlichen Entwicklungen resultiert aus der gesellschaftlichen, sozialen und ökonomischen Tragweite der im Unternehmen getroffenen Entscheidungen. Sie ist **nicht delegierbar** auf staatliche oder sonstige außerbetriebliche Institutionen und wird auch i. d. R. von den Unternehmern bzw. Top Managern anerkannt und angenommen. Andererseits ist es unbestritten, daß die Verantwortung für gesellschaftliche Phänomene und Prozesse nicht einseitig durch die Unternehmer und Manager übernommen werden kann. **Staat** (Legislative), **Verbände, Gewerkschaften, Bildungsinstitutionen und Unternehmer** tragen gemeinsam die **Verantwortung für gesellschaftliche Veränderungen.** Dies schließt nicht aus, daß die Unternehmer bezüglich ihres Rollenverständnisses in der gesellschaftlichen Diskussion in den Mittelpunkt rücken, da deren Entscheidungen unmittelbar die **Existenz der Beschäftigten** nachhaltig beeinflussen (man vergegenwärtige sich des Vorgangs bei Personalfreistellungen und Vorruhestands-Programmen einschließlich der damit verbundenen Diskussionen um Sozialpläne). Wir unterscheiden die **soziale Verantwortung** des Unternehmers im **Innenverhältnis** des Unternehmens und die **gesellschaftliche Verantwortung** im **Außenverhältnis.:**

a) **Soziale Verantwortung:** Aus der Generalklausel der Fürsorgepflicht des Arbeitgebers wurde – historisch betrachtet – eine Reihe sozialer Sicherungsmaßnahmen abgeleitet, die auch z. T. eine gesetzliche Verankerung erfuhren. Von besonderer Bedeutung sind:

- **Beschäftigungsgarantien:** Die öffentliche Diskussion befaßt sich – insbesondere im Zeichen einer durch Rationalisierung beschleunigten Arbeitslosigkeit – mit dem Problem des „Rechts auf Arbeit". Grundlage bildet der Artikel 23 der Menschenrechtskonvention der Vereinigten Nationen, wo es heißt: „Jeder hat das Recht auf Arbeit, freie Wahl seiner Beschäftigung, angemessene Arbeitsbedingungen und **Schutz gegen Arbeitslosigkeit**". Verfassungsrechtlich kann in einer freien Marktwirtschaft allerdings eine solche Garantie nicht gewährleistet werden; daher wird dieses Problem in differenzierter Weise behandelt und teilweise gelöst. Dabei ist zu unterscheiden in:

Strukturelle Arbeitslosigkeit, die zu Verschiebungen in der Nachfrage nach Arbeitskräften führt (volkswirtschaftlicher Strukturwandel).

Konjunkturelle Arbeitslosigkeit führt zur temporären Arbeitslosigkeit.

Rationalisierungsbedingte Arbeitslosigkeit: Die durch den Wettbewerb bedingte Notwendigkeit der Produktivitätssteigerung führt zu umfangreichen Rationalisierungsinvestitionen, die sich unmittelbar auf die Beschäftigungssituation auswirken. Beispiel: Die Zahl der Arbeiter in den bundesdeutschen Eisen- und Stahlgießereien sank zwischen 1957 und 1973 von 142 000 auf 87 000 und in den Drahtziehereien und Kaltwalzwerken von 64 000 auf 53 000, während sich im gleichen Zeitraum der Produktionsausstoß um etwa 50 % vergrößerte.

Instrumente: Staat, Unternehmer und Gewerkschaften haben eine Vielzahl von Instrumenten zur Bekämpfung bzw. zur Minderung des **Beschäftigungsrisikos** des Arbeitnehmers entwickelt. Als Beispiele seien aufgeführt:

Staatliche Konjunkturprogramme: (Vorhaben zur Schaffung neuer Arbeitsplätze).

Rationalisierungsschutzabkommen: Für den Fall, daß „eine Kündigung nicht ausgeschlossen oder vermieden werden kann, sollte durch entsprechend lange Kündigungsfristen oder Zahlung einer Abfindung die Chance erhöht werden, einen neuen gleichwertigen Arbeitsplatz zu finden."[64] Für die bei Bund und Ländern beschäftigten Arbeiter gibt es seit dem 29.10.1971 einen „Tarifvertrag über den Rationalisierungsschutz". Zu erwähnen sind in diesem Zuammenhang auch: Die Gesetze zur Sicherung der Beschäftigung älterer Mitarbeiter und zum Schutz jugendlicher Arbeitnehmer.

Es wird deutlich, daß die Manifestation der sozialen Verantwortung im Bereich der Beschäftigungspolitik durch vertragliche Regelungen zwischen den Tarifpartnern erfolgt.

• **Soziale Garantien** im engeren Sinn: Diese beziehen sich auf eine Vielzahl **tarifvertraglicher** und **innerbetrieblicher** Vereinbarungen, die sich auf individuelle Notfälle der Mitarbeiter beziehen, z. B.: Unfallschutzgesetz, Mutterschutzgesetz, Lohnfortzahlung im Krankheitsfall, Pensionskassenvereinbarungen, betriebliche Altersversorgung, individuelle Kündigungsfristen, Urlaubsregelungen, Arbeitszeitvereinbarungen (z. B. Gleitzeit) usw.

• **Humanität am Arbeitsplatz:** Die Forderung nach „**menschenwürdiger Arbeit**" ist nach wie vor Gegenstand kontroverser Auseinandersetzungen zwischen den Tarifpartnern. Hier tritt der gesellschaftliche Wandel in den Vorstellungen über die Arbeit und den Arbeitsplatz deutlich zu tage, was sich nicht zuletzt auch in Forderungen nach „Bildungsurlaub" erweist. Daß das Problem der Humanität am Arbeitsplatz einen hohen gesellschaftlichen Stellenwert besitzt, wird auch durch die finanziellen Aufwendungen des BMFT für das Aktionsprogramm „Forschung zur Humanisierung des Arbeitslebens" ersichtlich: „Gegenwärtig werden folgende Forschungsziele als vorrangig angesehen: Es sollen
verstärkt Maßnahmen zur Erweiterung der Handlungs- und Dispositionsspielräume von Arbeitnehmern mit dem Ziel der Höherqualifizierung der Beschäftigten gefördert werden;
Wege zur Beseitigung extrem einseitiger Belastungen durch Teilarbeit mit ständig wiederholten, kurzen Arbeitstakten gesucht werden;
Maßnahmen zur Verminderung kombinierter physischer und sozialer Belastungen, Beanspruchungen und Zwänge entwickelt werden;
hemmende Bedingungen für die Verwirklichung des Aktionsprogramms untersucht und nach Möglichkeit abgebaut werden, wie sie insbesondere durch den engen Zusammenhang von Lohnfragen und Arbeitsorganisation entstehen können."[65]

b) **Gesellschaftliche Verantwortung:** Die gesellschaftliche Verantwortung des Unternehmers zeigt sich auch in den unmittelbaren Beeinflussungen der Umwelt, die durch unternehmerische Entscheidungen herbeigeführt werden. Wir unterscheiden:

- **Umwelt:** Die offenkundige **Belastung** und **Zerstörung der Umwelt** durch industrielle Schadstoffe verdeutlicht in besonderem Maß die **unternehmerische Verantwortung** gegenüber der Gesellschaft. Das Bundesimmissionsschutzgesetz legt zwar Richtlinien und Normen für die Behandlung von industriellen Schadstoffen fest, doch hat gerade der Werdegang dieses Gesetzes offenbart, daß beim **Umweltschutzgesetz** schwerwiegende Interessenkollissionen zwischen Unternehmer bzw. ihrer Lobby und Gesellschaft auftreten. Der Argumentation der Unternehmer – Kostenbelastung und Gefährdung der Rentabilität (mit evtl. Auswirkung auf die Sicherung der Arbeitsplätze) – steht jene der gesellschaftlichen Verantwortung gegenüber, die sich in allgemeiner Form auf die Forderung „**Sicherung der Bewohnbarkeit des Biotops**" bringen läßt. Mißbrauchshandlungen mit der Umwelt durch verantwortungslose Unternehmer (Beispiel: Ableitung giftiger Substanzen in den Main durch ein Chemieunternehmen) zeigen, daß in den unternehmerischen Zielhierarchien die limitierende Randbedingung „Umweltschutz" noch nicht ausreichend berücksichtigt und in den Investitionsrechnungen vernachlässigt wird.

- **Energie- und Rohstoffexploration:** Durch die Verknappung und Substitution wichtiger Rohstoffe ist eine grundlegende Änderung des Produktionsverhaltens (z. B. durch energiesparende Maschinen oder durch neue Technologien) erkennbar. **Steigende Rohstoffpreise** erzwingen Korrekturen, die zu intensiven Sparmaßnahmen bei bestimmten Rohstoffen führen. Auch hier gilt – analog den Umweltschädigungen – die Aussage, daß in den zukünftigen Investitionskalkülen neben dem Preis und der Amortisationsdauer auch die möglichen Rückkopplungseffekte der Umwelt beachtet werden.

- **Dritte-Welt-Problematik:** Investitionen werden nach wie vor in kapital- und absatzintensiven Ländern vorgenommen. Die Investitionsbereitschaft in den sog. unterentwickelten Ländern ist gering und wird durch die relative Kürzung der staatlichen Entwicklungshilfe nicht ausreichend unterstützt. Lediglich die sog. Schwellenländer dienen als Absatz- und Investitionsmärkte, wobei allerdings erhebliche Risiken bezüglich ihrer volkswirtschaftlichen Stabilität auftreten.

Maßnahmen: Die Wahrnehmung der unternehmerischen Verantwortung erfordert:
- **Erweiterung der Investitionsrechnung:** Die Parameter Umweltverträglichkeit, Risiko bei umweltschädigenden Maßnahmen, Aufwand für Umweltschutz sind in einer erweiterten Investitionsrechnung zu bewerten.
- **Intensivierung von Forschung und Entwicklung** für alternative Technologien und energiesparende Produkte (benzinsparendes Auto, Solartechnologie, Wärmepumpen, Isolierstoffe, Giftgasfilter).

- **Entwicklung umweltverträglicher Stoffe** anstelle schädigender Materialien (z. B. durch die Reduzierung des Phosphatgehalts in Waschmitteln).
- **Ausweitung der unternehmerischen Tätigkeit** auf **unterentwickelte Länder:** Diese Aufgabe kann allerdings nicht einseitig auf die Unternehmen übertragen werden, da für die Risikoabdeckung das einzelne Unternehmen sicherlich überfordert wäre. Staat und Unternehmerschaft entwickeln gemeinsame Programme (vgl. Kreditabsicherungsabkommen über die Hermes-Bank).

Die Berücksichtigung derartiger Maßnahmen im **Investitionskalkül** der Unternehmer hat sicherlich Auswirkungen auf den **Preis** – und damit eine Rückwirkung auf Ertrag und Profitabilität: Aber genau dies ist der Preis, den eine Gesellschaft zu zahlen bereit sein sollte, um ihrer Verantwortung gegenüber sich selbst und anderen gerecht zu werden. Es geht, mit anderen Worten, um die Berücksichtigung der „**Humankomponenten**" im Planungs- und Entscheidungsprozeß des Unternehmens.

Insgesamt bezieht sich die unternehmerische Verantwortung auf die Sicherung und Erhaltung des bestehenden Wirtschaftssystems – es handelt sich um das Praktizieren eines Management-Verhaltens, das K. Mellerowicz als „**sozialorientierte Unternehmensführung**" bezeichnet hat:

„Der neue Führungsstil mit seinen Aufgaben der sozialgerechten, aber zugleich ergebnisorientierten Betriebsführung und der Bemühung um die Erhaltung der sozialen Marktwirtschaft stellt an die Unternehmensführung überaus hohe Ansprüche:
- auf dem Gebiet der Wirtschaft: einen hohen Wirtschaftlichkeitsgrad,
- im sozialen Bereich einen hohen Sozialleistungsgrad,
- auf dem Öffentlichkeitsgebiet: aktive Teilnahme an der Öffentlichkeitsarbeit.
Sie alle müssen erfüllt werden, wenn die beiden Ziele der Unternehmensführung, das betrieblich und das gesamtwirtschaftlich Notwendige zur Erhaltung des bestehenden Wirtschaftssystems, erreicht werden sollen."[66]

11.2 Management und Unternehmenskultur

11.2.1 Begriffsklärung

Der Begriff „Kultur" ist im Zusammenhang mit industriellen Unternehmungen in Europa noch relativ jung. Der gesamte Themenkreis wird mit unterschiedlichen Begriffen und Inhalten belegt, wie z. B. Corporate Identity, Unternehmensphilosophie, Unternehmensethik oder Unternehmensbild. Allen Begriffsinhalten ist jedoch eigen, daß es sich – global betrachtet – um die Aufgabe handelt, **kulturelle Werte** sowohl im Innen- als auch im Außenverhältnis des Unternehmens zum **Bestandteil unternehmerischer Entscheidungen** zu machen.
Begründet wird diese Wandlung im Selbstverständnis des Unternehmens dadurch, daß der allgemeine Begriff der Kultur durch die Veränderung in den gesellschaft-

lichen **Wertevorstellungen** - vor allem bedingt durch die Technikbedeutung und Technikakzeptanz – eine Anpassung und Annäherung an die gesellschaftlich dominierenden Strukturen erfährt. Eine wesentliche Komponente dieser Veränderung bedeutet dabei auch das neuere Verständnis über Inhalt und Aufgabe der Kultur. In seiner Schrift „Kritik der Urteilskraft" (1790) hat I. Kant Kultur noch wie folgt definiert: „Die Hervorbringung der Tauglichkeit eines vernünftigen Wesens zu beliebigen Zwecken überhaupt." Kultur – so verstanden – war vorwiegend in erzieherischen, leiblich-seelischen Entwicklungsprozessen des Menschen angesiedelt, mit dem Ziel, „sozialtaugliche" und vernünftige Menschen zu entwickeln. Von dieser individuellen, erzieherischen Zielsetzung der Kultur rückt man heute etwas ab und projiziert Kultur vorwiegend in den gesellschaftlichen Rahmen: **Kultur** wird verstanden als ein allgemeines **System von Wertvorstellungen, Verhaltensnormen und Denk- und Handlungsweisen,** das von einem Kollektiv von Menschen vereinbart, erlernt und akzeptiert wird und das bewirkt, daß dieses Kollektiv eine innere und äußere Stabilität bei einem Höchstmaß an individuellem Nutzen (z. B. Wohlstand, Sicherheit) erreicht und sichert. In einem derartigen System von Normen, Werten und Entscheidungen (konkreten Handlungen der Mitglieder des Kollektivs) nimmt selbstverständlich die Institution Unternehmen und verwandter Sozialorganisationen einen bedeutenden Platz ein, womit der Bezug zwischen Kultur und Management – als Träger dieser Institutionen – herstellbar ist.

Unternehmenskultur ist – entsprechend dem Wandel in den gesellschaftlichen Werten und Leitideen – kein statischer, zeitlich und inhaltlich fixierter Zustand, sondern ein **Prozeß der Integration** des Unternehmens und seiner Entscheidungen in die Gesellschaft. Unternehmenskultur ist dynamisch, entsteht durch die Reflexion auf gesellschaftliche Entwicklungen und wird von den Trägern der Unternehmenskultur – dem Management – in konkrete Verhaltensweisen und Verhaltensnormen umgesetzt.

Aus dem Bezug auf die gesellschaftlichen Wertvorstellungen resultieren daher verschiedene Bedeutungs- und Handlungsfelder, wie beispielsweise: Unternehmensethik (Ethik als humane Wertvorstellungen), Corporate Identity (Herstellung einer Identifikationsmöglichkeit mit unternehmerischen Entscheidungen) und Unternehmensleitbildern als verbindlichen Anweisungen für die Mitarbeiter und Führungskräfte des Unternehmens.

11.2.2 Elemente der Unternehmenskultur

Die Unternehmenskultur kann grundsätzlich in drei Bereiche mit jeweils spezifischen Handlungsspielräumen unterteilt werden:
1.   Entwicklung und Vereinbarung von **Leitideen** mit den Mitgliedern einer Organisation: Bereich der grundsätzlichen Orientierung und Ausrichtung.
2.   Übernahme der **Verantwortung** gegenüber den Mitgliedern innerhalb der Organisation (Innenverhältnis) und den externen Institutionen der Gesellschaft:

Bereiche der Wahrnehmung der Unternehmenskultur.

3. Entwicklung konkreter **Aktionspläne** für die Art und Weise, wie mit Geschäftspartnern umgegangen wird und wie die Produkte des Unternehmens bezüglich ihrer gesellschaftlichen Akzeptanz gestaltet werden: Bereich der Realisierung der Unternehmenskultur.

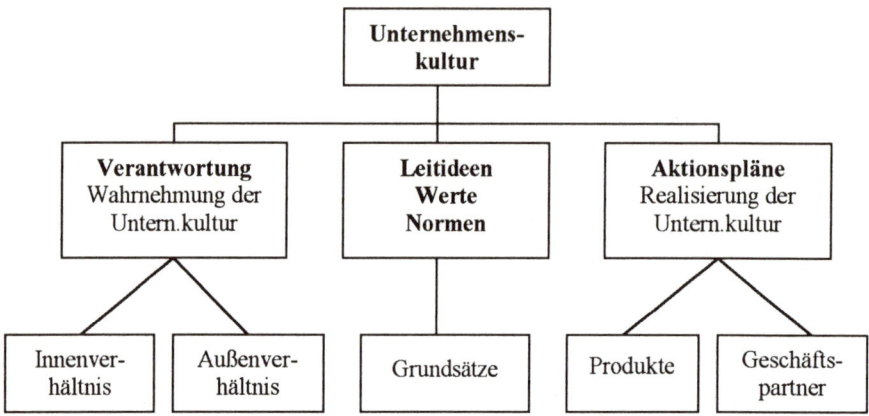

Abb. 71 Elemente einer Unternehmenskultur

Ad. 1: Bereich der Orientierung: Unternehmenskultur bedeutet einen Entwicklungsprozeß von „**innen nach außen**". Zunächst ist es erforderlich, im Innenverhältnis einer Organisation das generelle Gedankengut und die Identifikation mit den Zielen und Handlungsfeldern der Unternehmenskultur zu entwickeln. Als Träger der Unternehmenskultur agiert das Top Management, d. h. die Unternehmensleitung. Sie muß – in Übereinkunft mit den Vertretungen der Mitarbeiter (Betriebs- oder Personalrat) – Leitideen entwerfen, die allgemein anerkannt werden können und die sich auf die Art des gesellschaftlich anerkannten **Miteinanders** innerhalb der Organisation beziehen. Damit soll in der ersten Phase eine **Identifikation** erzielt werden, da Unternehmenskultur nur dann erfolgreich praktiziert werden kann, wenn deren Grundsätze von allen Mitgliedern der Organisation anerkannt werden. Solche Leitideen werden zunächst als allgemeine Grundsätze für verschiedene Aktionsfelder definiert, z. B. für:

• **Mitarbeiter-Vorgesetzter-Verhältnis:** Grundsätze bezüglich der Behandlung von Problem- und Konfliktsituationen, Grundsatz der Gleichbehandlung aller Mitarbeiter, Recht der Mitarbeiter, informelle Wege für die Behandlung persönlicher Probleme und Beschwerden einzuschlagen, Grundsatz der Gleichbehandlung in Tätigkeit und Lohn für Mann und Frau.

• **Unternehmensleitung-Mitarbeiter-Verhältnis:** Grundsatz der Gleichbehandlung aller Mitarbeiter unabhängig von Rasse, Geschlecht, Religion und politischer Überzeugung; soziale Sicherung des Arbeitsplatzes, Achtung vor der Persönlichkeit, Unterstützung bei Notsituationen, objektive Bewertung von Verhalten und Leistung, Anerkennung von Kreativität und Innovation; gerechte Entlohnung und Arbeitsschutz, Ergonomie, Arbeitssicherheit; Verpflichtung zur Einhaltung gesetzlicher und behördlicher Auflagen bezüglich Umweltschutz, Datenschutz und Gesundheitsvorsorge.

• **Mitarbeiter-Mitarbeiter-Verhältnis:** Ergänzung der innerbetrieblichen Schulungsmethoden um Methoden der Gruppenarbeit, der Kommunikationsfähigkeit und der Problemlösungsfähigkeit; Erziehung zu einem Umgangston, der zwar sachlichen Notwendigkeiten folgt, aber dennoch ein Höchstmaß kollegialer zwischenmenschlicher Verständigung und Beziehung zuläßt.

Derartige **Verhaltensnormen** und **Programme** sollten schriftlich vereinbart und allen Mitgliedern der Organisation zugänglich gemacht werden, z. B. in Form einer Ergänzung der Arbeitsordnung, in der einleitend die Grundsätze des Unternehmens fixiert werden.

Im Bereich der grundsätzlichen Orientierung kann nach entsprechender Klärung und Verabschiedung im Innenverhältnis bereits eine Projektion nach außen erfolgen: etwa durch Veröffentlichungen in der internen Firmenzeitschrift oder durch Vorträge und Seminarbeiträge bei Veranstaltungen von Kammern, Verbänden und anderen Institutionen der Wirtschaft.

Ad. 2: Manifestation der Verantwortung: Die **Übernahme von Verantwortung** bedingt zugleich konkrete Aktionen der Geschäftsbeziehungen. Im **Innenverhältnis** wird sie realisiert durch ein **System von Sozial- und Humanprogrammen.** Die Palette derartiger Aktionen kann sehr breit gefächert sein, z. B.: Übernahme der Kosten für Vorsorgeuntersuchungen bei Mitarbeitern an bestimmten Arbeitsplätzen, Einführung von Kindergärten für die Kinder berufstätiger Frauen, Lohnfortzahlung im Krankheitsfall über die gesetzlichen Fristen hinaus, Unterstützung von Weiterbildungsaktivitäten der Mitarbeiter, Förderung kultureller Aktivitäten der Mitarbeiter, Unterstützung von Initiativen der Mitarbeiter, soweit diese allgemeingesellschaftlicher Natur sind.

Im **Außenverhältnis** zeigt sich die Übernahme gesellschaftlicher Verantwortung im Verhältnis zu den Kapitalgebern (Aktionäre, Gesellschafter), indem eine ausreichende Verzinsung des eingebrachten Kapitals angestrebt wird und im Verhältnis zu den Interessenvertretungen der Arbeitgeber und den Kammern (Industrie- und Handelskammern, Berufsgenossenschaften). Ein besonders breites Aktionsfeld stellen die Beziehungen des Unternehmens zu den Fachverbänden und gemeinnützigen Organisationen dar: Die Fachverbände sind die legalen Interessenvertretungen der Unternehmen, die maßgeblichen Einfluß ausüben auf die wirtschaftlichen und sozialen Normenwerke (Gesetze, Verordnungen) der Legislative. Durch die **Fachverbände** und deren Dachorganisationen (z. B. DIHT = Deutscher Industrie- und Handelstag, BDI = Bundesverband der deutschen Industrie oder BDA = Bundesverband der Arbeitgeber) sind unmittelbare Einflußmöglichkeiten auf die Gestaltung der wirtschaftlichen und sozialen Rahmenbedingungen einer Gesellschaft gegeben. Die **Außenvertretung** der Unternehmen findet ihre organisatorische Struktur in derartigen Organisationen. Die Aktivitäten beschränken sich jedoch nicht nur auf wirtschaftliche und soziale Tatbestände innerhalb dieser Organisationen, sondern finden ihre Entsprechung in der Unterstützung und Förderung gemeinnütziger Vereine, wie z. B.: Technisch-wissenschaftliche Vereinigungen (z. B. Max-Planck-Gesellschaft oder Fördervereine von Universitäten und Ausbildungsstätten), Stiftungen (z. B. Fördervereine für Museen und Galerien), Vereine zum Schutz der Umwelt (z. B. die Umweltinitiative des BDI).

Neben der direkten **Förderung** durch Mitgliedschaften in Verbänden und Vereinen nehmen Unternehmen ihre gesellschaftliche Verantwortung auch durch die Methoden des **Sponsoring** wahr: Etwa durch das Sponsoring des Fair-Play-Gedankens im Sport oder durch die Förderung mit einmaligen Geld-, Sach- und Personalleistungen bei Sportveranstaltungen oder kulturellen Events (z. B. Förderung von Aufführungen bestimmter Ensembles) oder Jugendinitiativen (z. B. Sponsoring von „Jugend forscht"). Zwar wird von Kritikern des Sponsoring oft der Einwand vorgetragen, daß derartige Maßnahmen einzelner Unternehmen nur dazu dienten, Werbeeffekte und damit Marketing zu betreiben, doch zeigen derartige Vorwürfe, daß noch ein tradiertes Verhältnis zur Rolle des Unternehmens in der Gesellschaft besteht: Die Absicht, Produkte und Dienstleistungen zu vermarkten und dabei einen Gewinn zu erzielen, ist eine absolut legitimierte Verhaltensweise, die den Grundpfeiler unserer Wirtschaft bildet. Würde man diese unternehmerischen Aktivitäten beschränken, wäre die Förderung gesellschaftlicher Anliegen nicht mehr möglich.

Ad 3: Aktionsplanung: Die Aktionsplanung bedeutet die Umsetzung der Grundsätze in konkrete **Entscheidungs- und Handlungsanweisungen** mit entsprechenden organisatorischen Strukturen innerhalb des Unternehmens. Zwei Bereiche sind zu unterscheiden: Produktgestaltung und Vertrags- und Verhandlungsgestaltung mit Geschäftspartnern.

Bei der Produktgestaltung werden eine Reihe gesellschaftlich relevanter Faktoren berücksichtigt, wie z. B.: Umweltverträglichkeit des Produkts und seiner Verpackung, Recycling-Fähigkeit des Produkts, Sicherheit bei Montage und Bedienung, Schutz vor mißbräuchlicher Anwendung (z. B. Sicherheitsverschlüsse bei Waschmitteln), Hinweise auf eventuell gegebene Nebenwirkungen (Beipackzettel der Arznei), Haltbarkeit und Service-Leistungen, Garantien und Haftungen (Produkthaftung), sowie Berücksichtigung von Form und Farbe (Design und Ästhetik), Zusicherung von Qualitätsstandards und Einhaltung internationaler Normenvorschriften.

Für die Vertrags- und Verhandlungsgestaltung ergeben sich folgende Möglichkeiten: Vertragsgestaltungen mit Zulieferfirmen (faire Preisgestaltung, Vermeidung von Abhängigkeiten durch Inanspruchnahme hoher Kapazitäten des Lieferanten), Vertragsgestaltung mit Kunden (Zusage und Vereinbarungen von Service, eindeutige Definition der Haftung, Vereinbarung von Rücknahmerechten), Vereinbarungen analoger Art mit Kooperationspartnern, Erfindern, Agenturen, Beratern und öffentlichen Institutionen.

Der Grundsatz ist dabei die Fairneß, d. h. die Akzeptanz der Geschäftsinteressen des Partners, die stets zu einem für beide Seiten tragbaren Kompromiß führen kann, nicht aber zur Ausnutzung der Vormachtstellung eines Partners.

Zusammenfassend ergibt sich: Die entwickelten Leitideen der Unternehmenskultur finden ihre Anwendung im **gesamten Bereich unternehmerischen Handels.** Sie stellen das Rahmenwerk dar für den Umgang mit den Mitarbeitern, den Geschäftspartnern und den gesellschaftlichen Institutionen. Sie wirken sich aus auf die Vertragsgestaltung, die Produktgestaltungen und auf die Integration des Unternehmens in die Gesellschaft.

11.2.3 Einführung der Unternehmenskultur

Während die Wirkung der Unternehmenskultur von „innen nach außen" erfolgt, ist die Einführung der Unternehmenskultur ein Prozeß, der von **„oben nach unten"** verläuft. Das bedeutet, daß in der ersten Phase der Einführung zunächst die Geschäftsleitung betroffen ist. Sie muß definieren, welche Aktionsräume im Innen- und Außenverhältnis mit kulturellen Werten zu besetzen sind. Dabei hat das Innenverhältnis Priorität: Nur wenn es gelingt, die Mitarbeiter zu überzeugen, daß sie in ihren Entscheidungen und Handlungen die Grundsätze der Unternehmenskultur verwirklichen und wenn sich daraus eine hohe Identifikationsbereitschaft entwickelt, kann die Unternehmenskultur erfolgreich praktiziert werden. Die Unternehmenskultur wird in der **Definitionsphase** in engem Kontakt stehen mit den Strategien im ökonomischen Bereich: Das Markt- und Produktverhalten muß in Einklang gebracht werden mit den Leitideen im kulturellen Bereich. Die Unternehmenskultur ist kein Hilfsmittel für Marketing und Werbung, sondern der Ausdruck einer unternehmerischen Verhaltensweise, die darauf abzielt, die gesellschaftliche Akzeptanz des Unternehmens herzustellen und den Integrationsprozeß des Unternehmens in die Gesellschaft zu beschleunigen. Damit sind als Träger der Unternehmenskultur die Führungskräfte anzusehen, die durch entsprechende Programme die Verwirklichung bei den Mitarbeitern initiieren. In der ersten Phase werden folgende Aufgaben unterschieden:

• Konzeption von **Leitideen** für das Innen- und Außenverhältnis: Dies können zunächst einige wenige, allerdings mit Inhalten zu bestückende Grundsätze sein, wie z. B.: Achtung vor dem Individuum, Honorierung von Leistungen, Sicherung hoher Qualität, Kundenfreundlichkeit, Umweltbewußtsein, Förderung persönlichen Engagements in gesellschaftlichen Institutionen, Mitarbeit des Unternehmens in ausgewählten Verbänden und Vereinen.
• Diese zunächst global definierten Leitsätze sind in einer zweiten Stufe **programmatisch** umzusetzen, wobei es um die Entwicklung von Strategien für die Realisierung geht: Entwicklung von Ausbildungsplänen für die Mitarbeiter, Pla-

nung von Workshops und Feedback-Meetings für die Mitarbeiter, Auswahl der in Frage kommenden Institutionen in Wirtschaft und Gesellschaft, Definition der Zielgruppen.

• Die dritte Stufe ist der operativen Planung gewidmet: Diese zielt darauf ab, die ausgewählten **Zielgruppen** mit den Grundsätzen und Anwendungsmöglichkeiten der Unternehmenskultur vertraut zu machen, also: Schulung der Mitarbeiter, Übertragung von Mitgliedschaften auf Mitarbeiter, Sponsoring einzelner Events, Gestaltung der Produkte und der entsprechenden Produktbeschreibungen.

Erst jetzt, nachdem die ersten Zielgruppen Akzeptanz und Wirkung aufweisen, kann mit dem Schritt nach außen begonnen werden: Umsetzung in Aktionen im Außenverhältnis und Demonstration dieses neuen Bewußtseins nach außen: Gestaltung des Firmen-Logos, das einen symbolischen Charakter für dieses Selbstbewußtsein haben sollte, Veröffentlichung in Fachzeitschriften, Seminaren und Vorträgen, Durchführung der Aktionen bei den Geschäftspartnern, Präsentationen der „neuen" Produkte auf Messen und Ausstellungen, Ausweitung auf andere Zielgruppen. Das Produkt spielt dabei eine wesentliche Rolle: Vom Produkt aus muß eine Identifikation mit dem Unternehmen und umgekehrt möglich sein. Hier wirkt das Programm der **Corporate Identity**: Das Unternehmen steht für eine ganz bestimmte Charakteristik seiner Produkte, vom Produkt erfolgt der Transfer zum Unternehmen und umgekehrt. Ein idealer Zustand ist dann gegeben, wenn von einer Marke auf bestimmte Kriterien wie Qualität, Sicherheit oder Umweltfreundlichkeit geschlossen werden kann. „Computer – IBM", „Auto – Mercedes" oder „Uhr – Rolex" sind Beispiele für ganz bestimmte Assoziationen, die vom Produkt auf das Unternehmen und seine Aktionen in Bezug auf Qualität, Sicherheit oder Design ausgehen.

Die Einführung der Unternehmenskultur ist jedoch kein einmaliger Akt. Die **Folgephasen** der Einführung beziehen sich auf das laufende Feedback aller Aktionen. Hierfür bedarf es einer organisatorischen Abstützung, d. h. der Delegation an nachfolgende Stellen und Funktionen im Unternehmen. Derartige Organisationen können zentralistisch (in Form einer an die Geschäftsleitung berichtenden Stabsstelle) oder funktional gegliedert sein, etwa durch besondere Stellen für: Umweltschutz (Umweltschutzbeauftragter des Unternehmens), Frau und Beruf durch Berufung einer Beauftragten für Frauenfragen, eine eigene Stelle für Spenden und Sponsoring und eine organisatorische Stelle für Verbandsmitgliedschaften und Verbandsbeziehungen, Koordination der Produktgestaltung durch einen Design-Koordinator, Koordination aller Werbemaßnahmen und der Öffentlichkeitsarbeit unter dem Aspekt der Unternehmenskultur.

Die **Feedback-Aufgaben** derartiger Stellen beziehen sich auf: Markt-, Kunden- und Mitbewerberanalysen, Durchführung von Fragebogen-Aktionen bezüglich des Unternehmens-Images in der Öffentlichkeit, Auswertungen von Berichterstattungen über das Unternehmen, Durchführung von Interviews mit ausgewählten Zielgruppen (z. B. bezüglich der Beurteilung des Unternehmens bei Bewerbern).
Die Einführung kann als Phasenschema gemäß Abbildung 72 verdeutlicht werden:

Einführungsphase	Aktionen und Aufgaben	Mittel	Themenbereich
Definition des Unternehmens-Leitbildes	Formulierung der Grundsätze, Abstimmung mit der Vertretung der Arbeitnehmer	Ergänzung der Arbeitsordnung, Kommunikation an alle Mitarbeiter	Unternehmens-philosophie
Bestimmung der strategischen Aktionsfelder	Auswahl der Zielgruppen und der Produkte	Normen und Standards, Firmenlogo und Pilot-veranstaltungen	Corporate Identity
Ausweitung nach außen: Institutionen und Geschäftspartner	Mitgliedschaften in Verbänden und Vereinen, Schulung und Training der Mitarbeiter	Organisatorische Struktur definieren, Programme für die Realisierung und Kontrolle	Corporate Affairs
Informations-politik	Gestaltung der Produkte und der Beschreibungen, Mitarbeiter-Gespräche, Kommunikation	Medien, Messen, Seminare, Darstellung der Programme, „Sozial-Bilanz"	Image-Entwicklung und -Pflege
Wirkungsanalyse und Feedback	Beobachtung der Aktionen, Vergleich mit Ist und Plan, Auswertungen	Datenerhebungen, Interviews, Umfragen, Auswertung von Meinungen	Anpassung und Weiterentwicklung

Abb. 72   Schema der Einführungsaktivitäten der Unternehmenskultur

11.2.4 Zusammenfassung

Die Unternehmenskultur umfaßt alle Maßnahmen und Entscheidungen, die darauf abzielen, das Unternehmen und analoge Organisationen zu einem integralen Bestandteil der Gesellschaft zu machen.

Dieser gesellschaftliche Bezug unternehmerischen Handelns findet seine Realisierung in mehreren Bereichen:
- Übernahme gesellschaftlicher Verantwortung im Innen- und Außenverhältnis des Unternehmens.

- Gezielte Aktionen zur Förderung gesellschaftlich relevanter Aufgaben.
- Anpassung und Weiterentwicklung der Produkte und Leistungen des Unternehmens an gesellschaftliche Wertvorstellungen und Normen.

Die Unternehmenskultur wirkt von „innen nach außen" und wird „von oben nach unten" realisiert. Träger der Unternehmenskultur sind die Führungskräfte des Unternehmens, die durch die Berücksichtigung der Leitideen die Mitarbeiter zu verantwortungsvollem Handeln motivieren.

Unternehmenskultur ist ein dynamischer Prozeß, der verlangt, daß die Leitideen des Unternehmens an sich ändernde gesellschaftliche Aufgaben und Wertbilder angepaßt werden.

Dieser Entwicklungs- und Anpassungsprozeß kennt folgende Bestandteile:

- Unternehmensphilosophie als Grundsätze und Leitideen.
- Corporate Identity als die Möglichkeit einer Akzeptanz und Identifikationsmöglichkeit mit dem Unternehmen.
- Corporate Affairs als die Umsetzung der Aktionen des Unternehmens in gesellschaftlichen und wirtschaftlichen Interessenvertretungen.
- Imagepflege und –entwicklung durch eine Informationspolitik und
- ständige Anpassung an neue Werte und Normen.

Unternehmenskultur wirkt integrativ, indem sie alle Geschäftspartner, die Produktkultur und die Mitarbeiter in ihre Programme miteinbezieht. Dadurch entsteht ein gutes Betriebsklima, eine hohe Identifikation mit Innovationspotentialen und eine generelle gesellschaftliche Akzeptanz des Unternehmens.

12. Kapitel:
Management des Wandels: Change Management

12.1 Einflußfaktoren der Dynamik wirtschaftlicher Bedingungen

Die Dynamik allgemeinwirtschaftlicher und damit unmittelbar auch unternehmerischer Entwicklungen ist nicht nur auf die vielzitierte Verkürzung der Innovations- und Produktionszyklen zurückzuführen. Vielmehr stellen diese die Resultierende einer grundsätzlichen Neuorientierung unternehmerischen Verhaltens und volkswirtschaftlicher Zielsysteme dar, die zu neuen Formen des Managements und der Unternehmensorganisation führen. Der Entwicklungsprozeß ist noch nicht abgeschlossen, bei nahezu jedem Unternehmen – selbst bei den allgemein eher träge reagierenden kommunalen, staatlichen bzw. halbstaatlichen Institutionen – kann beobachtet werden, daß mit der Zielsetzung einer Restrukturierung dramatische Veränderungen in allen Bereichen des Unternehmens stattfinden, die nicht ohne Rückwirkung bleiben auf die Arbeitsstrukturen und die damit auch die gesellschaftliche Entwicklung facettenartig beeinflussen. Unter dem Begriff **Change Management** werden alle jene Parameter subsumiert, die zu dynamischen Veränderungen führen, ohne daß damit jedoch die Problematik einer spezifischen Führungskultur in dynamischen Systemen einer Klärung zugeführt wird. Nur darin sind sich Wissenschaftler und Praktiker gleichermaßen einig: Die Vielzahl der Veränderungen und damit zugleich das Ende wohlstrukturierter Systeme sind mit den tradierten Methoden hierarchisch geprägter Führungsprinzipien nicht mehr zu bewältigen und bezüglich ihrer Akzeptanz gesellschaftlich auch nicht mehr durchsetzbar. Das sog. **postbürokratische Unternehmen** erfordert eine neue Unternehmenskultur, auch wenn nur vage Vorstellungen bezüglich Führungsstil und Organisation vorliegen.

Als wesentliche Veränderungsparameter seien aufgeführt:

- **Restrukturierung der Geschäftsprozesse:** Nicht nur unter dem Zwang zur produktivitätssteigernden (und damit kostensparenden) Produktion, sondern auch unter der Zielsetzung einer möglichst flexiblen Anpassung an die veränderten Nachfragestrukturen werden die tradierten Ablaufstrukturen zu Gunsten einer hohen Integration neu gestaltet. Daraus ergeben sich spezifische Anforderungen sowohl an die Qualifikation der Mitarbeiter als auch an die Führungsleistung: Das Einliniensystem der „klassischen" Aufbauorganisation wird durch Mehrliniensysteme unterschiedlicher Ausprägungen ersetzt.

- **Projektmanagement:** Die Dynamik der Innovationszyklen erfordert hohe Reaktionsgeschwindigkeiten für die Umsetzung und kundengerechte Gestaltung neuer Produkte und Dienstleistungen. Daraus resultieren eine Vielzahl projektorientierter Arbeitsweisen, die sehr oft zusätzlich zu den operativen und routinemäßig bearbeiteten Geschäftsvorfällen realisiert werden müssen. Die Folge sind neue Arbeitstechniken, zusätzlich Arbeitsbelastungen und Qualifizierungsmaßnahmen für die damit beauftragten Mitarbeiter. Gleichzeitig unterliegt das Managementsystem einer Veränderung: Hohe Koordinationsleistungen werden erforderlich, um Projekte trotz ihrer Mehrfunktionalität erfolgsorientiert realisieren zu können.

- **Kommunikationssysteme:** Der wohl am nachhaltigsten wirkende Einflußfaktor auf die Unternehmensorganisation ist die Entwicklung der neuen Kommunikationstechnologien. Nicht nur die internen Kommunikationsformen unterliegen eine Veränderung („By pass Communication" anstelle der klassischen Berichtswege), auch die externen Kommunikationsbeziehungen (Intra- bzw. Extranet-Systeme) bedeuten neue Operationsmodi im Verhältnis zu Dienstleistern, Kunden, Lieferanten und Geschäftspartnern. Der Übergang zu virtuellen Strukturen (s. w. u.) wird neue Anforderungen an das Management stellen, aber auch an die Arbeitsformen, die durch Group Ware unterstützt werden und teilweise zu globalen Arbeitsteilungen führen (z. B. simultaneous engineering).

- **Tele-Arbeit:** Als Folge der totalen Vernetzung sowohl im privaten als auch im geschäftlichen Bereich sind neue Formen der Bürotätigkeit möglich: Die Tele-Arbeit schafft neue Formen der Arbeitsorganisation und Koordination, aber auch neue Problembereiche bezüglich der sozialen Interaktionsmöglichkeiten, die das klassische Unternehmen durch seine informellen Kommunikationsstrukturen noch bot.

- **Globalisierung:** Die Orientierung des Unternehmens auf globalen Märkten und Bezugsquellen („Global Sourcing") verändert nicht nur die Arbeitsstrukturen und die vertragsrechtlichen Beziehungen zwischen den Geschäftspartnern, sondern auch die Transferleistungen und Wertschöpfungsprozesse (z. B. durch die Reduzierung der Fertigungstiefe durch das sog. System- oder Modular-Sourcing). Globale Geschäftsoperationen wirken in alle Bereiche der Unternehmensorganisation, z. B. Beschaffungswesen, Marketing, Verkauf (E-Commerce), Forschung und Entwicklung, Produktion und der gesamte Bereich der Dienstleistungen (Finanzen, Versicherungen).

- **Flexibilisierung:** Die Restrukturierungsmaßnahmen beeinflussen unmittelbar die traditionellen Arbeitszeitregelungen. Anstelle der zeitgebundenen Leistung tritt jene der erfolgsorientierten, die nicht immer identisch sein kann mit fest vereinbarten und tariflich abgesicherten Zeiteinheiten. Die Flexibilisierung der Arbeitszeiten mit ihrer Auswirkung auf die Lohn- und Gehaltsstrukturen wird zukünftig das Verhältnis zwischen Arbeitnehmer- und Arbeitgebervertretung noch intensiv beschäftigen (man vergleiche die Auseinandersetzungen bezüglich der Gültigkeit des Flächentarifvertrages).

- **Strategische Allianzen und Kooperationen:** Die Globalisierung induziert auch neue Formen temporärer und/oder partieller Kooperationen und Interessenverbindungen. Unterschiedliche Joint Venture Modelle verdeutlichen, daß das Unternehmen aufgrund der Komplexität bestimmter Geschäftsfelder und Geschäftsbeziehungen gezwungen wird, zur Wahrnehmung von Chancen sich mit anderen Unternehmen zusammenzuschließen. Hieraus entwickeln sich neue rechtliche Beziehungen ebenso wie neuartige Koordinationsleistungen durch das Management.

- **Outsourcing:** Die Zielsetzung eines „schlanken Unternehmens" führt zwangsläufig zu einer extremen Konzentration der unternehmerischen Erfolgspotentiale auf die Kernfunktionen. Alle Sekundär- oder Unterstützungsfunktionen werden „ausgelagert", d. h. auf externe Dienstleister übertragen. Besonders auffällig ist dieser Vorgang im Bereich des Facility Managements zu beobachten, aber auch andere Dienstleistungsfunktionen – z. B. EDV-Bereich, Poststelle, Reparaturdienstleistungen, Ersatzteilläger, Einkaufsfunktionen – unterliegen einer zunehmenden Ausgründung oder Reorganisation. Hier vollzieht sich zugleich der Übergang von der reinen Produktionswirtschaftlichkeit zur Dienstleistungsgesellschaft mit allen Folgen für die Koordinations- und Qualitätsanforderungen an die Steuerung derartiger Prozesse.

Die verschiedenen Einflußfaktoren sind nicht isolierbar zu betrachten: Sie stehen vielmehr in einer intensiven gegenseitigen Wechselwirkung und erhöhen somit das Komplexitätspotential des Unternehmens. Das Zusammenspiel der einzelnen Einflußfaktoren ist schematisch in Abbildung 73 dargestellt:

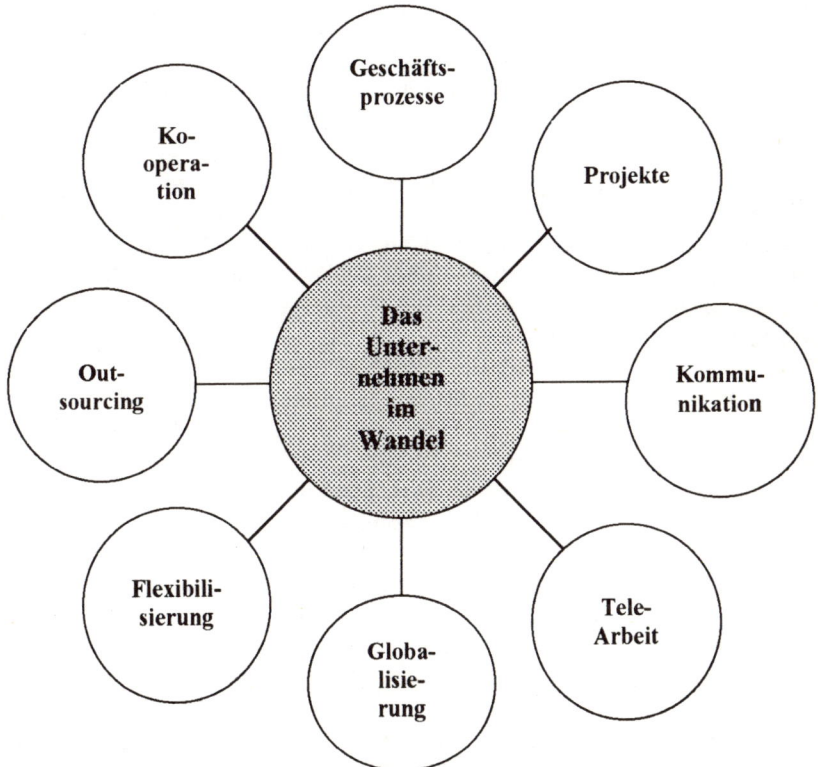

Abb. 73 Einflußfaktoren auf die Dynamik der unternehmerischen Entscheidungen

12.2 Ressource-Management

Durch die Dynamik der Veränderungspotentiale wird das „Management der Ressourcen" für die Unternehmensleitungen zur primären Zielorientierung. „Enterprise Ressource Management" (ERM) ist mehr als ein Schlagwort: Dahinter verbergen sich mehr oder weniger ausgewogene Methoden für die Steuerung und erfolgsorientierte Einsatzplanung der Ressourcen des Unternehmens. Die klassische Unternehmensführung war weitgehend geprägt vom sparsamen Umgang mit den Ressourcen (Kostendenken) und daher von einer Vielzahl introvertierter Strategien geprägt, während die moderne Unternehmensführung durch extrovertierte Strategien (Globalisierung) gekennzeichnet werden kann mit allen Folgen für die Verteilung und die Steuerung der Ressourcen. Als besonders bedeutsame und daher auch oftmals als kritisch bezeichnete Ressourcen gelten:

- **Die Wissenspotentiale** innerhalb und außerhalb des Unternehmens:
Jedes Unternehmen verfügt über hohe Wissenspotentiale, die durch die bestehenden tradierten Muster der Ablauforganisation trotz der (zumeist bürokratisch organisierten) Verbesserungs- und Vorschlagsprogramme nicht geweckt bzw. nicht oder nur unzureichend genutzt werden (sog. Innate Knowledge). Unter dem Begriff „Knowledge Management" wird nunmehr versucht, Methoden und Verfahren zu entwickeln, um alle relevanten Wissenspotentiale durch die Einbindung aller Mitarbeiter, Kunden und Lieferanten zu sammeln, zu bewerten und bezüglich ihrer Umsetzung für die Kernfunktionen des Unternehmens zu prüfen. Durch die Entwicklung von sog. **Wissensdatenbanken** mit besonderen Auswertungsfunktionen sollen problemspezifische Lösungs- und Verbesserungmöglichkeiten erkannt werden.[67] Bekannt geworden ist in diesem Zusammenhang das „Chrysler Score Program", das aufbauend auf einem modifizierten Software-Paket (Lotus Domino) alle Mitarbeiter und die Lieferanten über ein Netzwerk mit sog. Score-Beauftragten verbindet, die deren Vorschläge für kostenmindernde Produktion, Beschaffung und Marketing prüfen und an jene Stellen delegieren, die für die Umsetzung verantwortlich sind.

- **Die Finanzierungs- und Investitionspotentiale** innerhalb und außerhalb des Unternehmens: Die technologischen Veränderungen der Produktions- und Kommunikationsstrukturen mit einer gleichzeitig einhergehenden Verkürzung der Innovationszyklen erfordert hohe Investitionsleistungen und damit Finanzierungsvolumina. Der Einfluß internationaler Banken und Finanzierungskonsortien verstärkt sich und selbst kleinere und mittlere Unternehmen sind gezwungen, durch die Umwandlung in Aktiengesellschaften die erforderlichen Kapitalreserven zu sichern. Die Investitionsnotwendigkeiten verändern auch die Gewinnausschüttungsstrategien; statt hoher Ausschüttungen (Dividendenleistungen) sind Rücklagen- und Reservenbildungen erforderlich.

- **Mitarbeiter-Potentiale:** Das tradierte Muster, demzufolge der erlernte Beruf bzw. die angeeignete Ausbildung eine lebenslange Beschäftigungsgarantie bedeutete, hat heute keine Gültigkeit mehr. Die Veränderungen in nahezu allen Lebensbereichen, insbesondere jedoch im beruflichen Umfeld, zwingt den Einzelnen zur ständigen Weiterentwicklung seiner persönlichen und beruflichen Fähigkeiten („Long life learning cycle"). Für die Unternehmen erwachsen daraus umfangreiche Qualifizierungsmaßnahmen („Human Resource Development"), die als Investitionen in das Mitarbeiter-Potential zu bewerten sind. Mitarbeiter und deren Fähigkeiten sind oftmals zu kritischen Erfolgsfaktoren geworden, weil zu spät erkannt wurde, daß es sich dabei um einen mittel- bis langfristigen Investitionsprozeß handelt. Die Verknappung an qualitativ hochwertigen Mitarbeitern, die in einzelnen Berufszweigen beobachtet werden kann (man vgl. die Situation auf dem Arbeitsmarkt der Informatiker), zwingt zu immer intensiveren Personalentwicklungsprogrammen der Unternehmen mit dem Ziel, möglichst kurzfristig die erforderlichen Qualifikationen zu entwickeln.

- **Forschung und Entwicklung:** Forschung und Entwicklung werden zu zentralen Erfolgsfaktoren des Unternehmens: Neue oder neuartige Produkte mit allen ihren Komponenten (Funktionalität, Mode, Design, Modernität) bestimmen weitgehend die Akzeptanz durch die Kunden. Entsprechend hoch sind die F & E-Ausgaben der Unternehmen, die neben der Eigenforschung auch zusätzliche Strategien durch Joint Ventures und Nischenbeteiligungen verfolgen.

- **Kundenorientierung:** Der Übergang zur Dienstleistungsgesellschaft rückt den Kunden auf alten und neuen Märkten in den Vordergrund. Neue Vertriebswege und –methoden (z. B. Electronic Commerce) und neue Formen der Kundenbindung, aber auch die Diversifizierung des Produktangebots (vgl. die Versicherungsangebote der Banken) bestimmen die Marktstrategien.

Wissen, Kapital, Mitarbeiter, Patente und Lizenzen sowie die Kunden sind die kritischen Ressourcen des Unternehmens. Aufgabe eines erfolgsorientiert operierenden Managements ist es daher, zwischen den sich gegenseitig beeinflussenden Erfolgsfaktoren ein Optimum innerhalb der jeweiligen Planperioden zu entwickeln. Dabei spielt die Konzentration auf die Kernfunktionen und der Kerngeschäft eine entscheidende Rolle: Nicht die **Kostenoptimierung** ist der entscheidende strategische Ansatz, sondern die **Erfolgsorientierung**. Der methodische Ansatz des Ressource-Managements ist noch nicht eindeutig geklärt, doch ist davon auszugehen, daß in absehbarer Zukunft ein Repertoire von Handlungsmaximen für die Optimierung der Ressourcen in dynamischen Systemen zur Verfügung stehen wird.

13. Kapitel:
Management und virtuelles Unternehmen

13.1 Kriterien und Konzeptionen

Die Ansätze der Organisations- und Managementlehre betrachten und analysieren das Unternehmen aufgrund seiner realen, aus der **Innensicht** resultierenden Funktionsweisen. Die Aufbau- und Ablauforganisation sind aus dieser inkrementalen Sicht eindeutig spezifizierbar, ebenso die materiellen und informationellen Leistungs- und Transferprozesse.

Unternehmen präsentieren sich jedoch für die **Außenwelt** – z. B. aus der Sicht der Kunden, Lieferanten, Dienstleister – zunächst als eine **Black Box,** deren Funktionsweisen den Außenstehenden weitgehend verschleiert und oftmals rational nicht nachvollziehbar erscheinen: Das Unternehmen ist für den Außenstehenden real nicht faßbar und verständlich und erscheint ihm als eine Entität mit unbekannter Systemfunktion, d. h. als eine **virtuelle Einheit.** Die Konzeption des virtuellen Unternehmens bzw. der virtuellen Organisation ist daher eindeutig auf die **Kundensicht** abgestellt. Daraus resultieren spezifische Kennzeichen:

- Eine virtuelle Organisation ist eindeutig kundenorientiert: Alle Geschäftsprozesse sind auf den Kunden und den Markt ausgerichtet.
- Eine virtuelle Organisation verfolgt eine von allen Beteiligten akzeptierte Zielhierarchie. Diese Ziele sind zugleich verpflichtende Maßstäbe für das Handeln der internen und externen Organisationsmitglieder.
- Eine virtuelle Organisation besitzt die Fähigkeit, Marktchancen ohne langwierigen administrativen Prozeß wahrzunehmen.
- Eine virtuelle Organisation ist durch kurze Informationswege und schnelle Entscheidungsprozesse gekennzeichnet.
- Eine virtuelle Organisation hat ihren Kernfunktionen die Kernkompetenzen der Mitarbeiter zugeordnet: Kernfunktion und Kernkompetenz sind kongruent.
- Eine virtuelle Organisation ist eine Vertrauensgemeinschaft: Kontrollmechanismen werden gemeinsam geregelt, Risikoanalysen in Gruppen durchgeführt und von diesen gesteuert.
- Eine virtuelle Organisation hat einen offenen Managementstil: Die Arbeit in wechselnden Teams ersetzt die tradierte Formel von der „Einheitlichkeit von Befehl und Auftrag".

Diese Kennzeichen führten schon sehr frühzeitig zu besonderen Organisationsformen, die durch die neuen Kommunikationstechnologien nunmehr perfektioniert wurden. Den Ursprung sog. **vernetzter Strukturen** begegnet uns in Japan:

- **Keiretsu:** Die in Japan bedeutendste Variante des strategischen Netzwerks, die Keiretsu, hat als historischen Vorläufer die Zaibatsu, d. s. straff organisierte,

hierarchische Netzwerke, an deren Spitze eine Holding unter der Führung einer Familie stand. Das Keiretsu wird üblicherweise ergänzt durch die Shacho Kais, die Präsidentenclubs. Das Keiretsu besteht grundsätzlich aus dem Unternehmen, einer Großbank und einem Handelshaus. Um diesen Kern lagert sich ein vielfältiges Netz von Subcontractors (z. B. Teilelieferanten), die ohne jeden Einfluß sind. Heute kennen wir:
- Industrielle Keiretsus, z. B. Toyota,
- Traditionelle (Zaibatsu), z. B. Mitsubishi und
- Mischformen, die um eine Großbank gegliedert sind, z. B. Fuji.

Die Zielsetzungen derartiger Netzwerke bestehen in: Technologie- und Personaltransfers, gemeinsamer Planung und Durchführung von Investitionen und in der Zentralisierung des Vertriebs durch die Funktionen des Handelshauses.

• **Hollow Organization:** Diese Organisationen transferieren wesentliche Bestandteile ihres ursprünglichen Unternehmens an fremde (vertraglich gebundene) Firmen, meist in Niedriglohn-Länder. Betroffen sind Fertigungsprozesse, Ersatzteilverwaltungen, Lagerhaltung und Kundendienst. Das Unternehmen selbst steuert entsprechend der Auftragslage die angegliederten Unternehmen und übernimmt das Marketing, den Vertrieb, das Design und die Forschung und Entwicklung. Beispiele für Hollow Organizationen sind: NIKE (mit nur noch 3 % eigenen Fertigungsmitarbeitern; die Entwicklung erfolgt in den USA, die Fertigung in asiatischen Ländern), Esprit (Kleidung), Ocean Pacific Sunwear, Schwinn Bicycle Co.

Das Hollow Unternehmen ist quasi ein „Schaltbrett", das nachgelagerte (für den Kunden versteckte) Unternehmen über ein Netzwerk steuert und sich konsequent auf seine Kernfunktionen konzentriert.

• **Franchising:** Beim Franchising wird eine Kooperation zwischen einem Franchise-Geber und einer Vielzahl von Franchise-Nehmern hergestellt. Bekannte Anwendungen sind die Entwicklung von Marken, Stil, Identity durch den Franchise-Geber, der auch die weltweite Werbung übernimmt. Der Franchise-Nehmer ist vertraglich an den Stil, die Qualität und die Identität gebunden, jedoch vollkommen frei im Verkauf. Er zahlt dafür eine sog. Franchise-Rente. Beispiel: McDonalds.

• **Outsourcing:** Beim Outsourcing werden bestimmte Sekundärfunktionen des Unternehmens (z. B. Facility Management) auf einen externen Dienstleister übertragen; das Unternehmen selbst konzentriert sich auf sein Kerngeschäft. Da es sich hierbei um gesetzlich geregelte Verträge handelt, ist diese Form, allerdings nur peripher, zum Thema virtuelles Unternehmen zu betrachten.

Allen genannten Konzeptionen ist als grundlegendes Merkmal eine technische und vertraglich geregelte Netzwerkstruktur eigen. Das Zusammenspiel erfolgt auf der Basis des gegenseitigen geschäftlichen Vertrauens (Vertrauensgemeinschaft).

13.2 Strukturmerkmale

Für die Abgrenzung und Analyse des virtuellen Unternehmens sind vier Struktur-merkmale von Bedeutung:

1.   **Netzwerk:** Das Netzwerk ist bezüglich seiner physikalischen Ausprägung nicht notwendigerweise spezifiziert. Es kann ein informelles Netz der Absprachen und Vereinbarungen sein (wie z. B. beim Keiretsu), es kann sich um vertragliche Regelungen handeln (wie z. B. beim Franchising), es kann sich aber auch um elektronische Netze (Internet, Extranet) handeln oder um interne Netze der Office Management Systeme (Intranet). Von Bedeutung für die **Netzleistung** ist jeweils nur ein Parameter: Know-how und Entscheidungskompetenz müssen sofort von beliebigen Orten auf einen Punkt – dort, wo der Geschäftsprozeß bearbeitet wird – konzentriert werden. Schnelligkeit und Konzentration von Wissen und Entschei-dungskompetenz bestimmen die Art des zu wählenden Netzes.

2.   **Integrator:** Der Integrator übernimmt die Funktion der Koordination (sach-lich, inhaltlich, zeitlich, personell) und der Entscheidung für die Realisierung der Geschäftsprozesse. Er trägt damit auch die volle Verantwortung und das Risiko. Als Integrator steuert er alle Ressourcen, die für die zielorientierte Erledigung des jeweiligen Geschäftsprozesses erforderlich sind. Er bedient sich des Mediums „Netz" mit allen seinen technischen Ausprägungen (Dokumentenaustausch, Nach-richtentransfer, Video-Aufzeichnungen, Video-Konferenz, Telefonkonferenz, Bildverarbeitung). Der Integrator kann sich bei komplexen Geschäftsprozessen sog. **Agenten** bedienen, d. h. spezielle Aufgaben werden von ihm an Spezialisten delegiert. In einem übertragenen Sinne kann man von einem **virtuellen Projekt-manager** sprechen, der alle für die zielorientierte Erledigung erforderlichen Maß-nahmen koordiniert und kontrolliert.

3.   **Team:** Das Team stellt den Wissens- und Realisations-Pool dar, der durch den Integrator auf den Geschäftsprozeß fokussiert wird. Das Team ist keine feste Einheit etwa nach dem bekannten System der Gruppenarbeit, sondern eine ad hoc koordinierte Arbeitsgemeinschaft, die für die Realisierung der Geschäftsprozesse ihr Wissen und Aktionspotential zur Verfügung stellt. Das Team ist eine wech-selnde Arbeitseinheit, d. h. es gibt keine festen Zuordnungen und „Zuständigkei-ten", wie wir sie aus der konventionellen Organisation kennen. Dies stellt eine erhebliche Anforderung an die Organisationsleistung dar: Intensive Kommunika-tionsbeziehungen, eine hohes Maß an Koordination und eine überdurchschnittli-che Arbeitsbereitschaft sind deren Kennzeichen. Als **Kompetenzzentren** sind sie eindeutig serviceorientiert.

4.   **Client:** Der Client ist im doppelten Sinne zu definieren: Zum einen sind alle Unterstützungs-Zentren, die an der Verwirklichung der Geschäftsziele mitarbei-ten, als Clienten zu bezeichnen. Bei der Hollow Organization sind dies die „aus-gelagerten" Fabrikationsstätten, die von der Zentrale bezüglich ihrer Produktions-programme und Investitionen gesteuert werden. Zum anderen sind es im **Innen-**

verhältnis jene Bereiche, Stellen, Instanzen und Abteilungen, die durch den Integrator aktiviert werden. Sie nehmen damit den Charakter eines Agenten an, allerdings nicht personalisiert, sondern als Leistungszentrum mit u. U. eigener Organisation. Im Außenverhältnis nennen wir die Clienten auch **Partner.**

Netzwerk, Integrator, Agenten, Teams und Clienten sind die Bausteine eines virtuellen Unternehmens.

13.3 Virtuelle Unternehmensstrukturen

13.3.1 Organisationsformen im Außenverhältnis

Das virtuelle Unternehmen kennt prinzipiell zwei Formen bezüglich seiner Außenwirkung: Die für Partnernetzwerke und strategische Allianzen konzipierte **virtuelle Organisation** und die auf spezielle Geschäftsprozesse konzentrierte, partielle virtuelle Prozeßorganisation.

1. **Partnernetzwerke:** Diese Form hat eine starke Affinität zur Hollow Organization: Ein oder mehrere Integratoren steuern die Kundenprozesse über weitgefächerte, u. U. global verteilte Partner, um alle erforderlichen Ressourcen zu aktivieren. Ein einfaches Beispiel ist das Übersetzungsbüro: Der Integrator verfügt weltweit über Partner mit den speziellen Kenntnissen der erforderlichen Sprachen. Sobald ein Auftrag (Kundenprozeß) zu realisieren ist, steuert er über ein Netzwerk den Auftrag genau an die Stelle, wo die entsprechende Kompetenz verfügbar ist. Der Integrator ist die einzige Verbindungsstelle mit dem Kunden: Er wickelt alle Geschäftsprozesse (z. B. Auftragsbestätigung, Korrekturen, Rechnungsstellung) durch die Aktivierung seiner Partner mit dem Kunden ab. In Abbildung 74 ist schematisch dargestellt, welche Kontakt- und Kommunikationspartner in einer solchen Organisation aktiv sein können:

*   Partner i. e. S.: Das können Personaldienstleister sein (für die temporäre Bereitstellung spezieller Qualifikationen), Finanzierungs- und Versicherungsdienstleistungen, Berater.

*   Allianzen: Realprozesse der Fertigung, des Kundendienstes oder sog. Generalunternehmerschaften für komplexe Projekte (z. B. international operierende Projektkonsortien).

*   Markt- und Kundenprozesse zur Erschließung von Verkaufspotentialen (Global Sourcing).

Das Zusammenspiel zwischen Partnern, Allianzen und Kundenprozessen wird durch relativ grob gefächerte Vertragswerke geregelt, wobei primär das gegenseitige Vertrauen im Sinne geschäftlicher Absprachen dominiert.

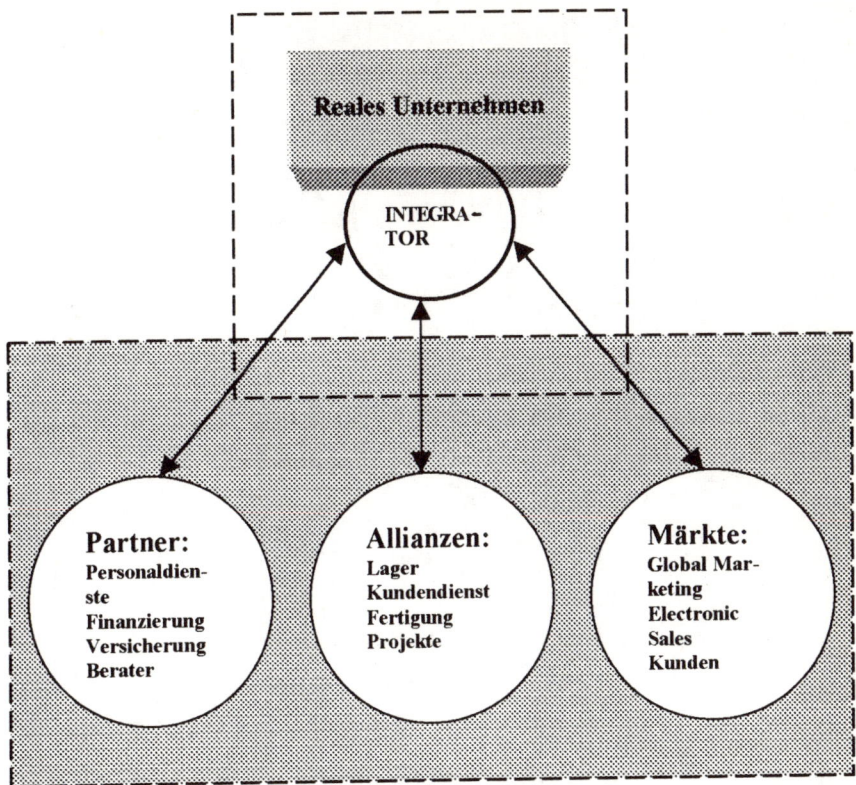

Abb. 74 Partnernetzwerke und Allianzen im virtuellen Unternehmen

2. **Virtuelle Prozeßorganisation:** Bei dieser Form werden einzelne sensitive Geschäftsprozesse virtuell organisiert. Insofern besteht eine Affinität zum Outsourcing, allerdings mit dem Unterschied, daß i. d. R. keine langfristige, gesetzlich abgesicherte Vertragsbeziehungen abgeschlossen werden. Das Zusammenspiel funktioniert weitgehend über Absprachen im Rahmen der Vertrauensgemeinschaft. In Abbildung 75 möge als Beispiel der Kundenprozeß „Ersatzteilbeschaffung für Kunden" dargestellt sein: Der Integrator verfügt über mehrere Partner, die in der Lage sind, bestimmte Ersatzteile zu liefern bzw. zu fertigen. Er steuert die Kundenanforderungen an diese Partner, die nunmehr die Ersatzteillieferung realisieren. Daneben ist es durchaus denkbar, daß die Partner ihrerseits wiederum über eine Partnerschaft für die Finanzierung, Rechnungsstellung und Lieferung (z. B. Speditionsunternehmen) verfügen. Das reale Unternehmen konzentriert sich auf das Marketing und den Verkauf, Ersatzdienstleistungen und Reparaturen steuert es über ein Netz von Partnerschaften.

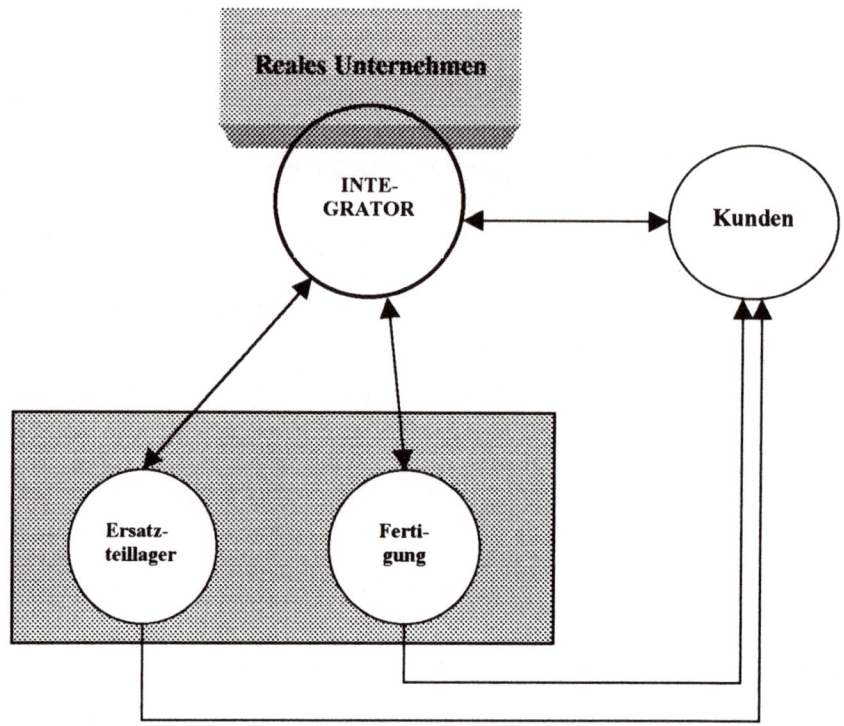

Abb. 75   Virtuelle Bearbeitung eines Geschäftsprozesses

13.3.2 Organisationsformen im Innenverhältnis

1.   **Call-Center-Organisation:** Im Innenverhältnis werden die Potentiale und Ressourcen des Unternehmens auf die Kundenprozesse konzentriert: Das Unternehmen schafft sich einen Pool hochqualifizierter, spezialisierter Mitarbeiter, die ad hoc – je nach Auftragslage und Kundenanforderungen – für die Realisierung der Geschäftsprozesse eingesetzt werden. Es entstehen wechselnde Teams (Kompetenzzentren), die von internen Agenten (die die Funktionen eines Projektmanagers übernehmen) gesteuert werden. Das Call Center übernimmt dabei die Funktion des Integrators: Es verfügt über die Adressen der Agenten und kann diese durch vielfältige Netzwerkverbindungen jederzeit und an jedem Ort aktivieren. Die Agenten ihrerseits zentralisieren die erforderlichen Kompetenzen aus dem verfügbaren Pool der qualifizierten Mitarbeiter, um den Kundenprozeß zu realisieren. In Abbildung 76 ist dieser Vorgang der wechselnden Teams, die von Agenten (Projektmanagern) für Kundenprozesse aktiviert werden, schematisch dargestellt. Es wird deutlich, daß die organisatorischen Strukturen durch die Kundenprozesse variabel gestaltet werden.

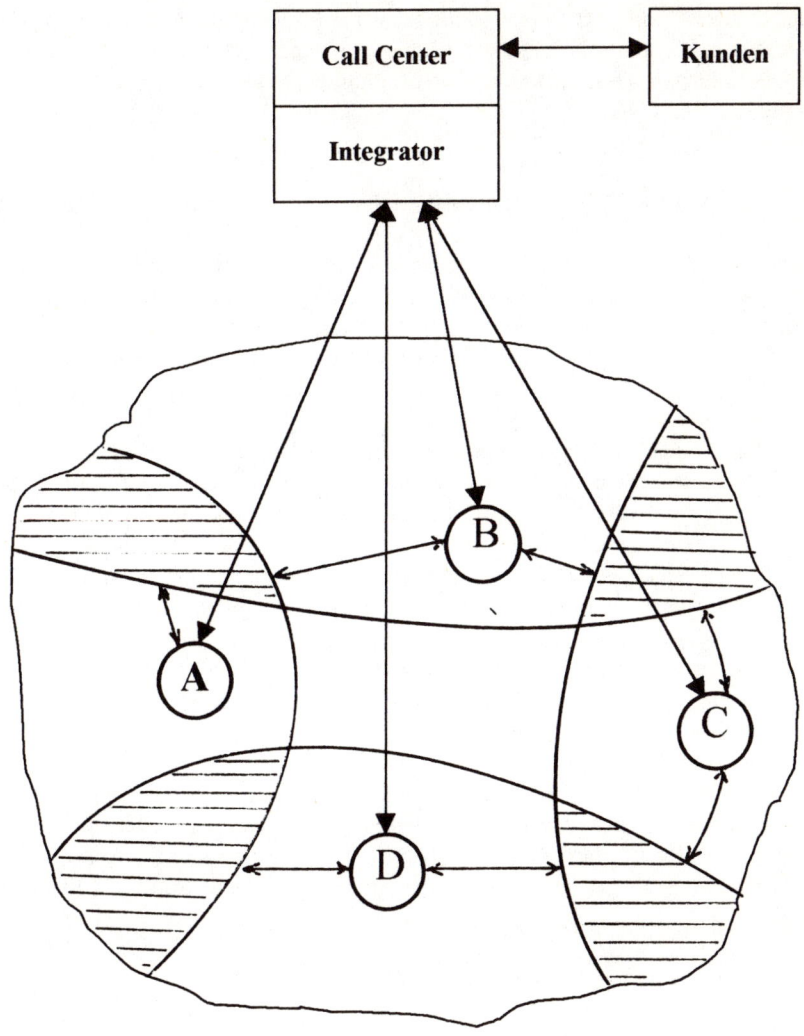

Abb. 76 Call-Center-Organisation im virtuellen Unternehmen
Es bedeuten: A – D: Agenten, schraffierte Flächen die schematische Darstellung
von Kompetenzzentren mit wechselnder Zusammensetzung und Aktionsorientie-
rung auf den Agenten. Die umfassende Linie stellt das gesamte virtuelle Unternehmen dar.

2.   **Virtuelle Projektleitung:** Der Projektleiter agiert bei dieser Form als Inte-
grator, der projektspezifische Aufgaben über ein Netzwerk an die Know-how-
Träger delegiert und die Erledigung kontrolliert. Die Experten seines „virtuellen"
Teams müssen nicht real zur Verfügung stehen, sondern können zeitlich und lokal

differenziert sein. Als Beispiele für derartige Projektrealisierungen mögen gelten: Markterschließungsaktivitäten in lokal entfernten Märkten, Werbekampagnen, Produktdesign, Transport- und Distributionslogistik. Eine Sonderform stellt das Simultaneous Engineering dar.

13.4 Chancen und Risiken des virtuellen Unternehmens

Virtuelle Unternehmen sind nicht ohne Konfliktpotentiale und Risiken. Demgegenüber stehen eine ganze Reihe von Chancen, so daß jedes Unternehmen entsprechend seiner Kundenorientierung gezwungen sein wird, eine individuelle Pro- und Con-Bilanz zu erstellen. Als **Konflikt- bzw. Risikopotentiale** seien aufgeführt[68]:

- Die Anzahl der Beteiligten: Je umfangreicher die Akteure einer virtuellen Vertrauensgemeinschaft sind, desto schwieriger werden die Steuerungsprozesse, desto größer aber auch zugleich die möglichen Konflikte und Risiken.
- Die Ebene der Zusammenarbeit: Hierbei geht es um die jeweilige Tiefe der vertraglichen Absprachen: Je loser die Absprachen, z. B. mündliche oder elektronisch übermittelte Vereinbarungen, desto höher das Risikopotential.
- Offenheit des Systems für neue Partner: Je leichter der Zugang für neue Partner, desto schwieriger gestaltet sich die Kontrolle der Vertrauensbasis.
- Machtverteilung zwischen den Partnern: Hierbei geht es um den Grad der Abhängigkeit von Partnern und Agenten.

Neben diesen grundsätzlichen organisatorischen Risikoquellen treten noch technische Risikofaktoren auf, z. B. die Sicherheit und Vertraulichkeit von Nachrichten, die über weltweite Netze kommuniziert werden. Erhebliche Investitionen in die Sicherheit der Netze (z. B. durch sog. Firewall-Systeme) treten als Investitionen auf.

Als **Chancen** stehen den genannten Risiken gegenüber:

- Ausdehnung der Absatzpotentiale auf globale Märkte.
- Schnelle Reaktion gegenüber jeder Art von Kundenanforderung und damit Sicherung der Kundentreue.
- Wahrnehmung von kurzfristigen Marktchancen.
- Ausweitung des Angebots gegenüber dem Kunden, z. B. durch die Funktion der Generalunternehmerschaft.
- Reduzierung der realen Investitionen, die weitgehend auf die Partner verlagert werden.
- Verlagerung von Risiken (z. B. Transport- oder Logistikrisiken) auf die Agenten bzw. Partner.
- Flexibilisierung der Fertigungs- und Vertriebsaktivitäten entsprechend den Kundenwünschen.

Zusammenfassend kann prognostiziert werden, daß mit der Globalisierung der Übergang zu virtuellen Konzeptionen – ob partiell oder total ist abhängig vom Unternehmenskonzept – erfolgen wird. Bereits heute agieren auf dem Sportartikel- und Modemarkt eine ganze Reihe von Unternehmen in virtuellen Konzeptionen und mit der exponentiell steigenden Anzahl der E-Commerce-Teilnehmer werden derartige Strukturen auch andere Unternehmen erfassen. Die Auswirkungen auf das Management und den „neuen" Führungsstil – der sich auf partnerschaftliche Kommunikationsstrukturen konzentrieren wird – sind noch nicht in aller Konsequenz abschätzbar, ebensowenig die Verhaltensweisen der traditionellen Wirtschaftspartner wie Gewerkschaften, staatliche Regulierungsbehörden und Unternehmerverbände.

Literaturverzeichnis

[1] Sommer, W. und H.-M. Schoenfeld: Management Dictionary. Berlin, New York, 1978.

[2] Drucker, P. F.: Die Praxis des Managements. München, Zürich, 1970, S. 10.

[3] Baumüller, K.: Kommunikation in der Führungsorganisation. München, 1968, S. 1.

[4] Lakaschus, C.: Einstellung europäischer Manager zu Managementaufgaben und Management-Training. MCE, Brüssel, 1970.

[5] Neumann, K. H.: Optimal führen. Konzeption und Methodik neuen Führens in der modernen Leistungsgesellschaft, Heidelberg, 1969.

[6] Oster, D.: Management Development. In: Management Enzyklopädie. Bd. IV, München 1971.

[7] Schoenfeld, H.-M.: Führungsausbildung im betrieblichen Funktionsgefüge. Wiesbaden, 1967.

[8] Maslow, A. H.: Motivation und Personality. New York, 1954.

[9] Witte, E.: Das Informationsverhalten in Entscheidungsprozessen. Tübingen, 1972.

[10] Ferguson, I. R.: MBO in Deutschland. Fallstudien. Frankfurt, New York, 1973.

[11] Wacker, W.H.: Betriebswirtschaftliche Informationstheorie. Opladen, 1971, S. 149.

[12] Levinson, H.: The Exceptional Executive. Cambridge, Mass., 1969.

[13] Wild, J.: Grundlagen der Unternehmungsplanung. Reinbeck b. Hamburg, 1974, S. 44.

[14] Coenenberg, A. G.: Die Kommunikation in der Unternehmung. Wiesbaden, 1966, S. 79.

[15] Maslow, A.H.: a. a. O.

[16] Letsch, B. H.: Motivationsrelevanz von Führungsmodellen. Bern, Stuttgart, 1976, S. 61

[17] Wild, J.: a. a. O., S. 35 ff.

[18] Häusler, J.: Führungskräfte. In: Handwörterbuch der Betriebswirtschaft. Hrsg. v. Grochla, E. u. Wittmann, W., Stuttgart, 1974, S. 1571 – 1595.

[19] Daselbst.

[20] Tannenbaum, R. und W. H. Schmidt: How to Choose a Leadership Pattern. In: Richards, M. D. und W. A. Nielander (Hrsg.): Readings in Management, Cincinnati, Ohio, 1963[2], S. 483.

[21] Likert, R.: The Human Organization, Its Management and Value. New York u. a., 1967, S. 197 ff.

[22] Daselbst.

[23] Blake, R. R. und Mouton, J. S.: Verhaltenspsychologie im Betrieb. Düsseldorf und Wien, 1968.

[24] Höhn, R. und G. Böhme: Führungsbrevier der Wirtschaft. Bad Harzburg, 1969[6], S. 32.

[25] Daselbst, S. 321.

[26] Guserl, R.: Das Harzburger Modell. Idee und Wirklichkeit. Wiesbaden, 1973.

[27] Reber, G.: Vom patriarchalisch-autoritären zum bürokratisch-autoritären Führungsstil. In: Zeitschrift für Betriebswirtschaft, Nr. 40, 1970, S. 633 ff.

[28] Ulrich, H. und W. Krieg: Das St. Gallener Management-Modell. Bern, 1972.

[29] McGregor, D.: The Human Side of Enterprise. New York, 1960.

[30] Argyris, Ch.: Management and Organizational Development. New York 1971.

[31] Likert, R.: Neue Ansätze der Unternehmungsführung. Bern, Stuttgart, 1972.

[32] Vroom, V. H., P. W. Yetton: Leadership and Decision-Making. Pittsburg, 1973.

[33] Reddin, W. J.: Das 3-D-Programm zur Leistungssteigerung des Managements. München 1977.

[34] Vroom, V. H: Führungsentscheidungen in Organisationen. In: DBW Nr. 2, 1981, S. 183 – 193.

[35] Dreyer, H.: Managen mit Blick nach vorn. In: Management Wissen, Nr. 10, 1985, S. 13 – 21.

[36] Gottschall, D.: Warten auf die Wende. In: Management Wissen, Nr. 2, 1985, S. 14 – 27. Auch: Capra, F.: Wendezeit. Bern, München, Wien, 1983.

[37] Lit. 34.

[38] Morris, R. T., M. Seeman: The Problem of Leadership: An Interdisciplinary Approach. In: American Journal of Sociology, Nr. 56, S. 149 – 155.

[39] Lauterburg, Ch.: Vor dem Ende der Hierarchie. Düsseldorf, Wien, 1984[3].

[40] Packard, V.: Die Pyramidenkletterer. München, Zürich, 1966.

[41] Daselbst, S. 155.

[42] Daselbst, S. 154.

[43] Bellinger, B.: Unternehmungskrise und ihre Ursachen. In: Albach, H. et al.: Handelsbetrieb und Marktordnung. Wiesbaden, 1962, S. 49 – 74.

[44] Gabele, E.: Ansatzpunkte für ein betriebswirtschaftliches Krisenmanagement. In: Zeitschrift für Organisation, Nr. 3, 1981, S. 150 – 158.

[45] Daselbst.

[46] Gabele, E.: a. a. O., S. 151.

[47] Krüger, W.: Konfliktsteuerung als Führungsaufgabe. München, 1973.

[48] Daselbst.

[49] Fittkau-Garthe, I.: Vorbeugen statt feuern. In: Management, Nr. 9, 1978.

[50] Müller, T.: Management von Zukunftstechnologien. In: Zeitschrift für Organisation, Nr. 3, 1985, S. 176 – 180.

[51] Robert, E. B., S. A. Berry: Entering New Business: Selection Strategies for Success. In: Sloan Management Review, Spring 1985, S. 3 – 17.

[52] Scheuss, R.: Trends im strategischen Management in den USA. In: Die Unternehmung, Nr. 1, S. 17 – 27.

[53] Drucker, P. F.: Entrepreneurial Strategies. In: California Management Review, Winter 1985, S. 48 – 59.

[54] Festinger, L.: A Theory of Coginitive Dissonance. Evanston, 1957.

[55] Schmidt, R.-B.: Wirtschaftslehre der Unternehmung, Band 2: Zielerreichung. Stuttgart 1973, S. 29.

[56] Wild, J.: a. a. O., S. 123.

[57] Hichert, H., M. Moritz (Hrsg.): Management-Informationssysteme. Berlin, Heidelberg, New York 1992.

[58] Emmerich, Th., E. Walker: A SAS Institutes White Paper, Rapid Warehousing Metho-

dology, 1996.

[59] Schrempp, J.: Lean Management – Ein Paradigmenwechsel. In: Blick durch die Wirtschaft, Jg. 35, Nr. 219, 11. November 1992.

[60] Hornung, V.: Schlüsselrolle für dynamisches Organisationsprofil. In: FIR + IAW-Mitteilungen, Nr. 4, 1993, S. 3 – 4.

[61] Berekoven, L.: Der Dienstleistungsmarkt in der BRD, Bd. 1. Göttingen, 1983, S. 24 ff.

[62] Garvin, D. A.: Product Quality: An Important Strategic Weapon. In: Business Horizons, Vol. 27, No. 3.

[63] Koreimann, D. S.: Projektmanagement im Dienstleistungsbereich von Unternehmungen. In: Steinle, C. et al. (Hrsg.): Projektmanagement, Frankfurt, 1998, S. 49 – 63.

[64] Böhle, L.: Rationalisierungsschutzabkommen. Schriftenreihe der Kommission für wirtschaftlichen und sozialen Wandel, Bd. 18, Göttingen 1974.

[65] Matthöfer, H.: Humanisierung der Arbeit und Produktivität in der Industriegesellschaft. Köln, Frankfurt/M., 1977, S. 182.

[66] Zitiert nach: Volk, H.: Was ist zeitgemäßer Führungsstil? In: Blick durch die Wirtschaft, 15.09.1981. Auch: Mellerowicz, K.: Strukturwandel und Unternehmensführung. Freiburg i. Br., 1975.

[67] Wagner, M.: Wissens-Management als Erfolgsfaktor. In: Computerwoche, Nr. 50, 1998, S. 22 – 24.

[68] Meffert, H.: Die virtuelle Unternehmung: Perspektiven aus der Sicht des Marketing. Arbeitspapier Nr. 108, Wissenschaftliche Gesellschaft für Marketing und Unternehmensführung e. V., 1997, S. 17.

Zusätzliche Literaturhinweise

Anderson, R.: Führungs-Strategien. Stuttgart, 1971.

Arndt, H.: Ökonomische Theorie der Macht. In: Die Konzentration in der Wirtschaft, hrsg. v. H. Arndt, Schriften des Vereins für Socialpolitik, N. F., Bd. 20/I, Berlin, 1971.

Arndt, H.: Markt und Macht. Tübingen, 1973.

Bea, F. X., J. Haas: Strategisches Management. Stuttgart, 1997[2].

Bogaschewsky,. R. Rollberg: Prozeßorientiertes Management. Berlin, 1998.

Brady, R. H.: MBO Goes to Work in the Public Sector. In: Harvard Business Review, Vol. 51, No. 2, S. 65 – 74.

Brockhoff, K.: Wachstumsschwellen und Forschungsschwellen. In: Zeitschrift für Betriebswirtschaft, 1980, S. 475 – 499.

Cribbin, J.: Effective Managerial Leadership. New York, 1972.

Eiffe, F. F.: Management by Objectivs. Gernsbach, 1974.

Finger, J.: Managementaufgabe PPS-Einführung. Heidelberg 1996.

Franke, R., M. P. Zerres: Planungstechniken. Instrumente für zukunftsorientierte Unternehmensführung, Frankfurt/M., 1992.

Gabele, E.: Die Einführung von Geschäftsbereichsorganisationen. Tübingen, 1981.

Höhn, R.: Stellenbeschreibung und Führungsanweisung. Bad Harzburg, 1971.

Hofbauer, W.: Organisationskultur und Unternehmensstrategie. München, Mering, 1991.

Irle, M.: Macht und Entscheidungen in Organisationen. Frankfurt/M., 1971.

Jahn, E.: Kernkompetenzen. In: Handwörterbuch der Produktionswirtschaft, hrsg. v. Kern, W. et al., Stuttgart, 1996, Sp. 883 – 894.

Jung, H.: Personalwirtschaft. München, Wien, 1997[2].

Kirsch, W. (Hrsg.): Unternehmensführung und Organisation. Wiesbaden, 1973.

Koreimann, D. S.: Grundlagen der Softwareentwicklung. München, Wien, 1995[2].

Kühl, S.: Wenn die Affen den Zoo regieren. Die Tücken der flachen Hierarchie. Frankfurt/M., New York, 1995[4].

Likert, R.: Neue Ansätze der Unternehmensführung. Bern, 1972.

Macharzina, K.: Unternehmensführung. Wiesbaden, 1995[2].

Martin, H. P., H. Schumann: Die Globalisierungsfalle. Reinbeck b. Hamburg, 1997[15].

Mertens, P., Griese, J., D. Ehrenberg: Virtuelles Unternehmen und Informationsverarbeitung, Berlin, 1998.

Murphy, J. A.: Dienstleistungsqualität in der Praxis. München, Wien, 1994.

Ogger, G.: König Kunde. München, 1996.

Peters, T.: Jenseits der Hierarchien. Liberation Management. Düsseldorf, Wien, o. J.

Schertler, W.: Unternehmensorganisation, München, Wien, 1998[7].

Schneck, O.: Management-Techniken. Frankfurt/M., New York, 1996[2].

Schräder, A.: Management virtueller Unternehmungen. Frankfurt/M., New York, 1996.

Seidel, E., W. Redel: Führungsorganisation. München, Wien, 1998[2].

Staehle, W. H.: Management. Eine verhaltenswissenschaftliche Einführung. München 1998[7].

Steinle, C. et al. (Hrsg.): Projektmanagement. Frankfurt/M., 1998[2].

Vahs, D., R. Burmester: Innovationsmanagement. Stuttgart, 1999.

Stichwortverzeichnis